W0056064

Max Mustermann
Ändere das Spiel.

Max Mustermann

Ändere das Spiel.

Die Transformation der IBM
in Deutschland und was wir
daraus lernen können

MURMANN

Dieses Buch wurde klimaneutral produziert:

Bibliografische Information der Deutschen Nationalbibliothek

Die Deutsche Nationalbibliothek verzeichnet diese Publikation in
der deutschen Nationalbibliografie; detaillierte bibliografische Daten
sind im Internet über http://dnb.d–nb.de abrufbar.

ISBN 978-3-86774-109-5

Das Werk einschließlich aller seiner Teile ist urheberrechtlich geschützt.
Jede Verwertung ist ohne Zustimmung des Verlages unzulässig.
Das gilt insbesondere für Vervielfältigungen, Übersetzungen,
Mikroverfilmungen und die Einspeicherung und Verarbeitung
in elektronischen Systemen.

Copyright © 2010 by Murmann Verlag GmbH, Hamburg

Umschlaggestaltung: Rothfos & Gabler, Hamburg
Herstellung: Presse- und Verlagsservice, Erding
Gesetzt aus der Officina und der Bembo
Druck und Bindung: Freiburger Graphische Betriebe, Freiburg
Printed in Germany

Besuchen Sie uns im Internet: www.murmann-verlag.de

Ihre Meinung zu diesem Buch interessiert uns!
Zuschriften bitte an **info@murmann-verlag.de**

Den Newsletter des Murmann Verlages können Sie anfordern unter
newsletter@murmann-verlag.de

Inhalt

Wer hat dieses Buch geschrieben? Warum? Und für wen?

Mein Name ist Max Mustermann. Ich arbeite für die IBM in Deutschland.

Und ich bin der Autor dieses Buches. Max Mustermann? So heißt doch keiner?!

Das stimmt – und dann doch nicht. Mein Name steht für alle Menschen, die in den letzten Jahren am Transformationsprozess der IBM in Deutschland mitgearbeitet haben und die in diesem Buch die Geschichte dieses Veränderungsprozesses erzählen. Das sind schon mal eine ganze Menge Kollegen, gut 21 500 in Deutschland. Sie alle haben in den vergangenen Jahren dazu beigetragen, dass wir uns verändern konnten und weiter verändern. Aber damit wäre die Urheberschaft an diesem Buch nur unvollständig erklärt und die darin erzählten Geschichten auch.

Denn die Veränderung der IBM ist auch die Geschichte der 400 000 weltweit tätigen IBMer – und ihrer Kunden, Geschäftspartner und Familien. Für all diese Menschen stehe ich stellvertretend – als ihr Avatar. Ich erzähle unsere Geschichte. Transformation ist kein Einzelschicksal. Es würde gar nichts nützen, wenn nur wenige im Unternehmen bereit wären, ihr Denken und ihre Einstellungen zu verändern. Und jede Veränderung wäre nutzlos, würden unsere Kunden dadurch nicht auch bessere Leistungen und Lösungen bekommen. Um all das zu leisten, braucht es auch den Rückhalt unserer Freunde und unserer Familien. Denn vieles von dem, was getan wurde und getan wird, verlangt nicht nur von uns ganzen Einsatz und Vertrauen.

Und nicht zuletzt braucht es Transformationsarbeiter, die noch mehr geben. In unserem Fall waren das Dutzende Führungskräfte und Mitarbeiter der IBM in Deutschland, die sich an unserer im Jahr 2006 formierten Transformationsinitiative beteiligt haben. Auch diesen Kreis namentlich aufzuzählen, würde den Rahmen sprengen. In diesem Buch werden Sie aber die Geschichten dieser Kolleginnen und Kollegen lesen.

Damit die Transformation zur Normalität wird, zum motivierenden geschäftlichen Alltag, ist vieles gefragt – und viele sind davon berührt. Die Transformation verändert nicht nur Strukturen und Prozesse im Unternehmen. Sie verändert auch unsere Werte und Kultur, das also, was uns über das Tagesgeschäft hinaus verbindet und leitet.

Die IBM hat weltweit bereits Anfang der 1990er-Jahre mit einem viel beachteten Transformationsprozess begonnen. Wir sind in schwierigen Zeiten aufgebrochen, als das Unternehmen vor dem Abgrund stand. Bis heute nennen wir das, was wir in diesen Jahren erfahren haben, das »Nahtod-Erlebnis«. So etwas prägt – und wer die richtigen Lehren aus solchen Zeiten zieht, der kann nur gewinnen. Das Prinzip der Veränderung wurde zum Prinzip unserer Arbeit. Es gibt dabei viel zu gewinnen – aber es gibt nichts geschenkt.

Wir sind vom Computerkonzern zum größten integrierten IT- und Beratungsunternehmen der Welt geworden. Wir haben uns vom PC getrennt, einem Produkt, mit dem unser Name mehr als jeder andere Konzern verbunden war.

Veränderung wird von Menschen vorangetrieben, von Persönlichkeiten, die ihr Können und Wissen in die Waagschale werfen, nicht etwa, weil es schick und modern ist, auf *Change* zu setzen, auf Wandel. Die Veränderung ist eine unabdingbare Notwendigkeit für den wirtschaftlichen Erfolg. Oder besser: Ohne Veränderung, ohne den permanenten und andauernd betriebenen Veränderungsprozess, würde alles aus den Fugen geraten, was uns lieb und teuer ist. Niemand verändert sich und sein Unternehmen einfach so – es sind handfeste Umstände, die uns dazu gebracht haben. Aber wir haben im Lauf der Zeit gelernt, die Veränderung zu schätzen, ihren Nutzen zu erkennen.

Unser Job bei der IBM ist es, für unsere Kunden die besten Lösungen ihrer Herausforderungen bereitzustellen. Lösungen, die punktgenau passen und nicht einfach von der Stange kommen. Sie liegen an der Schnittstelle von Business und IT, sind innovative und individuelle Konfigurationen von Hardware, Software und Services. Sie machen – um ein wenig vorwegzugreifen – das Leben auf unserem Planeten smarter. Sie sind die »neuen Produkte« der Wissensgesellschaft. Diese Wissensprodukte fordern viel Persönlichkeit, viel Know-how, Erfahrung und vor allen Dingen eines: die Fähigkeit, immer wieder neu zu denken, damit der Erfolg des Ganzen weiter wachsen kann.

Solche Lösungen sind in einer globalen, komplexen Wirtschaft mit hohem Veränderungstempo nur jene, die sich dem Wandel anpassen und diesen anführen. Entscheidend ist dabei, dass diese Prozesse normal werden, natürlich, ganz alltäglich. Alles andere wäre an jenen vorbeigedacht, für die diese Veränderung eingeleitet wurde – die IBM und ihre Kunden, unsere Mitarbeiter und Sie, unsere Leser also, die dieses Buch gekauft haben, weil Sie sich über die Veränderung in Ihrem eigenen Geschäft und Leben Gedanken machen.

Möglicherweise wird Sie einiges, was Sie in diesem Buch über unseren Transformationsprozess lesen werden, an Ihren eigenen Veränderungsprozess erinnern. Wir hoffen aber natürlich, dass Sie jede Menge Anregungen und Ideen für die Gestaltung ihrer eigenen Veränderungsarbeit mitnehmen können. Deshalb haben wir in diesem Buch ausführlich unsere Denk- und Arbeitsweise dokumentiert.

Vielleicht fragen Sie sich, weshalb wir all das in einem Buch tun, warum wir überhaupt unsere Erkenntnisse und unsere Erfahrungen zur Transformation aufschreiben? Sollte nicht ein Unternehmen, das sich erfolgreich verändert, diskret über die »Rezepte«

zum Wandel schweigen und sich damit exklusiv machen? Und ist es nicht klüger, über Irrwege zu schweigen, die zwangsläufig beschritten werden, wenn man neue Routen sucht? Wir meinen: Solches Schweigen wäre von gestern. Die Zukunft braucht Offenheit. Wer für Veränderung steht und mit seinen Dienstleistungen und Wissensprodukten den Wandel – und damit die Innovation – bei seinen Kunden und Partnern ermöglicht, der sollte auch offen darüber reden, wie er selbst zum Wandel steht, und was er tut, um ihn voranzutreiben.

Wie haben wir uns verändert, wie verändern wir uns weiter? Welche Ideen und Prozesse haben wir durchlaufen, und auch: Welche Widerstände, welche Fehler haben wir auf diesem Weg kennengelernt? Was mussten wir neu denken, und wo konnten wir uns auf unsere ganz speziellen Tugenden und Fähigkeiten verlassen?

Wir folgen dabei einem einfachen Leitmotiv: Was wir unseren Kunden anbieten, was wir Ihnen als Lösung empfehlen, das benutzen wir auch selbst. In engerem Sinne gilt das für unsere Beratungs- und Umsetzungsleistungen im Bereich des Veränderungsmanagements und im weiteren Sinne für unser Portfolio insgesamt. Dazu stehen wir – und dafür steht dieses Buch.

Unsere deutsche Transformationsgeschichte stellen wir in den Kontext der Historie, mithin der Veränderung der IBM weltweit in den vergangenen Jahrzehnten. Wir sind keine Insel, sondern Teil der IBM Corporation. Was hierzulande geschieht, ist nur verständlich, wenn man die Entwicklungen unseres Unternehmens und unserer Branche global betrachtet.

Was wollen wir Ihnen im Folgenden konkret erzählen? Die erste Frage für uns ist: Wie stehen wir alle zu Veränderungen? Welche Vorstellungen verbinden wir mit Transformation und Wandel? Diese **kleine Geschichte der Veränderung** (Kapitel 1) soll uns klarmachen, wie sehr wir selbst Teil des Wandels sind – und wie wir denken sollten, damit aus der Veränderung keine Worthülse wird. Sondern ernste und zugleich leichte Arbeit.

Die wichtigsten »Produkte«, welche die IBM in ihrer 100-jährigen Geschichte herstellte, sind Innovationen und sie repräsentieren Fortschritt. Genau diese Konzentration auf Innovation und Fortschritt hat dazu geführt, dass wir immer wieder altes durch neues Denken ersetzen mussten, um intelligentere Wege zu entwickeln. Es gab immer wieder **Wendepunkte** in der Geschichte der IBM (Kapitel 2), die zu neuen Sichtweisen und neuen Erfolgen geführt haben.

Es gab aber auch Zeiten, in denen die Fähigkeit, sich permanent zu verändern, verloren gegangen ist – und das führte uns fast in den Untergang. Nichts ist für den Erfolg von morgen gefährlicher als der Erfolg von gestern. Er trübt unser Bewusstsein. Deshalb ist es wichtig, den **Hunger nach Veränderung** (Kapitel 3) wachzuhalten. Nach dem einschneidenden Nahtod-Erlebnis, das die IBM im Jahr 1993 hatte, haben wir eines der meistrespektierten und erfolgreichsten Transformationsprojekte in der Geschichte globaler Konzerne gestartet. Dabei blieb kein Stein auf dem anderen, gab es keine Frage, die tabu war. Diesen Erfolg verdanken wir sicher einerseits harter Arbeit, mehr aber noch der schwierigsten Übung bei jeder Veränderung: die eigenen Gewohnheiten, die eigene Kultur verändern zu können und wirklich Neues zu schaffen.

Eine andere Kultur (Kapitel 4) wird Ihnen diese Geschichte erzählen – und auch viel darüber, wie wir heute miteinander denken und arbeiten. Hier geht es vor allen Dingen um eine unterschätzte Größe bei der Transformationsarbeit: die Werte, die als Orientierungslinie unser tägliches Handeln bestimmen. Sie sind kein Beiwerk für uns, sondern das Fundament dessen, was wir tun. Sie helfen uns, dass wir uns immer wieder verändern können. Und das ganz pragmatisch und ganz ohne falsches Pathos, wie Sie sehen werden.

Die Zukunft gehört der Klarheit, der Orientierung, der Fähigkeit, auch die komplexesten Probleme so zu lösen, dass sie für alle Beteiligten verstehbar und damit auch von Nutzen sind. **Integra-**

tion (Kapitel 5) geht aber noch viel weiter: Wie gehören Mitarbeiter und Unternehmenskultur zusammen? Und was macht einen IBMer aus? Wie ist das Selbstverständnis von Mitarbeitern bei uns? Wie sorgen wir dafür, dass wir auf Veränderungen angemessen reagieren und sie gestalten? Dazu gehört für uns auch unsere eigene Employability, die Beschäftigungsfähigkeit aller, die bei der IBM arbeiten, und die gemeinsame Verantwortung des Unternehmens und seiner Mitarbeiter dafür. Wo von Wandel die Rede ist, scheinen oft die bisherigen Methoden und Werkzeuge überflüssig zu sein. Das starre Plandenken ist heute in allen Unternehmen in die Kritik geraten. Doch Organisationen brauchen Planung, die Frage ist nur, wie die strategische Planung in der Transformation aussieht? Unsere Antwort darauf geben wir mit unserem Business Leadership Model. Es hilft uns, unsere unternehmerische Zukunft besser zu gestalten.

Strategie und Planung sind die Domänen des Managements. Für Veränderung aber braucht man mehr. Sie braucht eine klare Führung, ein Vorwärtsgehen mit Kontur und Aufrichtigkeit – **Leadership** (Kapitel 6). Der Transformationsprozess verlangt nach Führungskräften und Führung, nach Menschen, die den Kompass richtig lesen und Orientierung geben können – und dabei nie vergessen, dass Transformation eine Führungsaufgabe ist und bleibt.

Transformation hat vor allen Dingen aber auch einen klaren Zweck: Nicht nur das eigene Unternehmen besser aufzustellen, Strukturen zu verändern und Innovationen voranzutreiben, sondern auch mit Kunden und Geschäftspartnern die Ergebnisse dieser Veränderung zu teilen. Und schließlich: Die Welt besser zu machen, ein wenig schlauer, intelligenter, wie das in unserer **Smarter-Planet**-Agenda (Kapitel 7) deutlich wird. Hier zeigt sich, wozu wir alle Veränderung betreiben – was noch zu tun ist – und dass der Wandel alles andere ist als Selbstzweck.

Dann möchten wir Ihnen zeigen, wie wir unseren 2006 angestoßenen Transformationsprozess hierzulande konkret umgesetzt haben. Dazu haben wir unser dokumentarisches Kapitel 8 geschrieben: **IBM Deutschland in Transformation**. Es ist eine Chronologie der laufenden Ereignisse, die nie abgeschlossen sein kann. Die persönlichen und detaillierten Einblicke in den Veränderungsprozess der IBM in Deutschland sollen allen Mut machen, die sich mit vergleichbaren Prozessen beschäftigen. Und ihnen zeigen, dass Veränderung machbar und gestaltbar ist, wenn man mit Konsequenz und Ausdauer die Regeln – und dabei das ganze Spiel – verändert.

Das ist nicht immer leicht. Aber es lohnt sich – für uns alle. Mein Name ist Max Mustermann, weil wir dieses Spiel gemeinsam verändern. Je mehr dabei mitmachen, desto besser.

1. Kapitel

Eine kleine Geschichte der Veränderung

»Veränderung ist unvermeidlich. In einem
fortschrittlichen Lande ist die Veränderung ständig am Werk.«
Benjamin Disraeli, britischer Staatsmann

Wie kommen wir eigentlich dazu, Ihnen etwas über Transformation zu erzählen? Am Anfang ein paar Antworten

Dieses Buch hat nur ein Thema: Veränderung. Aber dieses Thema hat viele Namen: Change, Transformation, Wandel. Und vieles, was sich daraus ergibt: Zukunftsfähigkeit und die Zuversicht, Chancen zu ergreifen und neue Erfolge zu haben. Die Fähigkeit zum Wandel bedeutet, in einer komplexen und ereignisreichen Welt klare Ziele definieren und erreichen zu können. Wer von Veränderung, von Transformation spricht, redet aber auch über harte Arbeit: Denn zwischen dem, was ist, und dem, was sein soll, liegt nicht nur die Umsetzung neuer und besserer Lösungen und Strukturen – also ein hartes Stück Arbeit. Es sind auch Ängste, menschliche Komfortzonen, Vorurteile und Interessen, die zu Bremsern des Fortschritts werden können. Wem es nicht gelingt, Transformation systematisch zu betreiben und dabei auf allen Ebenen – der geschäftlichen, kulturellen und menschlichen Ebene – Veränderungsbereitschaft zu erzeugen, wird das Spiel verlieren. Die anderen werden es verändern. Bei der IBM in Deutschland versuchen wir mit aller Kraft, die Veränderung mitzugestalten.

Wir haben keine Zauberformel, wir haben keine Wunder zu bieten. Aber wir können aus der Entwicklung unseres eigenen Transformationsprozesses, den wir Ihnen in diesem Buch ausführlich vorstellen, zeigen, worauf es ankommt: nicht darauf zu warten, bis wir Veränderung erfahren, sondern unsere Zukunft selbst in die Hand zu nehmen. Veränderung ist kein Schicksal. Das war auch ein Grund, dieses Buch zu schreiben. Wir wollen zeigen, wie wichtig die Auseinandersetzung mit dem Wandel ist. Wir wollen zeigen, was wir in unserem Transformationsprozess gelernt haben – und nach wie vor Tag für Tag lernen. Was alles zum Wandel dazugehört – und was alles auf der Straße der Veränderung überraschend auftauchen kann. Was die IBM in den vergangenen Jahren – und die IBM in Deutschland ganz besonders seit dem Jahr 2006 – an Transformationsarbeit geleistet hat, steht letztlich im Pflichtenheft jedes Unternehmens. Transformation ist ein umfassender Prozess. Harte Arbeit für die Zukunft, die sich auszahlt.

Aber stellen wir die Frage, die Sie sich sicher auch schon gestellt haben: Wie kommt die IBM in Deutschland eigentlich dazu, uns etwas über Veränderung zu erzählen? Reden nicht schon genug Menschen über den Wandel? Was legitimiert uns, gleich ein ganzes Buch über Veränderungsmanagement zu schreiben?

Versuchen wir ein paar Antworten: Im Jahr 2011 wird die IBM 100 Jahre alt. Das bedeutet – für Veränderung ist das nicht ganz unwesentlich –, wir haben schon einiges erlebt. Die IBM war mal ganz oben und auch ganz unten. Wir haben unser Lehrgeld bezahlt. Wir haben unsere Erfahrungen gemacht. Erfahrung ist übrigens für die Transformation ein ganz wichtiger Wert. Wer sich seiner Geschichte bewusst ist – oder sie sich immer wieder bewusst macht –, der kann das Neue, das der Anlass für jede Form von Veränderung ist, leichter begreifen und willkommen heißen.

Und wir wissen: Man wird nicht »einfach so« 100 Jahre alt. Dazu gehört eine gesunde Einstellung, eine Grundhaltung, die ein wenig mit Vernunft und Weitsicht zu tun hat, ein wenig mit Risikobewusstsein, vor allem aber auch mit der Freude am Leben. Für ein Unternehmen bedeutet Lebensfreude, das Neue gerne anzunehmen, anstatt sich ängstlich wegzuducken, wenn sich Entwicklungen abzeichnen, die nicht in das bisherige Bild passen. Am besten macht man sie gleich selbst und entwickelt dabei eigene Spielregeln, statt die Vorgaben anderer nur abzuwarten. Durch Freude an Innovation, an Fortschritt bleibt man jung – und verändert sich wie von selbst.

Im Jahr 2007 veröffentlichte Standard & Poor's, die bedeutendste Bewertungsgesellschaft der Welt, eine Liste von 500 Unternehmen, die zu den weltweit bestbewerteten Companies – den Standard & Poor's 500 (S&P 500) – gehören. Darin finden sich die Namen von 86 Unternehmen, die bereits im S&P 500 des Jahres 1957 aufgelistet waren. Es sind die Überlebenden. Alle übrigen Konzerne, die vor 53 Jahren zu den mächtigsten Unternehmen der Welt gehörten, gibt es entweder nicht mehr oder ihre Bewertung ist so gefallen, dass sie im Ranking von S&P nicht mehr vorkommen. Fünf Sechstel aller großen, mächtigen Unternehmen, die noch vor einem halben Jahrhundert die Welt der Wirtschaft anführten, sind verschwunden oder haben sich in viele Teile aufgelöst. Das ist, denken wir, schon ein Grund, über Transformation nachzudenken. Denn ihr verdanken wir, davon sind wir überzeugt, dass wir heute noch immer auf der S&P-500-Liste stehen (und das möchten wir übrigens in 50 Jahren auch noch).

Wir empfehlen uns mit diesem Buch auch als Ihr Begleiter in Ihren eigenen Transformationsprozessen. Wir möchten, dass Sie sehen und verstehen, dass das, was wir als IBM anbieten, auch für uns selbst Gewicht hat. Bildhaft gesprochen: Was wir für Sie kochen, essen wir auch selbst. Wir servieren Ihnen keine Extras, die wir selber nicht mögen. Wir haben alles probiert, was aus unserer Küche rausgeht.

Die IBM ist nicht nur die zweitwertvollste Marke der Welt. Die IBM ist auch das weltweit größte Beratungsunternehmen. Viele unserer Mitarbeiter beschäftigen sich mit dem Thema Veränderungsmanagement. Und wer andere berät, der sollte eben nicht nur über theoretisches Wissen verfügen. Wer seinem Kunden Innovationen anbietet, mit denen der eigene Innovationen weitertreiben kann, der sollte schon die Grundlage des Neuen beherrschen. Das ist die Fähigkeit zum Wandel, die Bereitschaft, sich selbst so zu verändern, wie man es auch von anderen erwartet. Die IBM hat sich wie kein zweites Unternehmen immer wieder neu erfunden. Wir stehen seit vielen Jahrzehnten für ein kontinuierliches Veränderungsmanagement. Denn Veränderungen, auch das lehrt uns eine lange Geschichte, unsere Erfahrungen also, gab es immer – und sie waren immer eine enorme Herausforderung. Es gab Brüche, Revolutionen, jede Menge Überraschungen und Wendepunkte. Ruhig sieht die Welt immer nur im Nachhinein aus. Diese Dynamik hat uns geprägt, unsere Vorstellung von Veränderung gestaltet und uns auch gelehrt, was wirklich zählt. Wer sich in Zeiten der Veränderung auf seine Werte verlässt, steht auf einem festen Fundament. Denn was würde es nützen, wenn man sich bis zur Unkenntlichkeit verändert, seine Identität verliert? Wir haben gelernt, dass unsere Werte und unsere Kultur nicht einfach hübsche Beigaben für das Alltagsgeschäft sind, sondern das feste und wichtigste Fundament für Erfolge. Wer sich verändert, braucht eine solide Grundlage. Und dann haben wir alle ja auch noch ein Motto, das uns unser Firmengründer Thomas J. Watson senior hinterließ. Es ist einfach zu merken und unschlagbar. Es lautet: »Think«.

Das hat uns immer dabei geholfen, mehr Innovationen als andere zu entwickeln und erfolgreich umzusetzen – was uns regelmäßig zum Patentweltmeister macht und IBM Mitarbeitern bisher fünf Nobelpreise eingebracht hat (drei davon an Kollegen aus Deutschland). Dieses »Think« heißt aber in Konsequenz für uns auch, dass wir uns alle im Veränderungsprozess engagieren und kontinuierlich daran arbeiten, unser Unternehmen besser zu machen. Wer denkt, produziert Wissen. Wissen verändert die Welt.

Wer aber mit Wissen arbeitet, muss sich im Klaren darüber sein, was dieses Wissen bewirkt – also bei Kunden und Partnern, aber auch im eigenen Unternehmen an Veränderungen mit sich bringt. Wissensarbeit muss klar, verbindlich und transparent sein. Sie muss umso mehr Orientierung bieten, je komplexer und schneller die Welt ist. Orientierung und Leitlinien zu schaffen – das ist eine der wichtigsten Aufgaben, die ein Unternehmen heute hat. Daran misst sich die innere Dynamik, die Entwicklungsfähigkeit aller Bereiche und der Mitarbeiter, aber auch die Akzeptanz der Kunden. Je komplexer die Welt, desto wichtiger werden Orientierung, Integration und Klarheit. Das sind die Hausaufgaben, vor denen alle Unternehmen stehen – ganz gleich, wie alt sie sind und was sie tun.

Und wir haben noch einen Grund, warum wir ein Buch über Transformation geschrieben haben, von dem wir glauben, dass es Ihnen nützen wird: Wir haben harte Zeiten hinter uns. Zu Beginn der 1990er-Jahre sah alles danach aus, als ob die IBM keine 100 Jahre alt werden könnte. Aber Watsons »Think« hat uns immer wieder gerettet und zur Veränderung angespornt. Der größte Paradigmenwechsel in unserer Firmengeschichte ist zu einem anhaltenden Prozess geworden. Und auch wir IBMer in Deutschland haben wesentlich am Veränderungsprozess, den die IBM seit 1993 durchläuft, mitgearbeitet.

Im Jahr 2006 haben wir in Deutschland aus eigener Initiative dann einen anspruchsvollen und ehrgeizigen Transformationsprozess für unser lokales Unternehmen gestartet, der ebenfalls bis heute andauert. Wir haben uns eine neue, klare Kontur gegeben – Stichwort »One IBM« – und auf ein radikal auf den Kunden ausgerichtetes neues Geschäftsverständnis gesetzt. Wir haben mit diesem Veränderungsprozess in der weltweiten IBM Gemeinschaft »die Hand gehoben«, vielleicht sogar ein bisschen nach vorne gedrängt.

Warum? Weil wir wissen, dass wir als deutsche IBM in einem wohlhabenden Land mit immer noch sehr guten Rahmenbedingungen wettbewerbsfähig sein und deshalb zeigen müssen, wie viel Potenzial und Umsetzungskraft in uns steckt. Wir wollen beweisen, was wir können und was möglich ist, wenn man es ernsthaft versucht. Transformation folgt durchaus eigennützigen Motiven. Das wollen wir gar nicht verschweigen. Es ist ein Grundmotiv der Marktwirtschaft: Man tut etwas, wenn es einem nützt. Das aber funktioniert wiederum nur, wenn es anderen genauso nützt – den Menschen, die unsere Kunden und Partner sind. Und in einem globalen Konzern wie der IBM kommen dann auch noch die Kollegen in mehr als 170 Ländern dazu, die genauso etwas davon haben, wenn wir die Transformation vorantreiben.

Eines ist ganz wichtig: Nur wer sich freiwillig bei der Transformation nach vorn stellt, wer anpackt, wer etwas tut, kann in der Globalisierung gewinnen. Wer in seinem eigenen Feld handelt, beeinflusst auch den ganzen Prozess. So haben wir uns, ganz vernünftig, an den Gedanken gewöhnt, dass Veränderung ganz normal ist. Kein Sonderfall, keine Ausnahme. New business as usual.

Die Welt ist wieder eine Scheibe. Aber statt neuem Mittelalter heißt das: mehr Chancen für alle

Moment, werden vielleicht jetzt einige sagen, Veränderung ist ganz normal? So normal, dass sie alltäglich wird, ganz leicht und selbstverständlich? Ist das denn normal? Natürlich, Sie haben recht. Es war lange nicht normal. Viel zu vieles mündete in Unternehmen und Organisationen – auch unserem – in Routinen. Wir werden das in diesem Buch immer wieder erzählen. Es ist keine Schande, Fehler zu machen, wenn man daraus lernt. Es ist gut, Konsequenzen zu ziehen. Gilt das auch für unsere Gesellschaft? Darin reden wir seit vielen Jahren über Veränderung. Aber wie konsequent gehen wir mit unseren Erkenntnissen um?

Halten wir die, die von der permanenten Veränderung reden, nicht auch für Störenfriede, Aufrührer, Nervensägen und Karrieristen? Für Leute, die unsere Komfortzonen stören? Sicher. Das ist menschlich. Und gleichzeitig merkwürdig.

Denn wir müssen uns ständig an Veränderung anpassen. Das macht uns schon die Natur vor – die Evolution ist ständiger Wandel und anhaltende Entwicklung. In der Realität steht überhaupt nichts still, nirgends. Es hat nur manchmal den Anschein.

Unzählige Generationen, die zum nächtlichen Himmel blickten, wähnten sich im Mittelpunkt des Universums. Und dieser Mittelpunkt hatte die Form einer Scheibe, deren Ränder unsere Vorfahren mieden – aus Angst, herunterzufallen. Hinter dem Horizont war alles gefährlich. Es bedurfte einigen Mutes, weiterzugehen – aber es hat sich offensichtlich gelohnt. Wer bei dem bleibt, was er kennt, kommt auch sonst nicht weiter.

Es gibt eine Reihe von Gründen, warum man Veränderung nicht mag – auf einige werden wir noch eingehen. Ein wichtiger Grund dafür, dass wir Veränderungen eher für Ausnahmesituationen halten – wir nennen das dann gerne »Revolution« –, ist eine sehr menschliche Eigenschaft: ein schlechtes Gedächtnis. Ist alles so, wie es war? Wer nur ein paar Jahre – höchstens Jahrzehnte – zurückblickt, erkennt, was richtig ist: Die Dinge haben sich geändert. Schnell und dramatisch. Mit und ohne Zutun.

Die meisten Menschen, die heute leben, haben die großen Veränderungen des Jahres 1989 und der folgenden Zeit erlebt. Den Fall der Berliner Mauer, die Auflösung des Sowjetreiches und das Ende der Nachkriegsordnung des Kalten Krieges. Und wer heute in der Mitte seines Lebens steht, der kann sich an weitere grundlegende Veränderungen erinnern: In den 1970er-Jahren waren Länder wie die Volksrepublik China oder Indien der Inbegriff von Armut, Not und Entwicklungsstillstand. Menschen aus dieser Generation wurden von Zeitungsberichten und Fernsehbildern geprägt, die die großen Hungerkatastrophen und ökonomischen Krisen des indischen Subkontinents zeigten. Und heute, nur wenige Jahrzehnte später, sehen wir aus dem reichen und wohlhabenden Westen immer erstaunter – und manchmal auch ganz schön verängstigt – auf die enormen Veränderungen in den ehemaligen »Armenhäusern der Welt«. Wir sehen Bilder von zunehmend wohlhabenden Menschen, die nicht mehr den alten Vorstellungen entsprechen, mit denen viele von uns aufgewachsen sind. Wenn wir genauer hinsehen, erkennen wir auch die ungeheure Freude dieser Menschen an diesem Wandel, ihre Lust an Bildung und Entwicklung. Die Veränderung tut ihnen ganz offensichtlich gut. Haben wir etwas anderes erwartet?

Menschen, die damals, vor Jahrzehnten, die Bilder aus den »Armenhäusern« China und Indien sahen, hatten Mitleid mit den Habenichtsen in der »Dritten Welt«. Wir im Westen, ganz besonders in der Bundesrepublik Deutschland, lebten in einem praktisch unbedrohten Wohlstand. Niemand dachte daran, dass sich die Dinge ändern könnten – schnell und dramatisch.

Globalisierung für Gestalter oder created in Germany

In gerade mal 35 Jahren aber, von 1970 bis 2005, wuchs die Zahl der industriellen Arbeitsplätze in Indien von 62 auf 220 Millionen und in China gar von 86 auf 412 Millionen an. Zum Vergleich: Alle übrigen Industrieländer bringen es zusammen auf gerade mal 416 Millionen industrielle Arbeitsplätze! Aber es geht noch weiter: Diese Arbeitsplätze sind nicht einfach isoliert und haben mit dem, was wir hier im Westen machen, nichts zu tun: Sie stehen in direkter Konkurrenz zu unseren Jobs.

Andererseits: Die Globalisierung, die zu einem der Schlüsselbegriffe der Transformation geworden ist, sorgt seit Jahrzehnten für Wachstum in Deutschland und hat unser Land zwischenzeitlich an die Spitze der Exportnationen gebracht, um nun von China überholt zu werden. Uns freut der Erfolg, der hinter diesem Begriff steht – aber er ist ein wenig unscharf. Viele hören nämlich dabei immer, dass wir Deutschen vor allen Dingen Maschinen und Produkte, also materielle Güter, in die Welt bringen. Das tun wir mit sehr gutem Erfolg. Aber der eigentliche Erfolgsfaktor hinter dem Exportweltmeister ist natürlich Wissen und Know-how.

Wer sich also vor der Globalisierung fürchtet, hat vielleicht auch deshalb Angst vor dem eigenen Erfolg, weil er dessen Grundlagen nicht kennt. Und wer sich gegen die Globalisierung stellt, wendet sich gegen die Grundlage des wirtschaftlichen Aufstiegs unseres Landes in den vergangenen Jahrzehnten. Deutschland ist ein Globalisierungsgewinner – aber das ist kein Selbstläufer. Wir müssen unseren Fortschritt und unseren Wohlstand nicht nur verteidigen, sondern ausbauen – durch Denken und die Konsequenz daraus, durch Veränderung. Permanent. Das kann zum normalen Betriebsmodus unserer Gesellschaft werden, die das Zeug zur Wissensgesellschaft hat. Deutschland steht in der Welt für ganz bestimmte Werte: hohe Qualität, Kreativität, Ingenieurfleiß und Innovation. Wir haben enorme Chancen als Wissensexporteur für Dienstleistungen, die heute schon 80 Prozent des deutschen Bruttoinlandsprodukts ausmachen. Deshalb rechnen alle Experten mit einem Boom deutscher Kreativexporte. Spezialkompetenzen und Wissen sind eine hervorragende Kapitalanlage, um global auf lange Sicht erfolgreich zu sein.

Diese Entwicklung, diese Veränderung der gesellschaftlichen und unternehmerischen Landschaft ist hervorragend vermessen, wird laufend analysiert und bewertet. Es gibt keinen Zweifel: Deutschland hat allerbeste Chancen, mit Wissen und wissensorientierten Dienstleistungen eine gute Zukunft zu gestalten – gerade weil es sich um global nachgefragte »Güter« handelt. Über Jahrzehnte hindurch war made in Germany ein weltweites Gütesiegel für hohe Qualität und der Inbegriff unseres Leistungsvermögens. Jetzt wird daraus created in Germany, wie der ehemalige Chefvolkswirt der Deutschen Bank, Professor Norbert Walter, es nennt. Wer Wachstum will und Arbeit, braucht intellektuelles Kapital.

Chance kommt von Change

Warum zweifeln überhaupt so viele Menschen trotz einer hervorragenden Ausgangslage und klarer Zahlen und Fakten am Erfolg der Veränderung? Weiß der deutsche Michel eigentlich nicht, was er weiß? Oft scheint es so zu sein. Dabei ist er selbst Revolutionär: Sind wir nicht selbst Zeitzeugen radikaler politischer Veränderungen geworden, 1989 und danach? Hat nicht die gleiche Generation, die noch die Armenhäuser der »Dritten Welt« im Fernsehen sah und die deren Veränderung heute erstaunt zur Kenntnis nimmt, selbst an gewaltigen Revolutionen teilgenommen?

In den 1970er-Jahren hatte niemand, der nicht für einen großen Konzern, eine Behörde oder Bank arbeitete, Kontakt mit einem Computer. Die Dinger kannte man eigentlich nur aus Filmen und aus dem Fernsehen, und für die meisten Menschen waren die »Elektronengehirne« der Inbegriff von Zukunft und Fortschritt.

In den 1980er-Jahren wurde der Personal Computer zum alltäglichen Arbeitswerkzeug – und konnte in den Jahren danach in jedem Haushalt so selbstverständlich gefunden werden wie Küchenmixer und Kühlschränke. Und dann, wieder zehn Jahre danach, trat das Internet in unser Leben. Es hat bereits die Art und Weise, wie wir kommunizieren, wie wir einkaufen, uns informieren, aber auch wo wir das tun, grundlegend verändert. Das Internet hat enorme Auswirkungen auf Standorte und Infrastrukturen, auf die Geschwindigkeit von Geschäftsprozessen und die Vorstellung von der Welt, die Menschen haben – und auf die Chancen, die Menschen wahrnehmen können. Im Internet ist eine hohe Veränderungs- und Anpassungsgeschwindigkeit ganz normal.

Und merkwürdig genug: Auf einmal wird die Welt scheinbar wieder so, wie sie für unsere Urahnen war: Nicht rund, sondern flach. Nur ist das ganz anders gemeint. Noch vor wenigen Jahren hatten Menschen mit guten Ideen außerhalb großer Organisationen wenige Chancen, sich durchzusetzen. Die Netzwerke von heute erlauben es allerdings kleinen Akteuren ebenso wie großen, Erfolg zu haben. Konzerne und Kleinunternehmen können Veränderungen gleichermaßen anschieben. Das ist die These des Pulitzer-Preisträgers Thomas L. Friedman, der feststellt:»Die Welt ist flach« – und nicht mehr eine hohe, hierarchische Pyramide. Die Akteure der Globalisierung sind wir alle. Das Konzept einer offenen Welt, die nicht, wie früher, aus abgeschlossenen Nationalstaaten besteht, die ihre eigenen Regeln machen können, bringt mehr Gerechtigkeit und Chancen für alle. Es ist ein Spielfeld, auf dem sich die Regeln für alle immer stärker anpassen. Hier wird ein neues Spiel gespielt. Das ist gar nicht so einfach zu verstehen. Denn viele Treiber dieser Entwicklung sind allmählich in unser Leben gekommen. Wir bemerken sie gar nicht so sehr. Sie sind nicht außergewöhnlich und auch nicht besonders auffällig.

Aber überlegen wir mal, wie ein Mensch zur Mitte der 1970er-Jahre reagiert hätte, wenn wir ihm von der nahen Zukunft berichtet hätten: Eine Welt, in der beinahe überall mobil telefoniert werden kann. In der aus Daten Kaufhäuser und Läden entstehen, Produkte und Fahrzeuge. In der in einem Auto mehr Technik steckt als in der Mondlandefähre »Eagle«? »Von welchem Planeten kommst du denn?«, hätte uns unser Freund aus der jüngeren Vergangenheit wohl gefragt. Computer, Chips und Software stecken unauffällig und allgegenwärtig in immer mehr Dingen, die uns umgeben – und schon heute tauschen sie Informationen aus. Das werden wir von ihnen in naher Zukunft auch ganz selbstverständlich erwarten.

Ein Auto ist heute eigentlich vor allen Dingen ein kleines, rollendes Rechenzentrum, dessen Teile durch intelligente Elektronik am Laufen gehalten werden. Dieser Mobilcomputer, den wir Auto nennen, wird mittels digitaler Navigations- und unauffälliger Leitsysteme durch Städte und übers Land geführt. Und morgen, das sagen uns alle Zukunftsvisionen zum Thema Mobilität, werden wir uns noch weiter vom Gegenstand Auto lösen. Stattdessen werden wir uns für die Qualität einer Mobilitätsleistung interessieren, die uns das Gesamtsystem aus Verkehrsmitteln, Verkehrswegen und intelligenter Steuerung bietet.

In den 1970er-Jahren formte sich ein neues Bewusstsein im Umgang mit Ressourcen und unserer Umwelt. Daraus ist ein vitaler Wirtschaftszweig entstanden, der traditionelle Branchen wie die Energiewirtschaft, aber auch die Automobilindustrie und den Gesundheitsmarkt heute maßgeblich beeinflusst.

Sind das alles schlechte Veränderungen? Wir glauben das nicht. Und wir denken: Niemand glaubt das im Ernst. Zugegeben: Es sind viele Veränderungen auf einmal. Aber das macht sie in Summe nicht schlecht. Die Wörter Chance und Change sind sich nicht von ungefähr so ähnlich.

Die Welt von gestern, die noch nicht so lange her ist, dass man sich nicht mehr an sie erinnern könnte, war eine Welt, in der die Industrie und ihre Produkte anscheinend alles waren. Die Welt von heute hat zwar die Vielfalt an Gütern und Produkten noch weiter erhöht, aber sie setzt die Prioritäten neu. Die Massenproduktion wird durch lösungsorientierte, immer treffsicherere Wissensgüter ersetzt, schlaue Dienstleistungen und Services, Ideen und umfassende Problemlösungen. Friedmans »flache Welt« bedeutet beispielsweise, dass die Rahmenbedingungen für vernetzte Wissensarbeiter auf dieser Welt immer ähnlicher werden. Es spielt eine immer geringere Rolle, ob jemand in einem einst reichen oder armen Land geboren wurde. Wesentlich ist nur Qualifikation. Ein Englischlehrer in Konstanz wird sich mit seinem Kollegen in Bratislava, der eine Internet-Lehrstube betreibt, messen müssen, genauso wie ein Techniker aus Bangalore mit einem aus Bonn. Es sind nicht die Unternehmen, die diese Entwicklung mit allen Mitteln vorantreiben. Es sind die Märkte, die Kunden, die gleichen Leute, die einerseits die Globalisierung nutzen, um ihre Vorteile und Interessen zu sichern, und sie andererseits verteufeln, wenn ihre Interessen durch die Öffnung bedroht werden. Thomas L. Friedman macht den Skeptikern wenig Hoffnung: Die Bedeutung nationalstaatlicher Grenzen – und dadurch auch vielfältiger protektionistischer Schutz durch die Staaten – tritt in der »flachen« Welt gegenüber der eines globalen Marktes zurück.

Die Revolution von gestern ist heute normal – und vielfach beachten wir sie nicht. Das liegt an der Macht der Gewöhnung. Kinder und Jugendliche haben uns da viel voraus. Sie sind noch nicht an »alles gewöhnt«, sie stellen Fragen, sie stellen auch infrage, und sie stellen fest. Wie normal ist die Veränderung? Wie leicht geht sie? Wie sehen die »Digital Natives«, die im Zeitalter von PC und Internet Geborenen, ihre Welt? Was können wir in Sachen Transformation von ihnen lernen?

Vielleicht eines: Dass der Wandel nicht eine Sache der Zukunft ist. Sondern sich heute und hier ereignet. Schon längst ereignet. Ist das noch normal?

Aber natürlich.

....

»Schauen wir mal auf die Veränderungen der Umgebung, in der wir arbeiten, auf die Entwicklung der Wirtschaft, in der wir operieren. Da ist überall Wandel, ist immer Auf und Ab, ist Aufstieg und Fall. Der Wandel beschleunigt obendrein, überrascht uns oftmals, trifft uns unverhofft. Geschäftsmodelle sind heute extrem erfolgreich und werden morgen massiv bedroht. Und die meisten Leute sagen: Das Niveau der Unsicherheit hat in den vergangenen Jahren erheblich zugenommen. Aber ist das wirklich so? Ist alles unsicherer geworden? Hat es den Wandel nicht schon immer gegeben? Dramatische Veränderungen sind doch das tägliche Brot jedes Unternehmers.« Martin Jetter, Vorsitzender der Geschäftsführung, IBM Deutschland

Shift happens: Oder wussten Sie schon, dass ...

Eines der schönsten Beispiele für den Umfang, das Tempo, aber auch die Normalität der Veränderung in unserer Zeit ist ein Video, das mittlerweile von Millionen Menschen im Web abgerufen wurde. Sein Titel lautet: »Did You Know?«. Den Grundstein für dieses Dokument der Transformation legte im Sommer 2006 der amerikanische Lehrer Karl Fisch von der Arapahoe High School (AHS) im US-Bundesstaat Colorado. Für ein Referat vor Kollegen hatte er sich ein paar Gedanken darüber gemacht, wie der Wandel, die Umwälzung der Verhältnisse – der »shift« – denn konkret aussehen könnte. Was passieren wird, ist nicht sonderlich schwer zu verstehen – Karl Fisch beweist das einfach dadurch, dass seine »Did You Know?«-Fragen auch im Schulunterricht eingesetzt – und verstanden – werden. Was ist es, was wir eigentlich schon wissen sollten?

»Wenn Sie die oberen 25 Prozent der chinesischen Bevölkerung mit den höchsten IQs nehmen, ist deren Zahl größer als die Gesamtbevölkerung der USA.«

Das ist für viele Menschen noch immer ein sehr überraschender Hinweis. Viele meinen, dass die dynamischen neuen Volkswirtschaften – wie eben jene der Volksrepublik China – nur in Sachen Industrie und Massenproduktion eine Konkurrenz zu dem darstellen, was »wir hier in Europa und den USA« tun. Unser Wissen aber, so sagen wir relativ leichtfertig, werden die nicht so schnell kriegen.

Dass China – wie auch Indien und andere rasch expandierende Ökonomien – über ein gewaltiges intellektuelles Kapital verfügt, macht sich nur selten jemand bewusst. Das heißt auch: Die Vorstellung, dass wir hier in der »Ersten Welt«, also vornehmlich in Europa und den USA, die saubere und gewinnträchtige sowie zukunftssichere Wissensarbeit unter uns aufteilen, ist falsch. Die Wissensgesellschaft ist ein globales Phänomen. Und natürlich gilt hier genauso wie bei Fabriken oder Callcentern eines: Arbeit wandert an den Ort ihrer optimalen Erfüllung.

Die für die westlichen Staaten – und Deutschland im Besonderen – charakteristische Interpretation dieses Satzes lautet: Die Arbeit geht dorthin, wo sie am billigsten getan werden kann. Aber

»billig« und »optimal« ist nicht dasselbe. Neben der Wirtschaft-
lichkeit zählen auch die Erfahrung von Unternehmen und ihren
Mitarbeitern und die Fähigkeit zur Vernetzung und Kooperation.
Und darum geht es: Die wohlhabenden Länder des Westens können ihre Wettbewerbsfähigkeit durchaus verteidigen – und sogar
ausbauen, wie wir schon weiter oben festgestellt haben. Die Voraussetzung dafür aber ist eine hohe Beweglichkeit, eine Abkehr
von der – ohnehin falschen – Vorstellung, dass sich die Dinge von
selbst zum Besseren verändern. Nichts verändert sich von selbst.
Wissensgesellschaft – das bedeutet eben vor allen Dingen: Sein
»intellektuelles Kapital« ernst nehmen. Dinge besser machen, als
man sie bisher gemacht hat. Und viel stärker auf Wissen und die
Entwicklung von Wissen setzen. Wer das verstanden hat, hat auch
eine Zukunftsperspektive, die positiv ist – und sieht in der Globalisierung nicht immer nur seine Felle davonschwimmen.

Mit Wissen Zukunft gestalten und den Wohlstand sichern, das
klingt zunächst gut. Aber erfordert das nicht eine ziemliche Um-
stellung? Ja. Keine Frage.

Denn eine weitere, vielleicht etwas unbequeme Wahrheit aus
»Did You know?« lautet:

....

»Das US-Arbeitsministerium schätzt, dass die heutigen Studenten und
Auszubildenden zwischen zehn und 14 verschiedene Jobs haben wer-
den, bevor sie 38 Jahre alt sind.«

Auch das überrascht viele. Zwar glaubt kaum noch jemand, dass
heute Beruf und Karriere geradlinig in einem Unternehmen (und
mit einer einzigen Ausbildung) durchgezogen werden können:
Dennoch ist es kaum zu glauben, was schwarz auf weiß heute
schon Realität in einem entwickelten Land ist. Wenn sich heute
17-, 18-jährige Schüler überlegen, wie die Berufe der Zukunft
aussehen könnten – was würde dabei herauskommen? Trotz aller
Bereitschaft zur Veränderung, wie sie gerade jungen Leuten zu
Recht nachgesagt wird, wohl kaum das, was bereits Tatsache ist:

»Die Top-Ten-Berufe des Jahres 2010 gab es 2004 noch gar nicht. Wir bereiten unsere Studenten auf Tätigkeiten vor, die noch nicht existieren (...) und die sie mit noch nicht erfundenen Technologien bewältigen (...), um Probleme zu lösen, von denen wir heute noch nicht wissen, dass wir sie haben werden.«

Welche Konsequenzen hat diese Einsicht, diese Tatsache auf unser Bildungswesen, das immer noch sehr statisch ausgerichtet ist? Welche Konsequenzen ergeben sich für das »lebenslange Lernen«, ein viel bemühtes und selten wirklich ernst genommenes Schlagwort aus dem Sprachgebrauch der Veränderung? Und wie sehr muss sich das Bewusstsein auch der Mitarbeiter ändern, die Fortbildung, Wissen und Know-how nicht als »Bringschuld« von Staat, Schule und Unternehmen verstehen können, wenn sich alles so intensiv ändert, sondern die sich selbst – und in Kooperation mit ihrem Unternehmen und anderen Institutionen – um ihre Befähigung, ihren »jeweiligen Job zu machen«, kümmern müssen?

Und noch ein paar Fragen haben wir da: Dürfen wir heute eigentlich noch in den Kategorien »national« und »international« denken? Die IBM in Deutschland ist Teil eines global integrierten Unternehmens – und das ist nicht nur eine spezielle Organisationsform, sondern zieht auch eine ganz eigene Kultur und Denkweise nach sich. Ohne Zweifel wird es auch noch auf Sicht bestimmte Eigenheiten und Besonderheiten einer Region geben, eines Landes, seiner Kultur – und die gilt es zu nutzen (so wie die deutschen Tugenden Verlässlichkeit und Innovationskraft, zum Beispiel). Aber wenn die Welt flach ist, sind vielleicht auch die Vorstellungen davon, was ein »Staat« ist und was die »Welt«, ein wenig überholungsbedürftig. Früher mal nannte man ein Unternehmen wie die IBM einen »Multi« – das ist die Kurzformel für »multinationaler Konzern«. Eine Muttergesellschaft (in unserem Fall in den USA) gründete eine Reihe Tochtergesellschaften (zum Beispiel vor 100 Jahren den Vorgänger der deutschen IBM) und jede machte dann im Grunde genommen, was sie für richtig hielt.

Bei der IBM gilt das seit dem Beginn des großen Transformationsprozesses von 1993 nicht mehr. Wir sind *ein* Unternehmen und wir arbeiten mit unseren über 400 000 Kolleginnen und Kollegen in 170 Ländern der Welt ohne Grenzen und Barrieren. Ein Problem für Kunden wird global gelöst. Es gibt aber noch ganz andere »Regionen«, die neu entstehen, Gemeinschaften, die keine physischen Grenzen kennen, wie »Did You Know?« uns lehrt:

....

»Wäre MySpace ein Land, wäre es das elftgrößte der Welt (in der Rangreihe zwischen Japan und Mexiko).«

Mittlerweile ist selbst diese fantastische Tatsache übertroffen: Eine halbe Milliarde Menschen tummelten sich Mitte 2010 bei Facebook – damit wäre dieses Social Network größer als die USA und hinter China und Indien die Nummer drei unter den bevölkerungsreichsten Staaten der Welt. Das sind in der Tat radikale Veränderungen, keine kleinen und überschaubaren »nächsten Schritte«, die wir über Generationen hindurch gewohnt waren. Karl Fisch schließt seine Ausführungen in »Did You Know?« mit einer pragmatischen Feststellung: »Shift happens.« Der Wandel findet statt. Jeden Tag. Jetzt.

Revolution oder Routinen?

In der 100-jährigen Geschichte der IBM gab es mehrere Wendepunkte (auf die wir in diesem Buch auch eingehen werden), bei denen es um alles oder nichts ging. Es ist keineswegs selbstverständlich, dass die IBM global und auch in Deutschland heute noch existiert. Jedem Wendepunkt ging eine bittere Einsicht voraus: So wie es ist, kann es nicht bleiben. Es gibt viele Gründe, warum man sich verändern muss. Es sind Märkte, die sich verändert haben, Kunden mit anderen und höheren Ansprüchen. Es sind manchmal makroökonomische Ereignisse – wie die Finanzkrise oder die Veränderung der Welt nach den Terroranschlägen des 11. September 2001. Neue Technologien, wie der Computer oder das Internet, können ein Grund sein, um sich ändern zu müssen.

Immer aber stellt sich eine Frage: Man muss sich verändern – und dann? Kommt man zu einem Punkt, an dem man sagen kann: Die Veränderung ist abgeschlossen, das war es jetzt, prima, machen wir also alle so weiter? Natürlich nicht. Transformation ist ein endloses Geschäft. Das klingt vielleicht schon wieder ein wenig negativ. Doch das Gegenteil ist richtig: Wer lernt, sich ständig zu verändern, also sich ideal den Erfordernissen anzupassen und dabei sogar noch den Takt vorzugeben, der ist sehr schnell vom Sich-verändern-Müssen zum Sich-verändern-Wollen gekommen. Wenn erst einmal klar ist, welche Chancen in der Veränderung stecken, werden aus Angsthasen Zugpferde.

Wo fängt der Wandel an? Sind die Veränderungen, die in »Did You Know?« exemplarisch beschrieben sind, mit einem großen Auftrittstusch versehen? Kommt der Wandel unübersehbar, unüberhörbar zu uns? Natürlich nicht. Der Wandel kommt auf leisen Sohlen. Vielleicht ist das der Grund, warum ihn viele so fürchten. Man muss lernen, ihn zu erkennen. Wer nicht genau zuhört auf dieser Welt, der hat bald auch nichts mehr zu sagen.

Vielleicht ist das der wichtigste Grund für unser Erstaunen und auch unsere Ängste, wenn es um Veränderungen geht. Zwar sorgen heute Massenmedien für eine zuweilen recht lautstarke Begleitung neuer Technologien, doch letztlich müssen wir uns an jede Veränderung erst einmal gewöhnen. Und das fällt besonders jenen Menschen schwer, die über einen hohen Wohlstand und eine Vielzahl komfortabler Routinen in ihrem Leben verfügen – die berühmten »Besitzstandswahrer«.

Menschen, deren Karriere- und Lebensweg schon in der Schulzeit »vorgezeichnet« schien, haben damit mehr Probleme als andere, die durch Veränderung nur gewinnen können – wie die Menschen in China und Indien.

Die Komfortzonen: Bremskraftverstärker für Unbewegliche

Die neue »flache Welt« verunsichert vor allem jene, die sich daran gewöhnt haben, zu tun, was man ihnen sagt, und die gerne auf vorgefertigte Strukturen und Lösungen setzen. Das ist in erster Linie eines: sehr bequem. Menschen sind so. Sie suchen und finden ihre Komfortzonen. Doch wir wissen längst, dass wir für diese Haltung einen hohen Preis bezahlen müssen: Wer in der Veränderung nur die Bedrohung seines Komforts erkennt, seiner Privilegien und »wohlerworbenen Rechte«, der wird letztlich all das verlieren – ganz genau so, wie der italienische Autor Giuseppe Tomasi di Lampedusa in seinem Change-Roman *Il Gattopardo* darauf hinwies, dass sich eben alles ändern müsse, damit alles so bleiben kann, wie es ist. Das sollten wir uns immer wieder klar-machen, denn auch das ist ein wichtiges Ziel der Transformations-arbeit: Allein um zu erhalten, was wir haben, müssen wir uns enorm verändern. Und das wird nur klappen, wenn wir es zulas-sen, dass unser Denken so offen und nach vorne gerichtet ist, dass dabei auch mehr rauskommt als »nur« der Status quo. Verände-rung braucht Ehrgeiz.

....

»Keine Frage: Da draußen herrscht heute ein enorm harter Wettbe-werb. Und er wird weiter zunehmen. Wiegen wir uns nicht in Sicher-heit. Die Aussage unseres früheren Bundespräsidenten stimmt immer noch. Horst Köhler hat recht: ›Wir müssen so viel besser sein, wie wir teurer sind.‹« Martin Jetter

Und dieses Bessersein bedeutet auch: Die Dinge besser machen. Prozesse nicht nur zu optimieren, sondern echte Innovationen auf den Weg bringen. Es klingt vielleicht ein wenig pathetisch, wenn ein Unternehmen sagt: Wir wollen die Welt besser machen. Man kann aber zurückfragen: Was bleibt uns anderes übrig? Und das muss man nicht aus einer trostlosen Problemperspektive sehen – sondern optimistisch: Es gibt viel zu tun. Städte wachsen, der Verkehr nimmt zu, all das verlangt schlaue Lösungen, die uns das Leben leichter machen. Wie gehen wir mit (endlichen) Ressourcen klüger um? Wie nutzen wir die neuen »Elektronengehirne«, die Kraft der Informationstechnik, um mehr aus dieser Welt zu machen? Wenn wir unsere Chancen wahrnehmen, schaffen wir auch für andere bessere Bedingungen. Es geht noch vieles besser, und oft geht es ganz anders viel besser. Das sind wichtige Erkenntnisse, wenn man sich an die Transformation macht.

Warum Logik allein nicht hilft, um die Veränderung anzutreiben

Wahrscheinlich wird, vernünftig betrachtet und durchdacht, niemand bezweifeln, dass der Wandel real existiert. Aber dass man ihn sich mit hohem Druck – aus eigener Initiative – ins Haus holt? Wir haben das getan – und werden Ihnen in diesem Buch noch viele Details darüber erzählen. Aber ist das nicht merkwürdig? Genügt es nicht, sich der Veränderung nicht in den Weg zu stellen? Muss man da auch noch aktiv mitmachen? Natürlich. Wir leben eben in einer entwickelten Gesellschaft. Es geht uns gut. Die meisten Dinge um uns herum, Dienstleistungen wie auch die Produkte, die wir täglich nutzen, funktionieren. Nichts ist lähmender für Veränderungen als dieser Zustand. Warum sollte man sich bewegen, wenn es auch so geht?

Weshalb ist es nötig, uns in guten Zeiten – in denen wir trotz aller Klagen und Jammerei leben – nach vorn zu bewegen? Ganz einfach: Weil wir es scheinbar nicht nötig haben. Das ist der Fluch der Erfolge vergangener Tage. Dieser Fluch löst eine schwere Krankheit aus. Ihr Name: Immer weiter so. Das blockiert das Neue.

Aber wie wäre es da mit etwas Vernunft? Gut – das ist dringend nötig, aber allein damit kommt man nicht vom Fleck. Das lehrt die Erfahrung aller, die sich schon mal mit Transformation in der Praxis beschäftigt haben. Und das lehrt auch die Forschung:

»Logik ist so ziemlich das Letzte, womit sich unser Gehirn beschäftigt. Das Gehirn rechnet nicht, es will sich bloß wohlfühlen.« Susan Baroness Greenfield, Neurowissenschaftlerin

Mit dieser Auffassung war der Forscherin eine hohe Aufmerksamkeit sicher. Wohlfühlgehirne, die ihre Komfortzonen nicht verlassen wollen – und deshalb nur verarbeiten, was diesem Wohlfühlen entgegenkommt? Waren die der Grund für die Verwerfungen der Finanzkrise? Das klingt für einige wahrscheinlich recht pessimistisch. Aber wenn das Gehirn sich »wohlfühlen« will, dann sollte es doch auch in der Lage sein, Veränderungen mitzumachen, die den Komfort auch in Zukunft ermöglichen. Wohlfühlen braucht das Fundament der Logik. Zum Glück. Diese Logik gilt es zu vermitteln. Es braucht die Erkenntnis, dass das Bisherige nicht mehr wichtig, nicht mehr richtig und nicht mehr zielführend ist – diese Einsicht ist der Wendepunkt. Jede Organisation muss sich an diesen »turning point«, die wichtigste Wegmarke der Transformation, begeben. Ab hier beginnt der Wandel.

Was steckt hinter dem großen Wort der »Transformation«? Im Grunde bedeutet Transformation nach seinem ursprünglichen lateinischen Wortsinn nichts anderes als Umformung. Die Online-Enzyklopädie Wikipedia schreibt:

»Eine Transformation (lateinisch die Umformung) bezeichnet allgemein die Veränderung der Gestalt, Form und Struktur. Die Transformation kann ohne Verlust der Substanz oder (des) Inhalts erfolgen.«

Da haben wir es! Dieser kleine Eintrag in der Online-Enzyklopädie sagt sehr viel aus über das Missverständnis im Umgang mit dem Wort »Transformation«. Es geht nicht darum, alles über Bord zu werfen, was man bisher getan hat – auch wenn alles auf den Prüfstand muss, was man tut (und bisher gut getan hat).

Warum Sie sich vor Verbal-Transformatoren hüten sollten: Begeisterung allein genügt nicht für Veränderung

Wir machen jetzt einen kleinen Vorgriff auf das dritte Kapitel dieses Buches, in dem es ausführlich um die Frage der Werte und der Kultur geht, die in der Transformation eine herausragende Rolle spielen. Wir bei der IBM haben das gelernt: ohne sich bewusst zu machen, was eine Unternehmenskultur zu leisten imstande ist, wie wertvoll die Werte sind, die wir teilen, geht gar nichts. Das wäre genauso, wie darauf zu hoffen, dass ohne Wachstum irgendwelche Fortschritte in einem Unternehmen (oder einer Gesellschaft) zu erzielen wären. Ein sinnloser, kontraproduktiver Wunsch.

Wir berichten in diesem Buch viel von der Veränderung der Kultur. Die Voraussetzung für jede erfolgreiche Transformationsarbeit ist eine gründliche Analyse der bestehenden Kultur – also der Verhaltens- und Sichtweisen dessen, was man gemeinsam mit anderen denkt und tut. Unter Kultur verstehen wir die Gesamtheit der Einstellungen und Haltungen, die eine Gruppe teilt, ihre Werte und Erwartungen. Wie verhalten wir uns also, wenn von Veränderungen die Rede ist? Sind wir passiv oder ablehnend, oder haben wir gelernt, in Veränderungen auch Chancen zu erkennen, die wir nutzen sollten? Oder haben wir eine Unternehmenskultur, die Veränderungen nur an der Oberfläche ernst nimmt und automatisch »Hurra« oder »Tschaka!« schreit, sobald vom Change die Rede ist (und dabei die harte Arbeit der Transformation eigentlich aussitzt)? Es gibt heute, auch darauf wollen wir hinweisen, eine ganze Reihe von Verbal-Transformatoren. Leute, die gerne von Veränderung sprechen. Die aber eigentlich denken: Das geht vorbei.

Reden wir ganz offen darüber: Transformation ist harte Arbeit, doppelte und dreifache Arbeit. Denn das Tagesgeschäft muss weiter gemacht werden. Man kann seinen Kunden schlecht sagen:

Wir machen gerade einen Change, also bitte haben Sie mit der Erledigung Ihrer Aufträge ein wenig Geduld. Zu dieser Alltagsarbeit muss die Analyse des Bestehenden erfolgen – was tun wir, für wen, womit und wozu, also mit welcher Perspektive? Und damit nicht genug. Aus der Analyse des Bestehenden, das nicht so bleiben soll oder kann, wie es ist, muss eine neue Perspektive des Handelns entstehen – also: Was soll und muss anders werden?

Überwiegt in einer Unternehmenskultur die Angst vor Neuem, weil man allzulang am Bestehenden festgehalten hat – und sich auch Illusionen über dessen Zukunftsfähigkeit gemacht hat –, oder gibt es eine gemeinsame Kultur des Verändern-Wollens? Und: Spricht man ehrlich und gerade über die Konsequenzen von Veränderung? Sind Manager oder Leader die Treiber der Transformation? Begnügen sich Führungskräfte damit, das Bestehende so gut wie möglich zu verwalten – oder sind sie an Veränderung interessiert und werden sie dadurch zu echten Leadern, die vorangehen und Mut machen? Und schaffen die Leader es, die Veränderung so voranzutreiben, dass es nicht zu Rückfällen in den alten Trott kommt? Können sie also nicht nur mit Überraschungen umgehen, sondern können sie die Organisation auch diesen Umgang mit Überraschungen lehren? Der ehemalige CEO der IBM Corporation, Louis V. Gerstner, hat diesen Leitsatz geprägt:

»Fragen wir uns zuerst, wie etwas funktionieren könnte – statt nach Gründen zu suchen, warum es nicht klappen kann.«

Das ist keine Aufforderung zum blinden Zweckoptimismus – sondern zu selbständigem, positivem und konstruktivem Denken.

Stellen wir uns vor, dass alles, was wir tun, noch besser gemacht werden kann. Besser heißt meistens vor allem: anders. Es gehört allerdings zu den Mythen der Transformation, dass man Systeme nur radikal umbauen muss – und schon erledigt sich der Rest wie durch Zauberhand. Hauptsache anders. Das kann natürlich nicht funktionieren. Das Gegenteil von überholt ist noch lange nicht vorn. Einfach anders zu sein reicht nicht aus. Ein Unternehmen muss einen klaren Unterschied zu seinen Konkurrenten und Mitbewerbern haben. Auch das klappt nur, wenn die bestehende Kultur neu entwickelt wird – und eine neue, bessere Kultur ein sicheres und sichtbares Fundament für das Handeln darstellt.

Diese Sichtbarkeit gilt nicht nur nach innen, sondern auch nach außen – zu den Partnern und Kunden. Man kann über die Veränderung lang und breit reden und dabei trotzdem nichts sagen. Deshalb sind es die Erfolge, die messbaren Erfolge, die zählen. Es sind die klar nachvollziehbaren Problemlösungen, die beweisen, dass der Wandel einen Sinn hat. Der Grund, warum wir unseren eigenen Transformationsprozess bei der IBM in Deutschland offenlegen, liegt genau darin. Nichts wäre schlimmer, als den Wandel nur als formale Pflichtübung misszuverstehen, ihn also nicht ernst zu nehmen. Wir folgen dabei den Worten des 1989 von Terroristen ermordeten Vorstandssprechers der Deutschen Bank, des charismatischen und klugen Alfred Herrhausen:

....

»Wir müssen das, was wir denken, auch sagen. Wir müssen das, was wir sagen, auch tun. Und wir müssen das, was wir tun, dann auch sein.«

Aber wie kommt man so weit? Wo liegt der Wendepunkt?

2. Kapitel

Wendepunkte

Um sich die Zukunft der IBM vorstellen zu können,
muss man etwas von der Vergangenheit wissen.

Das Herz der IBM

Wozu braucht man Geschichte, wenn man sich für die Zukunft
verändern will? Ist nicht der Blick zurück der größte Feind der
Veränderung? Sind es nicht die alten Traditionen, die Gewohnheiten, das Fixieren auf das Gestern, die den Erfolg von morgen
behindert? All das ist richtig – aber dennoch kein Widerspruch,
wenn es darum geht, gründlich darüber nachzudenken, was Transformation eigentlich ist.

Ein Jahrhundert Firmengeschichte ist ein Grund, darüber nachzudenken. Was sind 100 Firmenjahre? 100 Jahre Veränderung. Permanente Veränderung. Geschichte ist nur statisch, wenn man die
Lehren aus ihr als ewig gültig und unumstößlich ansieht. Wenn
man nicht genau genug hinsieht und hinhört, was bereits gedacht
wurde. 100 Jahre Geschichte sind 100 Jahre Erfahrung mit Transformation. Das ist eigentlich ganz logisch. Denn kein Unternehmen könnte so lange erfolgreich existieren, wenn es nicht bereit
gewesen wäre, sich ständig den verändernden Rahmenbedingungen anzupassen und die Schritte zu tun, die zum Ausbau seines
Erfolges nötig sind. Woran denkt man, wenn man IBM hört?
Natürlich: Computer. Daten. Informationstechnik. Beratung. Ein
Verständnis dafür, wie die Dinge zusammengehören. Die IBM
hat im 20. Jahrhundert eines der dicksten Kapitel in der Geschichte der Informationstechnologie geschrieben. Fortschritt, Moder-
nität, Problemlösung durch Hochtechnologie – das ist es, was man
seit Generationen mit unserem Namen verbindet.

Im Rückblick sieht die Geschichte manchmal ruhig aus, wie ein gerader Flusslauf. Doch tatsächlich ist auch die Geschichte der IBM voller Überraschungen und Wendepunkte. Die IBM hat sich immer wieder neu erfunden. Aber der Herzschlag des Unternehmens, das, was die IBM antreibt, ist gleich geblieben. Das Herz der IBM, ihre Substanz, ist Denken und Wissen. Ja, man sollte etwas von seiner Vergangenheit wissen, um sich die Zukunft vorstellen zu können. Und man sollte seinen Kontext, in unserem Fall die in ihrem weltweiten Markt operierende IBM, verstehen. Denn eine Transformation kann, Sie erinnern sich vielleicht an die Definition aus der Online-Enzyklopädie Wikipedia von weiter vorne, »ohne Verlust der Substanz« erfolgen. Wo fangen wir an? Vielleicht vor 100 Jahren.

Im Jahr 1910 kommt der amerikanische Ingenieur Robert Neil Williams, Mitarbeiter der Tabulating Machine Company (TMC), mit einem Auftrag seines Chefs Herman Hollerith nach Deutschland. Williams soll mit einem Gründungskapital von 120 000 Mark eine Tochtergesellschaft der TMC gründen, die DEHOMAG (Deutsche Hollerith-Maschinen Gesellschaft mbH). Am 30. November 1910 wird die DEHOMAG in Berlin ins Handelsregister eingetragen. Mit insgesamt sieben Mitarbeitern und den Produktionsrechten für Deutschland und Südosteuropa nimmt die neue Gesellschaft ihre Arbeit auf.

Der 1860 in Buffalo im US-Bundesstaat New York geborene Herman Hollerith, Sohn deutscher Einwanderer aus der Pfalz, war zu diesem Zeitpunkt bereits ein gemachter Mann. Der Bergbauingenieur hatte im Alter von nur 24 Jahren, 1884, ein Patent zur Erfassung und Speicherung von Daten mittels Lochkarten angemeldet. Holleriths Erfindung wurde im Jahr 1890 bei der elften Volkszählung in den USA eingesetzt. Die Daten von 65 Millionen Amerikanern wurden von 43 seiner Hollerith-Maschinen ausgewertet – in nur vier Wochen.

Zehn Jahre zuvor hatte die Auswertung der Volkszählung noch fast ein Jahrzehnt gedauert, also etwa bis zur nächsten Zählung.

Man plante demnach immer zehn Jahren hinterher. Zehn Jahre, in denen wichtige Informationen fehlen, mit denen kluge Leute etwas anfangen könnten, um die Welt besser zu machen. Holleriths Maschine war die praktische Geburtsstunde der Datenverarbeitung. Und jeder konnte ihren Nutzen klar erkennen.

»Think« oder: Wann beginnt die Wissensgesellschaft?

Ein Jahr nachdem Williams im Auftrag seines Chefs die deutsche Tochter der Tabulating Machine Company gegründet hatte, verkaufte Hollerith sein Unternehmen, das im selben Jahr mit der Computing Scale Company und der International Time Recording Company zur Computing-Tabulating-Recording Company (CTR) verschmolzen wurde. Die CTR verkaufte Waagen, Stechuhren und Rechenmaschinen, alles, was man für Büros brauchte, in denen die industriellen Erfolge der Pionier- und Gründerzeit organisiert wurden. Es war ein gewaltiges Geschäft, eine Boom-Zeit: Aus simplen Kontoren und Schreibstuben wurden in dieser Zeit komplexe Verwaltungseinheiten. Die Arbeit im Büro galt als hochmodern. Hier wurde nicht einfach nur die Fabrikarbeit organisiert und verwaltet. Hier wurde Zukunft gemacht.

Am Vorabend des Ersten Weltkriegs, im Mai 1914, bekam die CTR einen neuen Generalbevollmächtigten: den damals 40-jährigen Vertriebsmanager Thomas J. Watson senior. Ein Jahrzehnt nachdem Watson senior die Geschäfte der CTR übernommen hatte, firmierte das Unternehmen um in International Business Machines – IBM. Sie überlebte sogar die Weltwirtschaftskrise von 1929 mit nur einigen Schrammen. Und als in der Mitte der 1930er-Jahre der neue amerikanische Präsident Franklin Delano Roosevelt sein ehrgeiziges »New Deal«-Programm im Kampf gegen die Wirtschaftskrise etablierte, brauchte man das Wissen und die Produkte von IBM allerorten. Die Roosevelt-Administration erließ eine Reihe neuer Gesetze, die zwingend Datenverarbeitung erforderten. Im Jahr 1933 wurden Unternehmen und Behörden wahre Datenfluten und unzählige statistische Erhebungen durch den National Recovery Act abverlangt – und zwei Jahre später führte Roosevelt mit seinem Social Security Act die Sozialversicherung in den USA ein. Daten, unendlich viele Daten mussten gesammelt, registriert, verarbeitet werden. Die IBM des Thomas J. Watson senior konnte die geforderte Technik liefern. In der Ära des New Deal wuchs die IBM um mehr als das Doppelte.

Die Geschichte der IBM ist zu einem guten Teil die Familiengeschichte der Watsons, die die IBM fast sechs Jahrzehnte führten und prägten. Ganze 42 Jahre stand Thomas J. Watson senior der IBM vor (die CTR-Jahre mitgerechnet). Danach sollte Thomas J. Watson junior das Unternehmen 15 Jahre lang führen und zum Primus der Computerbranche machen. Sein Bruder Arthur war nach dem Zweiten Weltkrieg für die IBM World Trade Corporation zuständig. Die Watsons haben die IBM geprägt – und vieles von dem, was sie dachten, ist heute noch fest im Unternehmen verankert. Nicht etwa, weil die IBM so sehr an der Vergangenheit festhielte. Im Gegenteil. Die Watsons machen es uns leicht, ihr Erbe zu bewahren. Denn sie wussten um die Macht der Veränderung. Sie wussten, wie wichtig der permanente Change ist, oder, in den Worten von Thomas J. Watson senior:

....

»Analyze the past, consider the present and visualize the future.«

Da haben wir die Dreifach-Devise: Die Vergangenheit analysieren, die Gegenwart überdenken und eine Vision, eine Vorstellung von der Zukunft haben! Das ist das Selbstverständliche. Thomas J. Watson senior hat aber in den frühen Jahren der IBM mehr getan, als diese Normalität des unternehmerischen Denkens und Handelns klarzumachen. Er war es, der dem Unternehmen sein berühmtes Motto gab, das »Think«, das uns auch heute noch leitet.

Was Watson unaufhörlich predigte und seinen Mitarbeitern in klaren und verständlichen Sätzen vermittelte, war: Wissen und

Nachdenken lösen Probleme. Wir stellen nicht einfach nur gute Produkte her. Wir bieten Lösungen an. Werkzeuge des Geistes, mit denen Kunden weiterkommen. Das Ziel des Unternehmens, der ganze Schwerpunkt, seine Gravität, liegt auf dieser Fähigkeit, Dinge besser zu machen, Probleme zu erkennen und zu lösen. Um diesen Schwerpunkt ging es immer. Bei der IBM war die Wissensgesellschaft, lange bevor der Begriff in der zweiten Hälfte des 20. Jahrhunderts allmählich populär wurde, unternehmerische Realität: »Think«.

Wenn wir heute die Literatur über die Wissensgesellschaft sichten, dann bemerken wir einige Fixpunkte, die immer wieder vorkommen. Das Wissensunternehmen, so heißt es, braucht Leute, die selbständig denken. Das Management hat die Aufgabe, zu führen und voranzugehen, Mut zu zeigen, aber auch, die Organisation so gut aufzustellen, dass sich die denkenden Mitarbeiter darin optimal entwickeln können – für die besten Lösungen. Wissen, der wichtigste Stoff, mit dem die Unternehmen heute (und noch mehr in der Zukunft) handeln, muss immer wieder neues Wissen schaffen, und das leicht und wie selbstverständlich. Erfolg basiert auf Denken, nicht mehr allein auf Fleiß und harter Arbeit, wie das noch vor einigen Generationen gedacht wurde. Und die Unternehmen der Wissensgesellschaft sind in der Lage, für ihre Kunden, für den Einzelnen wie auch die Gesellschaft, Probleme zu lösen, die man bisher nicht angehen konnte oder deren Tragweite sich bis dahin noch niemand bewusst war. Kann man aus der Vergangenheit für all diese Aufgabenstellungen lernen? Lesen wir mal Folgendes:

»Was jedes Unternehmen braucht, sind mehr Leute, die denken.«
»Gutes Management bedeutet gute Organisation.«
»Wissen schafft Enthusiasmus.«
»Die Kräfte, die Erfolg hervorrufen, sind Arbeitskräfte und Intelligenz.«
Und, vielleicht der modernste von all diesen Sätzen:
»Entwickle deine Initiative. Tu etwas, was noch niemand getan hat!«

Alle diese Zitate stammen aus der Zeit von 1914 bis 1956 – und sie stammen von Thomas J. Watson senior. Er war unermüdlich, wenn er die Bedeutung des Denkens und des Wissens für die permanente Entwicklung und Veränderung der IBM betonte. Im IBM Schulungscenter in Endicott, so berichtet Thomas J. Watson junior in seiner Autobiografie *Father, Son & Co.*, wurden Mitarbeiter so begrüßt:

.....

»Über dem Haupteingang stand in halbmetergroßen Messingbuchstaben der Wahlspruch ›Think‹ – Denk nach. Dahinter lag eine Treppe aus Granit, die die Lernenden einstimmen sollte, wenn sie in die Unterrichtsräume gingen. In die Stufen waren die Worte eingelassen: Denk nach, beobachte, diskutiere, hör zu, lies.«

»Think« wurde zum allgegenwärtigen Wort in der IBM. In den Büros hing das Wort gerahmt an der Wand, an Gebäuden wurde es als Schriftzug installiert, die Unternehmenszeitschrift trug diesen Namen und später, lange nachdem die Watsons die Führung des Unternehmens abgegeben hatten, trug das legendäre Notebook der IBM, das »ThinkPad«, das Leitmotto weiter.

Das »Think« kann heute jeder sehen, der sich im Foyer des IBM Forums in Ehningen bei Stuttgart die neuesten Entwicklungen und Lösungen unserer IBM ansieht. Es findet sich als Schriftzug an einer Außenwand des neuen Firmengebäudes. Es ist, wie die Computer des 21. Jahrhunderts, die »ubiquitous« sind, allgegenwärtig und in unserem Leben. »Think« ist normal. Ein gutes Unternehmen besteht aus denkenden Mitarbeitern. Denken ist eine Tätigkeit, die über den Tellerrand sehen lässt. Dieses entscheidende Betriebsmittel hat immer wieder auch alte Strukturen aufgebrochen. Was heute selbstverständlich ist, war es keineswegs, als man bei IBM zuerst darüber nachdachte – um es dann zum Teil der Unternehmenskultur zu machen. Bereits im Jahr 1935 wurde bei der IBM die erste Frau als Fachkraft zum selben Lohn wie ihre männlichen Kollegen angestellt, 1946 der erste farbige Vertriebsmitarbeiter. Thomas J. Watson junior brachte 1953 den ersten schriftlichen »equal opportunity policy letter« des Unternehmens heraus – mehr als ein Jahrzehnt bevor die Gleichberechtigung im amerikanischen Civil Rights Act von 1964 zum Gesetz wurde. Dieses Dokument verpflichtet die IBM schriftlich, »dass sie Mitarbeiter nur auf Grund ihrer Fähigkeiten anstellen würde, ohne Rücksicht auf Rasse, Hautfarbe oder Glaubensbekenntnisse«.

Die Fähigkeit, sich zu verändern, hängt eben auch davon ab, wie offen und transparent ein Unternehmen ist. Erkennt es Talente unabhängig von der Frage, welche gesellschaftlichen und kulturellen »Werte« gerade gefragt sind? Sieht es auf den Menschen? Hat die Organisation in ihrer Kultur wirklich verstanden, dass die Persönlichkeit zählt? Das ist vielfach gesagt – aber bis heute nicht immer wirklich verstanden und umgesetzt worden. Wer Wissen verkauft, Problemlösungen also, der braucht vor allem auch vielfältige und vielschichtige soziale und kulturelle Strukturen in seiner Organisation, die die Vielfalt des Marktes widerspiegeln. Wo es darum geht, Probleme von Kunden durch Wissen zu lösen, werden Kultur und Toleranz, faire und gerechte Behandlung aller Meinungen und damit auch der Personen, die sie vertreten, zu einem entscheidenden Erfolgskriterium. Eine offene Unternehmenskultur, in der jeder Kritik nicht nur äußern darf, sondern soll, wird Probleme ernst nehmen – und sie nicht einfach verdrängen und zu einer gefährlichen Tagesordnung übergehen, die an der Oberfläche harmonisch erscheint. Eine richtige Unternehmenskultur will die Auseinandersetzung, den Widerspruch, die Widerrede – weil sie davon lernt, besser zu werden. Diversity ist normal.

Denn die anderen Meinungen, Haltungen und Einstellungen sind alle »draußen« auf dem Markt genauso vorhanden wie im Unternehmen selbst. Thomas J. Watson senior hat dieses pragmatische Verhältnis zu einer offenen Unternehmenskultur wie niemand vor ihm verstanden und auf die IBM übertragen. Ihm war offensichtlich klar, dass denkende Menschen Freiräume brauchen, um ihr Wissen so selbständig wie möglich und damit für das Unternehmen so nutzbringend wie möglich umzusetzen. Die Führungskräfte nach ihm folgten seinem Beispiel: Im Jahr 1993 führte die IBM in Deutschland für ihre Mitarbeiter die Telearbeit auf freiwilliger Basis ein – und war damit eines der ersten Unternehmen in Deutschland, die sich dem neuen, selbstverantwortlichen Arbeitszeitmodell stellten. Seit 1999 gelten bei der IBM in Deutschland Arbeitszeitregeln, die in anderen Unternehmen immer noch bestaunt werden: Die Mitarbeiter können ihre Arbeitszeit von Montag bis Freitag zwischen sechs und 20 Uhr eigenverantwortlich einteilen. Selbständigkeit gehört zu denkenden Mitarbeitern dazu.

Auch heute ist vieles von dem, was damals von Watson senior formuliert wurde, in vielen Organisationen und Unternehmen alles andere als selbstverständlich. Soft Skills, die sozialen Kompetenzen von Mitarbeitern, die dazu beitragen, persönliche Handlungsziele mit den Einstellungen und Werten einer Gruppe zu verknüpfen, gehörten bei der IBM immer zum Grundrüstzeug dazu. Schon Thomas J. Watson senior wusste: Man kann Werte und Kultur nicht von Fähigkeiten und Talenten trennen.

Louis V. Gerstner junior, der von 1993 bis 2002 als siebter Chairman der IBM einen der maßgeblichsten Wendepunkte in der Unternehmensgeschichte gestaltete (auf den wir gleich näher eingehen werden), schreibt über Thomas J. Watson senior:

»Watsons Lebenserfahrungen als Selfmademan brachten eine Kultur hervor, in der Respekt zählte, harte Arbeit und Anständigkeit. IBM war jahrzehntelang der Vorreiter der Chancengleichheit, lange bevor Regierungen auch nur von gleichen Bedingungen bei Einstellung, Beförderung und Entlohnung sprachen. Der Geist von Integrität und Verantwortlichkeit strömt in einer Weise durch die Adern von IBM, wie ich es bei keinem anderen Unternehmen erlebt habe.«

Globalisierung ist wirklich nichts Neues

Denke, beobachte … diese ersten beiden Leitmotive des Thomas J. Watson senior, die in Endicott die Stufen des IBM Schulungscenters zierten, führen aber noch weiter. Beobachte. Das gilt nicht nur für den engeren Markt und die Mitbewerber. Der Fokus dessen, was man braucht, um sich ständig zu entwickeln, hat eine weit größere Perspektive. Nach dem Zweiten Weltkrieg ist die IBM zu einem multinationalen Konzern angewachsen. Ab 1949 wirkt sich das – dem Namen nach – auch auf die deutsche Niederlassung aus. Die Hauptverwaltung der DEHOMAG, die 38 Jahre zuvor gegründet worden war, wird von Berlin nach Sindelfingen verlegt. Ein Jahr später firmiert die DEHOMAG in IBM um. International Business? Als Thomas J. Watson senior diesen Namen 1924 erfand und ihn anstatt der alten CTR für sein Unternehmen verwendete, erschien das seinem Sohn, dem späteren Chairman Thomas J. Watson junior, noch ziemlich übertrieben: »Als Vater aus dem Büro nach Hause kam und stolz verkündete, die Computing-Tabulating-Recording Company würde künftig den großartigen Namen International Business Machines tragen (…) dachte ich bei mir: Der kleine Laden?« Doch etwas mehr als 20 Jahre später war der kleine Laden eines der Vorzeigeunternehmen der USA geworden, bekannt in der ganzen Welt. International – das klang nun nicht mehr übertrieben. Aber dennoch war man in den meisten Geschäften, die damals betrieben wurden, weit weg von der Vorstellung einer Globalisierung, wie wir sie heute kennen. Es gab Nationen, die miteinander Handel trieben. Es gab Tochtergesellschaften, die mehr oder weniger ihre Heimatmärkte betreuten und versorgten. Das war es. Thomas J. Watson senior sah weiter. Im Jahr 1949 gründete er die World Trade Corporation.

....

»Die Vereinigten Staaten haben sechs Prozent der Weltbevölkerung und der Rest der Welt hat 94. Eines Tages wird die World Trade Corporation größer sein als die US Company.«

Um das Geschäft in Gang zu bringen, entschied Watson, dass jede der Fabriken in Europa nicht nur, wie es bis dahin üblich war, Teile für das eigene Land herstellen sollte, sondern auch welche für den Export in andere europäische Länder. Das kann man bereits als Vorboten der global integrierten IBM von heute verstehen. Die Welt wurde, aus der Perspektive der IBM schon recht früh, flacher.

In die Zeit nach dem Zweiten Weltkrieg fällt der Aufstieg einer Technologie, die wie keine zweite das Jahrhundert prägen wird: Der Computer kommt auf die Welt. Es sind klobige, gewaltige Maschinen, bestückt mit Zehntausenden Vakuumröhren, die Unmengen an Strom und Platz verbrauchen, eine Höllenhitze erzeugen – und dafür aus heutiger Sicht geradezu lächerliche Ergebnisse liefern. Die Watsons sind skeptisch. Ihre Lochkartenmaschinen und die Computer – das sind zunächst noch zwei Welten, die für sie nicht zusammengehören. Zwar knüpfte Watson junior noch während des Zweiten Weltkriegs Kontakte zu John Mauchly und Presper Eckert, die in den Jahren von 1943 bis 1946 ein riesiges Monstrum aus mehr aus 17 000 Vakuumröhren zusammengelötet hatten – ENIAC (Electronic Numerical Integrator And Computer). Doch die neue Technologie, so gestand Watson junior viele Jahre später ein, habe ihn zunächst »überhaupt nicht berührt«.

Das erfolgreiche Unternehmen stand an einem Wendepunkt. Und die wichtigsten Führungspersönlichkeiten der IBM, Watson Vater und Watson Sohn, sahen, was die meisten Menschen angesichts der herannahenden Veränderung sehen: Nichts. Nichts außer dem Tagesgeschäft, den aktuellen Erfolgen. Wir erinnern uns: Nichts ist für den Erfolg von morgen gefährlicher als Erfolg, der die Sicht auf Perspektiven verstellt. Die Wahrnehmung für das Neue lässt nach. Es ist wie in einem Schnellzug. Während sich das Tempo erhöht, werden aus den einst klaren Zielen zunächst unmerklich nebelige Konturen. Das Tempo wird noch erhöht. Dann fährt der Erfolg in den Tunnel ein.

Doch Thomas J. Watson junior erlangt die Sehkraft bald wieder. Er erkennt die Möglichkeiten, die in den neuen Universalmaschinen stecken. Ungeheure Potenziale. »Seit etwa 1950 war mein Ziel, so schnell wie möglich in den Computermarkt zu drängen«, schreibt er später – und in diesem Jahr beginnt die IBM, Computer zu bauen. Zwei Jahre später wird der IBM 701 präsentiert, der auf Vakuumröhrentechnologie basiert. Ende des Jahrzehnts arbeiten bereits Transistoren in den IBM Rechnern. Aber bereits vorher zeigt sich, dass Thomas J. Watson juniors Einschätzung richtig war. Er hatte auf den Computer gesetzt – und die IBM wuchs nun im Jahr mit über 20 Prozent. »Wir beschlossen also, so schnell zu expandieren, wie der Markt es erlaubte – auch wenn das bedeutete, das Wachstum in einem Ausmaß zu beschleunigen, wie es das in Amerika bisher noch nicht gegeben hatte«, schreibt Watson junior über diese Jahre. Der Boom hatte Konsequenzen, und sie waren dem Manager sehr bewusst:

»Uns war klar, dass IBM sich bald mit dem Übergang vom unternehmerischen zum professionellen Management würde befassen müssen. Dad hatte so perfekte Arbeit geleistet, dass IBM fast keine der Einrichtungen besaß, mit denen Großunternehmen verhinderten, dass kleine Probleme sich zu großen auswuchsen – beispielsweise eine klare Befehlsstruktur, eine Planung oder eine offizielle Unternehmenspolitik. Wenn wir weiter wuchsen und ein Milliardenunternehmen weiterhin so planlos führen wollten, würde IBM bald wie eine Supernova explodieren und als Zwerg enden.«

Thomas J. Watson junior hat über diesen Prozess der Veränderung geschrieben: »Das war der Beginn einer Umstrukturierung, die sich über die ganzen Jahren hinzog, in denen ich IBM leitete.« Diese Transformation war aber nur ein Teil der Umgestaltung, die Watson junior nach der Übernahme der Geschäfte von seinem Vater unternahm. Weit mehr Publicity hatte ein anderes Unternehmen, das Anfang der 1960er-Jahre gegründet wurde.

IBM hat den Computer nicht erfunden. Aber die Vorstellung von dem, was Computer zu leisten imstande sind, wie sie – als Universalmaschine – einsetzbar sind, das wurde in den frühen Jahren der Führung von Thomas J. Watson junior festgelegt. Versetzen wir uns kurz in die Welt der späten 1950er- und frühen 1960er-Jahre. Computer sind populär – in Science-Fiction-Filmen beispielsweise. Computer werden damals vorwiegend von Regierungsstellen und Militärs geordert. Die meisten Rechensysteme sind absolute Unikate, die eine ganz bestimmte Aufgabe lösen sollen. Die Einheiten sind entweder für kaufmännische oder für naturwissenschaftlich-technische Einsatzzwecke optimiert. Peripheriegeräte wie Drucker oder Speicher, aber auch Software laufen jeweils nur auf der Einheit, für die sie geschaffen wurden. Falls man einen neuen oder größeren Computer anschaffen will, sind weder Programme noch Peripheriegeräte kompatibel. Bei genauerer Betrachtung war die Bezeichnung Universalmaschine für die Computer, die damals gebaut wurden, ein Hohn. Thomas J. Watson junior hatte eine Arbeitsgruppe namens SPREAD (Systems, Programming, Review, Engineering And Development) eingesetzt, die Vorschläge für neue Computermodelle machen sollte. Die sollten offen sein für alles, veränderbar, ihre Peripherie und Software innerhalb der Modellfamilie kompatibel. Ein solcher Rechner konnte also für unterschiedliche Zwecke eingesetzt werden, was natürlich für all jene Kunden interessant sein musste, die sich ein gewaltiges Computersystem, das nur auf ein Ziel ausgerichtet war, nicht leisten konnten – aber dennoch die Effizienz elektronischer Datenverarbeitung für ihr Geschäft nutzen wollten. Die SPREAD und der damalige Vizepräsident der IBM, Vin Learson (der 1971 die Nachfolge von Watson junior antreten sollte), schlugen den Bau einer neuen Serie vor: System/360.

360 Grad oder: Die Welt ist rund. Vom Denken in alle Richtungen

Benannt nach den 360 Grad eines Kreises, um alle Bedürfnisse und Anforderungen von Kunden aus der Wirtschaft und Wissenschaft abzudecken. Ein Universalrechner, der diesen Namen wirklich verdiente. Als die IBM mit der Arbeit an diesem Projekt begann – 1961 – kamen rund 4000 der 6000 in den USA laufenden Computer bereits von IBM. In den fünf Jahren seit dem Tod des Firmengründers Thomas J. Watson senior hatte sein Sohn und Nachfolger das Computergeschäft zu einer tragenden Säule des Unternehmens gemacht. Die Umsätze lagen zum Zeitpunkt des Starts der System/360-Familie bei rund 2,5 Milliarden Dollar, der Aktienwert lag beim Fünfeinhalbfachen dessen, was die IBM 1956 – dem Jahr, in dem Thomas J. Watson junior die Geschäfte von seinem Vater übernommen hatte – wert gewesen war.

Die 360er-Familie sollte gebaut werden. Daraus wurde das größte und umfangreichste privat finanzierte Unternehmensprojekt aller Zeiten. Fünf Milliarden Dollar wurden für die Entwicklung bis zum Start des Systems im Jahr 1964 ausgegeben. Mehr als 50000 IBM Mitarbeiter waren an der Entwicklung und Fertigung des Systems beteiligt. Kein Projekt in der Industriegeschichte war größer und teurer, riskanter – aber auch chancenreicher – als die Operation System/360. Diese »Entwicklung stürzte IBM in ungeheure Turbulenzen«, schreibt Watson junior später. Doch der Schneid, der Mut des Watsons junior sollte sich rechnen. Nach ungeheuren Schwierigkeiten, welche die neue kompatible Rechnerfamilie System/360 zu überwinden hatte, wurde sie ein gewaltiger Erfolg. Weniger als zehn Jahre nach der Präsentation des System/360 lag der Marktanteil bei diesen »Mainframes« genannten Rechnersystemen bei rund 90 Prozent.

Als Thomas J. Watson junior seine Position als CEO der IBM im Jahr 1971 nach 15 Jahren aufgibt, hat er mit der Computeroffensive seines Unternehmens die Welt verändert. Die IBM beschäftigt 1971 weltweit 270 000 Menschen – fast viermal so viele wie 1956, als Watson junior antrat. Der Umsatz des Unternehmens liegt bei 8,3 Milliarden Dollar. Das *Fortune Magazine* nennt Watson junior den »größten Kapitalisten aller Zeiten«.

Interessen sind gut – und helfen bei der Transformation

Das ist als Kompliment gemeint – in jeder Hinsicht. Denn der Mut zur Veränderung der alten IBM, den Watson junior an den Tag legte, hat nicht nur ein Vielfaches an Arbeitsplätzen und damit auch Wohlstand gesichert, er bildet auch die Grundlage für neue Projekte und die Zukunft. Ein erfolgreiches Unternehmen ist auch ein soziales Unternehmen, weil es sozial sein kann. Wachstum ist die Grundlage für die Entwicklung der Organisation, aber auch der einzelnen Mitarbeiter. Wir sprechen von Interessen.

Es ist vielfach nicht populär, die Interessen von Unternehmen, aber auch die von Mitarbeitern klar zu benennen. Fast hat es den Anschein, als ob man damit gegen ungeschriebene Regeln der Gleichheit oder gar der Gerechtigkeit verstößt. Doch Interessen gibt es. Jeder Mitarbeiter hat Interessen, längst nicht nur materielle, aber eben auch. Und natürlich will das Unternehmen seine Marktposition ausbauen, wachsen und damit die Möglichkeit schaffen, in Neues investieren zu können. Wer Interessen verleugnet, der verleugnet die Entwicklungsfähigkeit von Menschen – und auch von Unternehmen. Ist das Betonen von Interessen ein Widerspruch zum Teamgeist? Läuft das Einzelinteresse dem Ziel des Ganzen zuwider? Die Geschichte der IBM zeigt uns, die wir uns heute verändern, einmal mehr, dass der scheinbare Widerspruch keiner ist: Thomas J. Watson junior machte die IBM nicht nur zur Nummer eins in Sachen Computer, sondern auch zum anerkannt besten Arbeitgeber seiner Zeit. Die Erfolge des Unternehmens waren die Erfolge der Mitarbeiter.

»Ich wusste ganz genau, welches Verhalten ich bei den einfachen IBM Angestellten kultivieren wollte: Ich wollte, dass sie ein eigenes Interesse fühlten und von den Problemen und Zielen der anderen wussten. Außerdem wollte ich, dass sie fühlten, dass sie Zugang zum Top-Management hatten und dass niemand so weit unten in der Kommandokette war, dass er nicht verstehen konnte, wo das Geschäft hinlief.«

Interessen klarmachen, das ist eine der wesentlichsten Erkenntnisse aus den großen Veränderungsprozessen, die Thomas J. Watson junior für die IBM – und die ganze Computerbranche – lieferte. Und das geht nur mit absoluter Offenheit und Transparenz. Das Ziel, das sich Watson junior gesetzt hatte, war ganz einfach, er wollte, dass es »keinen Unterschied gab zwischen dem, was die IBM sagte und wie die IBM sich verhielt«.

Das war einer der wesentlichsten Faktoren, der die IBM zu einem der erfolgreichsten Unternehmen der Welt machte. Doch dann geschah etwas. Ganz allmählich veränderte sich die Orientierung. Nicht immer war das, was die IBM sagte, nun auch das, was die IBM tat. Und das führte zu zweierlei: zur größten Katastrophe, vor der unser Unternehmen jemals stand. Und dem wichtigsten Wendepunkt in unserer Geschichte. Dem Anfang der permanenten Veränderungen bei der IBM.

3. Kapitel

Der Hunger nach Veränderung. Vom Nahtod zur Transformation

Nicht ist gefährlicher als die Erfolge von gestern. Sie machen satt, träge und schwächen das Sehvermögen. Und trotzdem ist genau das die Stunde der Veränderung, die große Chance, es besser zu machen und den Hunger nach Veränderung zu wecken.

Unternehmen sind wie Menschen, auch was ihre physische Gesundheit, ihre Fitness angeht. Junge Firmen, wie junge Menschen auch, machen ihre Erfahrungen, indem sie aus Fehlern lernen – was sie in der Regel klüger macht. Dann kommt die Lebensphase, in der ein Unternehmen wie ein Mensch vor Kraft nur so strotzt, in der man Bäume ausreißen könnte. Das sind die Zeiten der unbekümmerten Expansion, des scheinbar nie enden wollenden Wachstums. Ein Stück weiter in ihrer Geschichte wird die Organisation reifer. Einerseits sind in dieser Lebensphase viel Wissen und Erfahrung vorhanden, um Dinge besser machen zu können. Andererseits ist es verlockend, sich endlich auszuruhen und sich mit sich selbst zu beschäftigen. In den 1970er- und 1980er-Jahren, als die IBM ihr sechstes und siebtes Lebensjahrzehnt erreichte, war das Unternehmen in diese Lebensphase eingetreten. An diesem Punkt müssen wir einen Unterschied machen zwischen Mensch und Unternehmen.

Denn nach einem langen und erfolgreichen Arbeitsleben können wir als Person in den wohlverdienten Ruhestand gehen. Bei Unternehmen sieht es ein wenig anders aus. Sie müssen sich ständig erneuern, regenerieren, auffrischen. Eine Rente für Unternehmen gibt es nicht. Die IBM Mitarbeiter waren erfolgreich, fühlten sich überlegen, sicher und wirkten gelegentlich so souverän, dass manche darin bereits eine Grenzüberschreitung hin zur Arroganz und Selbstgefälligkeit sahen. Die IBMer neigten zuweilen zu einer Haltung, die man einigen älteren Herrschaften auch gerne nachsagt: zur Besserwisserei. Das Neue – das war eigentlich immer etwas, was man »längst kannte« und was »nichts taugte«, weil es »technisch nicht ausgereift war« – kurz: nichts, womit sich der strahlende Stern der Computerbranche zu beschäftigen hatte. Die IBM war die Instanz in all diesen Fragen. Sie war bei der Computerisierung der Welt nicht einfach nur dabei gewesen. Sie war die treibende Kraft dahinter. Aus dieser Perspektive war die Welt der Computerindustrie überschaubar: Einige reichlich unbedeutende Planeten und Trabanten umkreisen ein Zentralgestirn, dessen blaues Licht alles überstrahlte. Marktführerschaft? Erfolge? Selbstverständlich, was denn sonst. »Big Blue«, wie IBM genannt wurde, war eine Größe für sich. Wer konnte sich damit messen?

Der Tunnelblick – Erfolg und Routine über Jahre – und dann vom hellen Licht ins dunkle Loch

Und hatten die Alten nicht recht? Schließlich verdiente man nicht schlecht. Mehr als 400 000 Leute standen in den späten 1980er-Jahren auf der Gehaltsliste der Corporation. Das Geschäft mit Großrechnersystemen, den sogenannten Mainframes, lief sehr gut. Seien wir ehrlich: Jeder, der damals gesagt hätte, dass sich die IBM trotz aller strahlenden Erfolge verändern muss, hätte als verrückter Spielverderber gegolten.

Erfolg ist gefährlich. Man gewöhnt sich daran. Man unterschätzt Herausforderer. Wer kann uns schon gefährlich werden? Die Antwort ist einfach: Wir selbst. Der schlimmste Feind ist die eigene Unfähigkeit zur kritischen Selbstbetrachtung und zum Willen, etwas besser und damit auch anders zu machen als bisher.

Erfolge sind widersprüchlich. Sie sichern einerseits die Grundlage für neue Erfolge, für Innovation und Wohlstand im Unternehmen. Aber Erfolg, der nicht mehr bewusst als Folge klaren

Handelns und Entscheidens wahrgenommen wird, sondern als Anspruch und Selbstverständlichkeit, der führt weg von der Realität. An diesem Punkt war die IBM zu Beginn der 1990er-Jahre angelangt. Die große Krise wurde sichtbar, als sich die Welt mitten im PC-Fieber befand. Computer? Das waren bis in die 1970er-Jahre hinein Dinger, die man aus dem Kino und dem Fernsehen kannte. Elektronengehirne.

Bis in die späten 1970er-Jahre hinein war die Datenverarbeitung ein für den normalen Bürger fernes Gebiet geblieben. Gut, man konnte im Fernsehen oder im Kino Computer sehen, sie waren ein Symbol für wissenschaftliche Allmacht. Ihre Magnetbandspeicher wurden in den 1960er-Jahren zum bewährten Hintergrundbild, wenn im Fernsehen »was mit Wissenschaft« oder »Zukunft« zu berichten war. Das »Elektronengehirn« war eine Chiffre für Fortschritt. Die ersten Computer waren mit Elektronenröhren bestückt gewesen, die eine unglaubliche Hitze erzeugten und im Betrieb regelmäßig kaputtgingen. Ende der 1940er-Jahre war der Transistor erfunden worden. Das trieb die Miniaturisierung enorm voran. Und schließlich begann im Jahr 1971 die kalifornische Speicherchipfirma Intel einen Mikroprozessor in Serie zu fertigen, den »4004«. Er verfügte über 2 200 Transistoren auf der Fläche eines Daumennagels (zum Vergleich: Aktuelle Prozessoren wie zum Beispiel der IBM Power 7 bringen es auf 1,2 Milliarden Transistoren). Übrigens wusste Intel lange Zeit gar nicht, was man damit hätte anstellen können. Dass aus dem Mikroprozessor das Herz der PC-Revolution werden sollte, das war damals, Anfang der 1970er-Jahre, noch lange nicht ausgemacht. Erst allmählich tauchten Bausatz-Computer für den Privatgebrauch auf, wie der Altair 8800 der Firma MITS, der im Jahr 1974 von einer populärwissenschaftlichen Zeitschrift vertrieben wurde. Das Ding konnte man mithilfe eines Lötkolbens und unter Einsatz eines robusten Nervenkostüms zum Leben erwecken, es piepte ein wenig und ließ einfache Berechnungen zu. Das war mehr Bastelstunde als Hightech. Niemand nahm so etwas ernst.

Im April 1977 stellte die kalifornische Firma Apple Computer einen kleinen Rechner vor, den Apple II. Dieser Computer war in der Lage, verschiedene Anwendungen wie Textverarbeitungen oder einfache Spiele zu ermöglichen. Man musste dazu nur eine Steckkarte in einen der freien Slots des Rechners anbringen. Zeitgleich präsentierten Unternehmen wie Commodore und Tandy kleine Computer für zu Hause – die bald als »Homecomputer« bezeichnet wurden. Anbieter wie Atari, Sinclair und Texas Instruments folgten mit eigenen Modellen. Die Daten wurden in der Regel auf Kompaktkassetten gespeichert, einem Medium, das in den 1970er-Jahren ohnehin in jedem Haushalt vorhanden war – zum Speichern von Musik.

Die meisten Homecomputer aber waren vor allem Unterhaltungsgeräte. Man konnte mit ihnen spielen, ein wenig programmieren, eine Textverarbeitung laufen lassen (wenn man sich mit den 20 bis 40 klobigen Zeichen, die pro Zeile auf einem verschwommenen Fernsehbild angezeigt wurden, zufriedengab) und Ähnliches mehr. Nur die Geräte von Apple hoben sich davon ab – sie boten für kleine und mittlere Unternehmen, Freiberufler und Selbständige als »Mikrocomputer« bereits nützliche Lösungen.

Rund um diese Veränderung fanden zuweilen merkwürdige Szenen statt. Die Anhänger des »Mikros« verstanden ihre kleinen Computer auch als politische und gesellschaftliche »Waffe« gegen die »Großen«. Und die Größte der Großen war eben die IBM. Solche Geschichten sind einfach gestrickt – und bei manchen Reportern sehr beliebt. Klein ist gut, groß ist böse. David gegen Goliath. Das war das Spiel damals. Und den Davids gelang es ganz gut, die Medien auf ihre Seite zu ziehen. Bald glaubten schon viele, dass die besten und leistungsfähigsten Computer nicht von den großen alten Herstellern kämen, sondern aus Garagen irgendwo im Silicon Valley. Eine Revolution lag in der Luft. Und man konnte sie anfassen, kaufen. Wer einen Homecomputer oder Mikro besaß, der war ganz vorne dabei. Jeder sollte einen Rechner

haben, das war die neue Parole dieser Revolution. Einen persönlichen Computer.

Die IBM erfindet den Personal Computer.
Ein Riesenerfolg. Und ein großes Problem

Die IBM schien sich lange aus dieser Sache herauszuhalten. Das
Unternehmen war im Bereich professioneller Groß- und Abtei-
lungsrechner führend. Doch tatsächlich sollte die IBM das Spiel
ganz grundlegend verändern. Unter ihrem CEO John R. Opel,
der seit 1981 die Geschäfte der IBM Corporation führte, wurde
ein Projekt entwickelt, das die Welt der Computer tatsächlich re-
volutionieren – und die Entwicklung der IBM dramatisch beeinflussen sollte: der Personal Computer, kurz PC. Unter diesem Namen präsentierte die IBM im Jahr 1981 ein Rechnersystem, das
unser Bild vom modernen Arbeitsplatz für immer veränderte. Der
IBM PC war kein aufgemotzter Homecomputer – und auch kein
»Mikrocomputer«. Der PC bestand aus klar definierten Komponenten, die zusammen eine funktionsfähige Rechnereinheit er-
gaben. Die einzelnen Komponenten konnten relativ einfach ausgetauscht und ersetzt werden. Wesentliche Teile des Systems, der
Prozessor und das Betriebssystem, wurden, ganz entgegen den
bisherigen Gepflogenheiten der IBM, von anderen Unternehmen
geliefert: Die Intel Corporation besorgte die Prozessoren, und die
noch sehr junge Microsoft Corporation aus Seattle entwickelte im
Auftrag der IBM ein Betriebssystem namens PC-DOS. Microsoft
veröffentlichte dies 1982 unter dem Namen MS-DOS. Auch IBM
entwickelte das Betriebssystem IBM PC-DOS weiter. Später folgten weitere Entwicklungen unter dem Namen IBM OS/2, dem
aber der erhoffte Erfolg verwehrt blieb. MS-DOS und Microsoft
Windows hatten sich bereits durchgesetzt.

Der PC war, gemessen am technischen Standard des Jahres
1981, tatsächlich keine technologische Sensation. Aber das war im

»revolutionären« Klima der frühen 1980er-Jahre auch kein Thema. Das *Time Magazine* wählte den PC zum »Mann des Jahres
1982«. Der PC eroberte die Büros und verdrängte in wenigen
Jahren bewährte Werkzeuge wie Schreibmaschinen (ein wichtiger Geschäftszweig der IBM). Ein Jahrzehnt später war der Personal Computer in Haushalten so normal wie Fernseher und Radios. Und das Internet, das damals populär wurde, wäre ohne die
vielen Millionen PCs, die es schon damals gab, nicht vorstellbar
gewesen. Der PC war die Basis für alles, was kam.

Der Pyrrhus-PC-Effekt oder: Noch so ein Sieg, und wir sind verloren

Gemessen an der wahrgenommenen Wirkung, seiner weltweit rasanten Verbreitung, war der PC wahrscheinlich der größte Erfolg
der IBM. Er löste aber auch gewaltige Probleme aus – die in die
größte Veränderung der IBM in ihrer Geschichte führten. Bald
gab es Tausende Nachahmer, die ihre »IBM kompatiblen« (oder
»industriekompatiblen«) Computer anboten. Jeder Kunde konnte
sich einfach im Katalog die Bauteile – die Komponenten – für
seinen »persönlichen Computer« zusammensuchen. Das war die
eine Seite. Die andere Seite, die vor allem Computerhersteller betraf, die bis dahin komplette Lösungen verkauft hatten statt Hardware und Teile: Der enorme Wettbewerb ruinierte die Preise. Die
IBM hatte grandios gesiegt, und zwar nach Art des antiken Königs
Pyrrhus, der nach einer gewonnenen Schlacht über die Römer
erkannte: »Noch so ein Sieg, und wir sind verloren!« Geld verdiente man bei der IBM vor allem mit Großrechnern – den zum
System/370 und System/390 gewachsenen Nachfolgern der legendären System/360er-Familie. Hier war IBM Spitze, der Marktanteil in dieser Sparte lag bei über 30 Prozent, einsame Klasse,
und die Einnahmen stiegen von 1965 bis 1985 um durchschnittlich 14 Prozent pro Jahr. Doch das sollte sich ändern.

Mehr als ein Jahrzehnt nach der Einführung des Personal Computers im Jahr 1981 analysierte der neue IBM CEO Louis V. Gerstner junior das »PC-Problem« klar: Der Konzern, so Gerstner, habe bei seiner Strategie zwei wesentliche Faktoren außer Acht gelassen. Weil man nicht glaubte, dass auch Unternehmen auf den Einzelplatzrechner setzen, sondern stattdessen weiter die Mainframes von IBM kaufen würden, habe man dem PC im Konzern nicht die oberste Priorität eingeräumt. Und bei der IBM glaubte man nicht daran, dass PCs jemals das Kerngeschäft von IBM, die Alleinstellung bei Großrechnern, gefährden würden. Deshalb sei die Kontrolle über die wichtigsten Komponenten des PC verloren gegangen – also das Betriebssystem und den Prozessor an Microsoft beziehungsweise Intel. Gerstners Bilanz lautete:

»Als ich zur IBM kam (1993), hatten sich die beiden Unternehmen dank dieser Geschenke bereits zu den Branchenführern aufgeschwungen.«

Beim Verkauf von PCs ging es anders zu als bei dem von Großrechnern. Der Markt war teileorientiert. Es gab für jede Komponente Dutzende, wenn nicht Hunderte Hersteller, die sich bekriegten. Statt integrierter Lösungen, für die die IBM stand, wurden Module, Steckkarten, Bauteile gekauft – statt eines fertigen Bilds eine Menge Puzzleteile. Aber auch die Kaufentscheidung über einen Rechner wurde nicht mehr von lange eingespielten Kundenbeziehungen geleitet, wie sie in der Geschichte der IBM üblich waren. »IBM kompatible« Rechner aus Fernost gab es an jeder Ecke. Und an jeder Ecke fanden sich dazu auch Händler, die, wenn es gut lief, ein paar Monate im harten Geschäft durchhielten.

Nahtod-Erlebnisse. Der Nachlassverwalter schien schon bestellt. Zerschlagt die IBM!

Als Louis V. Gerstner junior im April 1993 seinen Dienst als neuer IBM Chief Executive Officer antrat, war aus dem Branchenprimus IBM ein Sorgenkind geworden. Kommentatoren verglichen den Konzern mit einem »Brontosaurus«, der sich nicht gegen die schnelleren Säugetiere durchsetzen könne. Gemeint waren vor allen Dingen Intel und Microsoft, die das PC-Geschäft kontrollierten. Die Einnahmen aus dem Großrechnergeschäft, dem Kerngeschäft der IBM, waren dramatisch gesunken – in nur drei Jahren, von 1990 bis 1993, von 13 Milliarden auf weniger als sieben Milliarden US-Dollar. Im Jahr 1993 betrug der Nettoverlust der IBM unglaubliche acht Milliarden US-Dollar. Das Management erwog eine Lösung, bei der die Einheit des Konzerns aufgegeben werden sollte. Aus der einst noch starken, großen und mächtigen IBM sollten einzelne Divisionen herausgenommen und zu eigenständigen Unternehmen gemacht werden.

Gerstners Engagement für die IBM war ungewöhnlich. Zum einen war er der erste Vorstandsvorsitzende, der nicht in der IBM Karriere gemacht hatte. Er kam von außen, überdies noch nicht einmal aus der Welt der Computer und der Datenverarbeitung. Gerstner war vor seinem Eintritt in die IBM vier Jahre lang Chairman und CEO von RJR Nabisco, einem Nahrungsmittelkonzern, den er erfolgreich saniert hatte, und zuvor elf Jahre im Topmanagement des Kreditkartenunternehmens American Express. Davor hatte er mehrere Jahre als Managementberater bei McKinsey & Company gearbeitet. Als er als neuer IBM CEO vorgestellt wurde, waren sich viele Kommentatoren einig: Gerstner wird die IBM in Einzelteile zerlegen, verkaufen, zum bestmöglichen Preis. »Louis der Letzte« nannten ihn die Wirtschaftsjournalisten. Ein CEO? Wohl eher ein Nachlassverwalter, der den angeschlagenen Giganten wie in einem Schlussverkauf verhökern würde. Ein Mann fürs Ende. Weiter daneben konnte man nicht liegen.

Was ergibt mehr Sinn: Tausende Puzzleteile oder ein ganzes Bild? Warum Dezentralisierung nicht immer alle Probleme löst

Die Leistungen Louis V. Gerstner juniors sind heute fester Bestandteil der Erfolgsgeschichte von Transformation und echter Leadership geworden. Dabei dürfen wir aber nicht vergessen, dass die große Mehrheit – nicht nur der Journalisten und Kommentatoren des Jahres 1993, sondern auch der eigenen Manager (die der Konkurrenz sowieso) – Gerstner wenig Erfolgschancen zubilligten. Was lernen wir daraus? Dass Veränderung immer auf Widerstand stößt, auf Ablehnung und auf Unverständnis. Und zwar nicht nur ein bisschen, sondern in der Regel auf breiter Front. Veränderer sind, bevor sie zu Vor- und Leitbildern werden, zunächst sehr einsam (die, die es »immer schon gewusst haben«, kommen erst später ins Spiel). Transformation ist nichts für Leute, die sich gerne dem Mainstream hingeben, und nichts für all jene, die sich allseits beliebt machen möchten. Wer verändert, der muss immer auch unbequeme Wahrheiten aussprechen – und sich für oder gegen etwas entscheiden. Das wurde zum Markenzeichen der Leadership, die Louis V. Gerstner junior prägte. Nach drei Wochen im Amt begann er seine schonungslose Analyse über die IBM:

Das Kundenvertrauen war weitgehend verloren – »ablesbar an bestürzenden Urteilen der Kunden über die Qualität unserer Produkte«.

Ein »gedankenloses Drängen nach Dezentralisierung« habe sich in der IBM breitgemacht. »Manche Manager preschen geradezu vor und fordern: ›Macht mir eine Tochtergesellschaft!‹.«

Und, neben einigen anderen Punkten: eine »verwirrende Reihe von Allianzen, die in meinen Augen keinerlei Sinn ergibt«.

Gerstner entschied, dass die IBM zusammengehalten werden musste. Nicht mehr, sondern weniger Dezentralisierung sollte künftig vorherrschen. Damit wurden die Prozesse und Vorgänge nicht nur klarer nach innen – sondern vor allen Dingen auch nach außen. Das war wohlüberlegt – aber völlig gegen den Managementtrend dieser Zeit. Das Wort »dezentral« war in den frühen 1990er-Jahren geradezu ein geheimer Code für wundersame Selbstheilungen von Organisationen. Das war aber an der Globalisierung, einer immer klarer zutage tretenden Tatsache in diesen Tagen, völlig vorbeigedacht. Denn hier ging (und geht) es um Integration, nicht um Zersplitterung.

Im Lauf der Zeit hatten sich die Teile der IBM fast verselbständigt, das galt für Landesgesellschaften ebenso wie für die einzelnen Geschäftsbereiche der Corporation. Gelegentlich breiteten sich, wie Gerstner es nannte, »Duodezfürsten « aus, die ihre Hausmacht innen sicherten – während dem Kunden neue Produkte und Lösungen eher zugestanden als verkauft wurden. Auch hier ist es angebracht, daran zu erinnern, dass Menschen Interessen haben. In den schweren Zeiten der IBM, die sich im Jahr 1993 zur Megakrise aufschaukelten, gab es eben Manager, die versuchten, wenigstens ihre eigenen Geschäfte in Sicherheit zu bringen. Manche agierten dabei aus schierem Eigennutz. Andere wiederum dachten wohl, dass es besser sei, einen Teil – unabhängig von der Muttergesellschaft – zu retten, als mit dem Mutterschiff unterzugehen.

Ein weiterer Punkt im Pflichtenheft einer neuen IBM, das Gerstner anlegte, lag in einer Neuordnung des Geschäfts. Er hatte die bisherigen Abläufe der IBM als »schwerfällig und teuer« identifiziert. 1993 startete er das größte Umstrukturierungsprogramm, das ein multinationaler Konzern jemals unternommen hatte. Gerstner verglich die Strukturen, die er bei der IBM 1993 vorfand, mit dem Eisenbahnsystem der Pionierzeit, in dem es »unterschiedliche Schienenwege, unterschiedliche Spurweiten, unterschiedliche Spezifikationen für das rollende Material« gegeben hatte.

Seine Analyse förderte erstaunliche Fakten zutage, etwa den Umstand, dass ausgerechnet das weltgrößte Computerunternehmen eine diffuse EDV besaß, in der Hunderte Datenzentren und Netzwerke existierten, verstreut über den Planeten, die vielfach nicht richtig genutzt wurden. Einige Computersysteme innerhalb der IBM waren nicht in der Lage, miteinander zu kommunizieren. Das Unternehmen hatte überdies in den goldenen Zeiten, als man mit Großrechnern noch regelrecht »Geld drucken« konnte, zahlreiche Immobilien gekauft – die nun endlich effizient genutzt oder verkauft wurden. Dann kam auch noch Tempo ins Spiel – die Entwicklung von Hardware verkürzte sich von vier Jahren auf durchschnittlich 16 Monate. Zweistellige Milliardenbeträge wurden eingespart. Harte Sparprogramme würden die finanzielle Lage entspannen, aber langfristig nichts ändern. Vieles von dem, was Louis V. Gerstner junior damals anschob, orientierte sich an den Maximen der Watsons – die absolute Bereitschaft zum Service, die Priorität des Kunden, die Ausrichtung auf klare Entscheidungen und Ziele.

Die großen Krankheiten der alten IBM: Furcht, Unsicherheit und übermäßige Fixierung auf interne Abläufe

Denn zu den Strukturen musste vor allen Dingen auch die Kultur geändert werden, die im Lauf der fetten Jahre entstanden war. Gerstner schreibt über seine Arbeit in diesen ersten Wochen und Monaten seines Amtes Jahre später zurückblickend:

»Es wundert mich allerdings, dass in den Notizen (über die nötige Veränderung in der IBM – Anm. d. Autoren) weder Unternehmenskultur noch Teamarbeit, Kunden oder Führung auftauchen – die Elemente, die sich als die schwersten Aufgaben bei IBM entpuppen sollten.«

Die IBM war in den fetten Jahren verkrustet, nach innen gewandt, beschäftigte sich nur mehr mit sich selbst. Die alten Werte und Regeln, die unter Thomas J. Watson senior und seinem Sohn noch galten, hatten viele aus den Augen verloren.

»Es wurde deutlich, dass auf allen Ebenen der Organisation Furcht, Unsicherheit und eine übermäßige Fixierung auf die internen Abläufe unseren Problemen zugrunde lagen.«

Es lag nicht an den Produkten, der Technologie, der Forschung und der Entwicklung, auch nicht an den Tools und Werkzeugen, Methoden und Verfahren, die eingesetzt wurden, um das Unternehmen und seine rund 400 000 Mitarbeiter zu organisieren. Es lag daran, dass der Gigant zunehmend nur noch sich selbst im Auge hatte. Die IBM war tatsächlich zu einem Brontosaurus geworden, der nur noch damit beschäftigt war, für sich selbst Futter zu besorgen. Es war die Kultur, die Unternehmenskultur, von der alles abhing.

»Ich habe die schwere Zeit der IBM, also Anfang der 1990er-Jahre, miterlebt. Das vergisst man nicht. Ja, es stimmt. Die IBMer zeigten früher schon eine gewisse Selbstgefälligkeit. Aber es gab natürlich auch einen Rahmen, der diesem außerhalb des Unternehmens als Arroganz empfundenen Auftreten Vorschub leistete. Die Situation damals ist aus heutiger Sicht unvorstellbar: Informationstechnologie wurde zugeteilt. Es gab lange Wartelisten für den nächsten Großrechner. Und die Kunden haben sich darum gerissen, dass sie auf eine dieser Listen kommen – und auch noch eine Million draufgepackt, damit sie die nächsten sind. Die Situation hat sich total umgedreht. Für junge Leute ist das heute nicht mehr vorstellbar.« Michael Diemer, Geschäftsführer Global Technology Services, IBM Deutschland

Der Neuanfang. Die Transformation beginnt – und wird zum Normalfall

Wenn es ein Schlüsselwort gibt hinter den komplexen Prozessen, die unter Louis V. Gerstner junior bei der IBM begannen, dann wäre es wohl dieses: Integration. Nicht aufsplitten, nicht zerteilen, nicht in Details verlieren. Gerstner nannte später den Entschluss, die IBM zusammenzuhalten, die »wichtigste strategische Entscheidung meiner Laufbahn«. Die PC-Welt war unübersichtlich. Es galt, wieder Orientierung und Ordnung anzubieten – die neue Rolle der IBM war gefunden. Ein Anbieter, der die ganze Problempalette rund um die Informationstechnologie beherrschte – und nicht nur Nischen und Details. Gerstner formulierte es so:

> *»Unsere Wette lautete: Im nächsten Jahrzehnt wollten die Kunden verstärkt auf Unternehmen zugehen, die Lösungen anbieten konnten – Lösungen, welche die Technologie verschiedener Anbieter untereinander und, wichtiger noch, die Technologie in die Geschäftsabläufe eines Unternehmens integrierten.«*

Damals, 1993, ging es in der Branche vor allen Dingen um Superlative: Schnellere Prozessoren, mehr Speicher, neueste Software und den Kampf um proprietäre, also geschlossene Systeme – wer die Berichte über die Branche aus dieser Zeit liest, wird heute verwundert den Kopf schütteln. Kaum irgendwo liest man, was für Kunden wirklich zählt: Lösungen. »Serviceorientierung ist das Motto der Zukunft, nicht Technologieorientierung«, hält Gerstner dazu fest.

Es ging darum, ein Integrator für die Vielzahl an Varianten und Möglichkeiten des Geschäfts zu werden. Damit war auch der Grundstein für die Entwicklung der nächsten Jahre gelegt: Dienstleistungen waren der Schlüssel, der Wachstumsmotor der kommenden Jahre. Dieser Motor würde die IBM wieder auf Erfolgskurs bringen. »Wir wollten nicht nur das größte, sondern auch das einflussreichste Dienstleistungsgeschäft der Branche aufbauen.«

Als Gerstner 2002 sein Amt an seinen Nachfolger Samuel J. Palmisano übergab, hatte der Servicebereich der IBM, dem bis zum Jahr 1993 keine wichtige Rolle im Konzern zugekommen war, rund 80 Prozent des gesamten Einnahmezuwachses erwirtschaftet – über 20 Milliarden Dollar von 25 Milliarden Dollar Gesamtzuwachs in den Jahren bis zum Ende des Geschäftsjahres 2001. Im Januar 1995 wurden die IBM Global Services gegründet, die zu einem der wichtigsten Unternehmensbereiche wurden – ein Jahr später wurden alle weltweiten Business Serviceaktivitäten in diesem Bereich gebündelt. Der Wandel vom Hardwarehersteller zum Dienstleistungs- und Wissensunternehmen, das mit integrierten Lösungen sein Geld verdient, wird noch deutlicher, wenn man die Anteile des sogenannten Non-Maintenance-Service, also alle nicht auf die Wartung der Computersysteme entfallenen Anteile, in den Jahren 1991 mit jenen von 2001 vergleicht. Zu Beginn der 1990er-Jahre lag der Umsatz der IBM bei 64,8 Milliarden US-Dollar, davon waren sechs Milliarden aus dem Non-Maintenance-Service-Bereich. Zehn Jahre später waren mehr als 40 Prozent der 86 Umsatzmilliarden der IBM diesem Segment zuzurechnen. Das war bereits 2001 der größte einzelne Umsatzträger im IBM Portfolio – damals wurden 35 Milliarden US-Dollar in diesem Bereich umgesetzt.

E-Business oder: Entscheiden, wenn alle mit den Wölfen heulen

Gerstner erkannte auch, dass die großen Tage des PC gezählt waren. Er war bereits dabei, seine führende Rolle im Geschäft zu verlieren. Neue Netzwerke tauchten auf. Im Wahlkampfjahr 1992 übernahm Al Gore, Kandidat der Demokratischen Partei bei den Präsidentschaftswahlen in den USA, den Begriff eines »Information Superhighway« – der Jahre zuvor am Massachusetts Institute of Technology (MIT) von Nicholas Negroponte geprägt worden war. Damit wurde die Aufmerksamkeit auf eine seit Jahrzehnten im Dornröschenschlaf schlummernde Technologie namens Internet gelenkt, die zu Beginn der 1990er-Jahre nur von einigen Universitäten und wenigen Freaks genutzt wurde. Das einzige Fahrzeug, das diesen Info-Highway befahren konnte, war der PC – zumindest glaubten das fast alle damals.

Heute wissen wir es besser. Eine Vielzahl von mobilen Endgeräten, etwa Handys, stehen nun gleichberechtigt neben dem PC, wenn es um den Zugang zum Web geht. Damals war diese Sichtweise exklusiv. Nur wenige dachten daran, dass das Netzwerk nicht auf ewige Zeiten mit dem PC verbunden sein musste. Die IBM gehörte dazu. Das Web braucht eine massive Rechnerinfrastruktur, um mit den gewaltigen Datenmengen umzugehen, die im Internet bewegt werden. All das kam der traditionellen Strategie von IBM sehr entgegen. Hier konnte das Unternehmen seine Stärken ausspielen: leistungsfähige Systeme, die große Datenmengen organisieren – und dazu das Wissen, wie man viele Einzelteile zu einem vernünftigen Ganzen zusammenfügt.

Zur Mitte des Jahrzehnts hatte sich das Unternehmen mit voller Kraft einer Sache zugewandt, die Louis V. Gerstner junior »unsere Mondmission« nannte: Das »E-Business«-Projekt, das nicht nur zu einer der bekanntesten Kampagnen der IBM weltweit wurde, sondern auch wesentliche strategische und operative Konsequenzen für die Organisation hatte. Im Jahr 1996, als sich das Internet nach und nach zum beherrschenden Thema der Berichterstattung mauserte, wurde dieses Konzept vorgestellt. Es klingt auch heute noch sehr modern. Wie kann man viele, auch mobile, Endgeräte mit vielen Daten im Web so zusammenführen, dass der Nutzer, ganz gleich wo er ist, bequem darauf zugreifen kann? Man sollte, fand man bei der IBM, das Netzwerk wie eine Wolke gestalten, die mit den Benutzern mitzog und sie mit Daten versorgte. Nicht zufällig spricht man heute von Cloud Computing.

»E-Business« war vor allen Dingen auch die Chance für Unternehmen, ihre eigenen Strukturen zu verändern. Es ging um mehr als nur um Online-Handel und den Zugriff auf Daten. Unternehmen konnten ihre Organisation mit dem Netzwerk neu gestalten, neue Formen der Kommunikation, der Integration und der Interaktion verwirklichen und zeigten damit »den wirklichen Wert des Netzes«, so Gerstner. Die IBM wurde damit wieder zu dem, was sie in ihren besten Tagen gewesen war: zum Integrator.

Die Integration muss auch wahrgenommen werden oder: Was man über die IBM alles nicht wusste

Eines war Louis V. Gerstner junior in der Veränderungsarbeit dieser Tage wichtig: Diese Integrationsleistung musste auch wahrgenommen werden. Wie sahen die Kunden die IBM? Wenige wussten etwa, dass das Unternehmen bereits im Jahr 1993 der größte Softwarehersteller der Welt war. Das lag auch daran, dass diese Software überwiegend »proprietär« lief, also nur auf IBM Rechnern und mit IBM Betriebssystemen. Das musste sich ändern. Die gesamte Software wurde umgeschrieben, ein Projekt, das Jahre dauerte. Im Jahr 1995 überraschte Gerstner die Branche mit dem Kauf der Lotus Development Corporation, einem der größten Softwarehersteller für PCs. Ein rundes Drittel des Barvermögens der IBM Corporation wurde für diesen Ankauf verwendet. Mit der Übernahme von Lotus machte die neue IBM unter Louis V. Gerstner junior auch klar, dass sie nun offen war für alle Entwicklungen – und »dass wir den Überlebenskampf überstanden hatten und in der Branche wieder mitzureden gedachten«. Weitere vier Jahre später verblüffte die IBM die Branche mit der Ankündigung, das offene und freie Betriebssystem Linux zu unterstützen – und wurde damit zu einem der wichtigsten Förderer von Open Source in der Branche.

Vieles war geschehen, vieles hatte sich geändert. Nichts war geblieben, wie es war – außer, dass in den neuen Zeiten, welche die Transformation befördert hatte, auch die alten und nach wie vor richtigen Werte wieder klarer zutage traten. Sie wurden nun nicht mehr beliebig und im eigenen Interesse interpretiert. Louis V. Gerstner junior brachte die IBM wieder in stabiles Fahrwasser. Er machte den Wandel zur Chefsache.

»Mir war bewusst, dass wir dafür mindestens fünf Jahre brauchen würden (ich hatte mich verschätzt, es dauerte länger). Und ich wusste ganz genau, ich würde der Anführer dieser Umwälzung sein.«

Das ist eine der wesentlichsten Transformationserkenntnisse: Veränderung ist eine persönliche Sache. Und »Führen ist etwas Persönliches«, wie Gerstner sagte. In der Zeit von 1993 bis 2002, in der Louis V. Gerstner junior die Geschicke der IBM führte, wurde aus dem Sich-verändern-Müssen allmählich ein neues Bewusstsein: das Sich-verändern-Wollen. Ein Hunger nach Veränderung. Was ist der Unterschied? Vielleicht der, den Antoine de Saint-Exupéry in seinem Werk *Die Stadt in der Wüste* beschrieben hat.

»Denn ein Schiff erschaffen heißt nicht die Segel hissen, die Nägel schmieden, die Sterne lesen, sondern die Freude am Meer wachrufen.«

Das erste Transformationsjahrzehnt. Eine Bilanz

Als Louis V. Gerstner junior im Frühjahr 2002 nach neun Jahren Transformationsarbeit sein Amt als CEO seinem Nachfolger Samuel J. Palmisano übergab, redete kein Mensch mehr von einer dem Tode nahen IBM. In diesen Jahren war Unglaubliches geleistet worden: Die interne Bürokratie war gründlich durchforstet worden. IBM war zum führenden Anbieter von integrierter Hardware, Netzwerken und Softwarelösungen geworden. Aus einem

»Was wollen wir sein?« war ein »Was wollen wir tun?« geworden. Selbstbewusster, deutlicher und klarer als je zuvor.

Die IBM war nicht nur am Leben. Sie hatte sich auch völlig verändert. Etwa 200 000 Mitarbeiter hatte das Unternehmen in der akuten Krise verloren – rund die Hälfte der Belegschaft aus der Zeit vor der großen Transformation, die Gerstner eingeleitet hatte. Der Wendepunkt war aber nicht nur die Folge einer harten Sparpolitik und eines täglich geführten Kampfes um mehr Effizienz und um eine klare Organisation. Die IBM vor Gerstner hatte sich im PC-Krieg verschätzt und wäre dabei fast zugrunde gegangen. Doch es geht nie darum, keine Fehler zu machen. Es geht darum, Fehler zu erkennen, zu analysieren, zu fragen, was gerade geschieht, und über die eigene Position nachzudenken. Es geht darum zu wissen, welche Rolle man für den Kunden hat.

Als in den späten 1990er-Jahren der totale Internet-Hype ausbrach, setzte die IBM ihr pragmatisches Konzept des E-Business dagegen. Es war, wie Gerstner sagte, »der Mut, an unseren eigenen Überzeugungen festzuhalten«, der die IBM davor bewahrte, »diesen irrwitzigen Goldrausch mitzumachen«. Im Jahr 2002 war aus dem Goldrausch ein Katzenjammer geworden. Nach dem PC-Hype war nun die Internet-Blase geplatzt. Doch die Welt war auch sonst anders geworden. Globalisierung war zum großen Thema geworden. Die Terroranschläge vom 11. September 2001 machten die Verletzlichkeit der Systeme klar. Und die Schwerpunkte der wirtschaftlichen Entwicklung hatten sich unübersehbar verlagert.

Anfang des neuen Jahrtausends waren Indien und China – und mit ihnen weitere Schwellenländer – gewachsen und wohlhabender geworden. Sie waren, das wurde immer deutlicher, nicht allein die verlängerten Werkbänke des Westens, sondern begannen immer stärker auch in das Dienstleistungs- und Wissensgeschäft einzugreifen. Plötzlich waren Namen wie Bangalore im Spiel, zuvor nur eine gewaltige, fast fünf Millionen Menschen beherbergende Stadt in Indien, nun aber auch ein Zentrum der globalen

IT-Industrie. Christoph Grandpierre, damals Director of Human Resources und Geschäftsführer Personal, IBM Deutschland, erinnert sich daran, dass solche neuen Fixpunkte in der Welt auch im eigenen Haus für Irritationen sorgten:

»2005 fand zum allerersten Mal das jährliche Analystenmeeting außerhalb New Yorks statt. Die Top-Nachricht erreichte uns mehr oder weniger über Nacht. Wir wussten, dass das Meeting stattfinden würde, dass das Unternehmen wieder einmal etwas zum Thema Strategie sagen wird – aber Investitionen in Indien? Das war wie ein Weckruf für die gesamte Organisation. Die Analysten flogen rüber und IBM zeigte ihnen, wo wir unser Geld investieren wollten: sechs Milliarden Dollar innerhalb von drei Jahren für den Aufbau unseres Geschäfts in Indien.

Wir hatten keine Idee von der konkreten, spezifischen Ankündigung, von der Zahl, die dahinter steht, von dem massiven Investment, das wir da tätigen. Man muss sich das mal vergegenwärtigen: Wir waren damals vielleicht 7 000 Mitarbeiter in Indien, es sollten 50 000 werden. Heute sind wir dort sogar über 100 000 – in so kurzer Zeit, mit einem so massiven Investment in einem einzelnen Markt! Das war wirklich ein klares Signal und verblüffend für uns alle.

Und ehrlich gesagt: Das hat uns zunächst mal Angst gemacht. Wir haben so reagiert wie die meisten Menschen im Westen: Unsere Arbeitsplätze sind in Gefahr, und die sind viel billiger. Dass die entwickelten, wohlhabenden Volkswirtschaften im Westen von der Globalisierung ungeheuer profitieren, haben wir zunächst noch nicht gesehen. Das ist so ein Reflex, wie eine Hürde im Kopf. Aber dann denkt man nach, überlegt, welche Handlungsmöglichkeiten sich ergeben und sieht: Da sind Märkte, die wirklich noch stark wachsen, das nützt uns auch, wenn wir es richtig machen. Der nächste Schritt war zu begreifen, welches unser Differenzierungsfaktor ist, dass wir in der Globalisierung durch Expertise und Qualität der Arbeit eine unvergleichliche Chance haben. Die Welt ist nicht unser Feind, im Gegenteil.«

Ein neues Jahrtausend – mit neuen Überraschungen. Die Sehnsucht nach Klarheit

Das erste Jahrzehnt des neuen Jahrtausends – es ist eine Zeit, in der die Komplexität der Welt immer mehr Menschen auf dem Planeten bewusst wird. Die alten Vorstellungen gelten nicht mehr, sie sind von gestern. Das Bedürfnis, die Sehnsucht nach Überschaubarkeit und Orientierung nimmt zu. In dieser Zeit also übernimmt Samuel J. Palmisano den Chefposten in Armonk, der Unternehmenszentrale der IBM Corporation. Palmisano war – nach dem Studium der Geschichte an der renommierten Johns Hopkins University – 1973 zur IBM gekommen. Als Student arbeitete er als Studiomusiker – Palmisano spielt Saxofon. Fünf Tage lang spielte er sein Instrument bei einer der berühmtesten Bands seiner Jugendzeit, den »Temptations«, als die in Palmisanos Heimatstadt Baltimore auftraten. Vor allem aber ist Palmisano ein IBMer, der die so unterschiedlichen Aggregatzustände der Veränderung seit den 1970er-Jahren perfekt kannte. Beim Aufbau und der Führung der für die IBM nun so wichtig gewordenen IBM Global Services, unserer Dienstleistungssparte, spielte Palmisano eine Schlüsselrolle und baute sie zu einer der größten und vielschichtigsten IT-Service-Organisationen um. Der neue CEO hatte den Wandel von der Pike auf gelernt, gelebt und gestaltet.

Und er verlor keine Zeit, um klarzumachen, wie der Transformationsprozess bei der IBM weitergehen würde. Das Unternehmen hatte sich neue Strukturen gegeben, seine Kontur geschärft und sich aus nicht zukunftsträchtigen Geschäften zurückgezogen. Doch wie konnte man verhindern, dass es zu einem Rückfall in alte Bequemlichkeiten und Innensichten kommt? Menschen, wir haben es ja schon mehrfach erwähnt, neigen dazu, es sich bequem zu machen, wenn sich Gelegenheiten dazu ergeben und sich Veränderungen nicht »auszahlen«, also Bewegung nicht belohnt wird. Wohin das führt, wird dabei immer wieder sehr geschickt verdrängt. Und je mehr eine Organisation mit sich selbst beschäftigt ist, desto leichter wird es, die langsam einsetzende Arteriosklerose von Unternehmen einfach zu ignorieren.

Was geht beim Kunden vor? Und warum?
Neue Fragen auf dem Transformationsweg

Aber es gibt ein Mittel, das sehr zuverlässig wirkt. Wenn nämlich in einem Unternehmen alles, was man tut, an jenen gemessen wird, für die man es tut. An den Kunden. Die sind nicht nur der wichtigste Faktor für jedes Unternehmen, weil sie all die Arbeit, die wir tun, letztlich bezahlen (und damit Löhne, Gehälter und die Mittel für neue Investitionen bereitstellen), sondern auch, weil sie der eigentliche Taktgeber für das Unternehmen sind. Das Verhältnis zu den Kunden bestimmt die Unternehmenskultur ganz entscheidend. Wollen wir den Kunden nur mit dem versorgen (oder »bedienen«), was wir ohnehin produzieren oder anbieten? Geben wir dem Kunden Antworten auf seine Fragen? Wollen wir »nur« etwas verkaufen oder wollen wir, dass unsere Leistungen dem Kunden helfen, besser zu sein, mehr Wachstum zu erzielen, mehr Innovation voranzutreiben? Gehen wir eine echte Partnerschaft ein, bei der es nicht um Einbahnstraßen geht, sondern darum, dass man sich gemeinsam weiterentwickelt? Kunde – das ist das wichtigste Wort im Vokabular der neuen IBM. Wie kann man diese Beziehung definieren?

Samuel J. Palmisano hat es im Jahr 2003 so gemacht: Eine Kundenbeziehung, sagte er der Harvard Business Review, *sei eine Sache, »bei der das, was nach der Unterschrift unter einem Deal passiert, wichtiger ist als alles, was vorher passiert ist«.*

Es wäre falsch, die Priorität des Kunden bei der IBM dahin gehend misszuverstehen, dass er »immer recht hat«, der berühmte »König Kunde« also, dem man nach dem Mund redet. Die Fragen lauten: Was geht eigentlich beim Kunden vor? Und vor allem: Warum? Nur wer das weiß, kann seine Kunden auf allen Ebenen beraten und Lösungen auch umsetzen. Im Jahr 2002 gibt Samuel J. Palmisano ein richtungsweisendes Geschäft bekannt: Die IBM kauft für 3,5 Milliarden Dollar in bar die Aktien der Pricewater-houseCoopers Consulting (PwC Consulting, kurz PwCC), eines der größten und meistangesehenen Beratungsunternehmen der Welt. Zu den damals bereits 150 000 IBM Mitarbeitern, die im Dienstleistungsbereich arbeiten, kommen nun 30 000 neue Kollegen hinzu. Für die Kunden bedeutet der Zuwachs, dass sie sämtliche IT-Lösungen aus einer Hand erhalten können: Consulting, den Bau von Computersystemen, Softwareinstallationen bis zum Betrieb der IT-Infrastruktur. Die IBM ist nun das am klarsten konturierte Wissensunternehmen der Branche.

On Demand oder: Was braucht der Kunde?

Noch im gleichen Jahr, 2002, präsentiert Samuel J. Palmisano eine neue Überraschung aus dem Werkzeugkoffer der Veränderung: das »On-Demand«-Konzept. Eine Form, Daten und Informationen völlig neu zu bewerten – oder anders gesagt: Wissen daraus zu machen. In einem klassischen Unternehmen werden Daten seit Jahrzehnten gesammelt, ausgewertet und gespeichert. Diese Informationsberge wachsen unaufhörlich. Eine Faustregel besagt, dass sich die Menge der weltweit verfügbaren Informationen alle zwei bis vier Jahre verdoppelt. Das gilt natürlich entsprechend für die Daten und Informationen in Organisationen. Dieser Informationsüberflutung kann man traditionellerweise mit dem Wegpacken von Daten begegnen – man baut Datensilos, in denen Informationshaufen gut sortiert vor sich hindämmern. Aber viele der Informationen, die man nicht täglich braucht, sind sehr wohl relevant für Prozesse und Einschätzungen. Sie fehlen, wenn es darum geht, Wissen für Entscheidungen und Handeln bereitzustellen. Neben dieser internen Problematik gibt es natürlich eine ganze Reihe von Vorgängen, die die Informationsflut nochmals verschärfen: neue Gesetze, neue Regeln, Verfahren, Bestimmungen. Um die bestmögliche Entscheidungsgrundlage zu finden, sollten die alten und die neuen Daten sinnvoll verbunden werden. Bereitstehen, in welcher Form man sie auch immer braucht. Auch hier geht es um Integration.

Es sind so viele Prozesse zu steuern, so viele unterschiedliche Aufgaben zu erledigen, dass nur eine breit aufgestellte Organisation in der Lage ist, als Berater und Dienstleister den Service zur Verfügung zu stellen, der gebraucht wird. Informationen werden losgelöst von ihrem jeweiligen Silo integriert, analysiert, optimiert und bereitgestellt. Dadurch kann der volle Wert der im Unternehmen vorhandenen Informationen erschlossen werden. Das führt zu besseren Entscheidungen und damit zu mehr Wertschöpfung und Wettbewerbsvorteilen – nach Bedarf, On Demand eben. Anstatt in teure Infrastruktur, einen Rechner-Maschinenpark zu investieren, bietet die IBM diesen gesamten Service an, wenn er nachgefragt wird. Das ist so wie beim Strom – bezahlt wird nur, was man tatsächlich auch verbraucht.

Zugriffe: Wie die IBM zum Versorger für die Kunden wurde

Kapazitäten werden dann bereitgestellt, wenn man sie wirklich benötigt. Was bisher als Fixkosten das Budget belastete, wird nun zu variablen Kosten umgewandelt, nach Bedarf und eben nach den Möglichkeiten, die sich gerade am Markt bieten.

Das Konzept passt in die Zeit, weil es flexibel ist, auf die sich rasch ändernden Anforderungen reagiert. Die IBM setzt dabei praktisch um, was der amerikanische Ökonom und Bestsellerautor Jeremy Rifkin in seinem im Jahr 2000 erschienenen Buch *Access* (Zugriff) postulierte: Das Industriezeitalter sei nun endgültig vorüber, so Rifkins These, der Markt und der Kapitalismus ändern sich radikal. Es geht ab nun nicht mehr um dauerhaften Besitz, sondern um den Zugang zu Möglichkeiten, zu Technologien, Gütern, Services und Problemlösungen. Wenn sich, im globalen Maßstab, die Entwicklungen so schnell vollziehen, dann ergibt es keinen Sinn, jede Technologie, jedes Gut besitzen zu müssen. Es geht einfach nur darum, das Richtige zum richtigen Zeitpunkt erhalten zu können – solange man es benötigt. Genau das vollzieht die IBM nun nach, schneller und konsequenter als jedes andere Unternehmen. In den Medien wird die neue IBM als »Versorger für den Kunden« tituliert.

Zehn Milliarden Dollar investiert die IBM in »E-Business on demand«. Ein gewaltiges Projekt. Dann nimmt Samuel J. Palmisano den nächsten, den vielleicht größten und komplexesten Bereich der Transformation ins Visier. War da nicht noch was? Ach ja. Die Kultur.

Veränderung: Druck oder Einsicht?

Bevor wir diesen Schritt genauer ansehen, sollten wir uns nochmals daran erinnern, wie die Stimmung im Jahr 2003 war – in der Welt und bei globalen Unternehmen. Zunächst einmal musste man die Folgen des Platzens der Dotcom-Blase verschmerzen. Der Zusammenbruch völlig überbewerteter Aktien und die Implosion Zehntausender Unternehmen, deren Geschäftsmodell in der Langfassung nicht über den Satz: »Wir machen irgendwas mit Internet« hinausging, hatte eine gehörige Schockwelle verursacht. Die IBM hatte sich wohlweislich von diesem Rummel ferngehalten – doch die gesamtwirtschaftlichen Folgen bestimmten auch ihren Handlungsrahmen.

Auch die Terroranschläge des 11. September 2001 waren ein Rückschlag für die globale Idee. Die Reisefreiheiten waren lange eingeschränkt, Misstrauen und Unsicherheit machten sich breit.

Schon zu Beginn des Jahrzehnts zeichnete sich ab, was heute, im Nachhinein, als Tatsache gilt: Das Zeitalter der Unsicherheit, der permanenten Veränderung, hat begonnen. Es gibt kein Zurück.

Ende 2004 verkaufte die IBM ihr PC-Geschäft an den chinesischen Lenovo-Konzern. Es rechnete sich nicht mehr, IBM lag nach damaligen Branchenschätzungen weltweit mit einem Marktanteil von 5,6 Prozent weit abgeschlagen hinter Dell mit 16,8 Prozent und Hewlett-Packard mit 15 Prozent. Der Anteil des PC-Geschäfts am IBM Gesamtumsatz sank – gegen den Trend der ursprünglichen Erwartungen an diesen Massenmarkt. Die Standards und Normen, die Austauschbarkeit der Komponenten, hatten dazu geführt, dass wesentlich einfacher und damit immer mehr und immer billiger produziert werden konnte. Es war nur noch eine Frage der Zeit, bis für die IBM daraus ein Nullsummenspiel werden würde.

Für Börsenanalysten war die Entscheidung, sich von der PC-Sparte zu trennen, nachvollziehbar und sinnvoll. Kunden und Mitarbeiter, die gesamte breite Öffentlichkeit hingegen zeigte sich überwiegend überrascht und irritiert. Wenn man heute IBM Kunden und Mitarbeiter danach fragt, herrscht noch immer Einigkeit über die Bedeutung dieser strategischen Entscheidung Samuel J. Palmisanos: Es gibt – neben dem Nahtod-Erlebnis von 1993 – kaum ein Ereignis, das ihnen dramatischer in Erinnerung geblieben ist. Es löste viele Diskussionen aus, auch die eigenen Leute sparten nicht mit Kritik trotz der plausiblen ökonomischen Argumentation. Denn IBM würde mit dem Verkauf der PCs nun nicht mehr auf den Schreibtischen der Kunden sichtbar sein. Die Marke ThinkPad, die das Unternehmen für seine PCs eingesetzt hatte, wurde nach China verkauft. Veräußerte damit IBM nicht ihre wichtigste Grundlage, den höchsten Wert, den Watson senior seinen Mitarbeitern gegeben hatte? »Think«? Der PC, er bedeutete für viele so etwas wie die Identität der IBM zum Anfassen.

Nun kann man Veränderungen, den Verlust von Bekanntem, beklagen oder als Chance begreifen. Samuel J. Palmisano entschied

sich für die zweite Variante. Er wusste: Der Verkauf des Think-
Pads bedeutete nicht, dass damit auch das gute alte »Think« in der
IBM nicht mehr gelten würde. Im Gegenteil. Es war eine gute
Gelegenheit für alle IBMer, sich den Wert von Wissen und Denken neuerlich bewusst zu machen. Dieser Wert besteht darin, Produkte und Lösungen erdenken zu können – und nicht zwingend
Gegenstände herzustellen. Die Frage war also: Wie konnte der
alte und neue Wert der IBM, das »Think« in seinem eigentlichen
Sinne, dafür sorgen, dass sich die IBM immer wieder neu erfand,
ohne sich dabei an etwas festzuklammern, was einmal wichtig
und wertvoll gewesen war? Samuel J. Palmisano fragte nichts weniger als: Wie kann die Transformation weitergehen? Wie kann
sie zu unserer Normalität werden? Diese Fragen führen erst dann
zu Antworten, wenn man sich die üblichen Treiber für Veränderung ansieht. Wir haben sie ja in diesem Buch schon mehrmals
genannt. Es gibt, sehr einfach gesagt, zwei Gründe, um sich zu
verändern:

Veränderung unter Druck. Wenn ein Schiff erst einmal leck-
geschlagen ist und merklich zu sinken beginnt, wird selbst hart-
gesottenen Veränderungsgegnern relativ schnell klar, dass es »so
nicht weitergehen« sollte. Dabei kommt die Erkenntnis aber noch
lange nicht allen gemeinsam – manche machen sich erst dann Gedanken über die Schieflage, wenn ihnen das Wasser bis zum Hals
steht. Nur ein konsequentes und klares Umsteuern kann dabei die
Existenz retten. Das ist in etwa die Ausgangssituation, unter der
ab 1993 die Transformation bei der IBM begann. Diese Verände-
rungsszenerie ist klassisch. Sie lässt uns aber auch ein wenig an der
menschlichen Vernunft zweifeln. Konnte man das nicht früher
wissen? Das führt uns unmittelbar zur zweiten Veränderungsme-
thode, nämlich:

Veränderung durch Einsicht. Diese Methode ist, wie man leicht
verstehen kann, weit besser als die erste. Die meisten Menschen
würden dieser Methode den Vorzug geben. Man verändert sich,
wenn die Rahmenbedingungen gut sind, man also nicht um sein

Leben rennen muss. Man verändert sich, weil man denkt – und die logischen Konsequenzen des eigenen Handelns im Hinterkopf hat. So weit klingt das ganz vernünftig. Doch genauer betrachtet zeigt sich, dass sich nur sehr wenige Menschen dieser Logik – Veränderung durch Vernunft und ohne Krise ist besser – öffnen. Jeder weiß etwa, dass Bewegung und eine gesunde Ernährung gut sind – jedenfalls besser als die Leiden, die Zivilisationskrankheiten mit sich bringen. Auch Raucher haben sicher schon davon gehört, dass Rauchen tödlich sein kann. Und die Praxis? Die meisten machen weiter wie bisher. Einfach deshalb, weil die Folgen des Handelns noch weit weg sind oder sich hervorragend verdrängen lassen. Mich, uns, wird es schon nicht treffen. Und wenn es um Unternehmen geht, heißt es schnell: Warum sollen wir uns eigentlich verändern, es geht uns heute doch sehr gut! Wir machen offensichtlich alles richtig – wozu also der ganze Stress?

Eines steht fest: Ein Unternehmen, das sich weiterentwickeln, die Veränderung zur Normalität machen will, kann wohl kaum künstlich ein Klima der Katastrophe erzeugen, damit alle Mitarbeiter mitziehen. Es geht also gar nicht anders, als an die Vernunft zu appellieren. Die Frage ist dabei: Was ist der richtige Weg?

Eine der Ausgangsfragen von Samuel J. Palmisano war genau dieser Differenz gewidmet: Wie kann es gelingen, die Mitarbeiter der IBM in guten Zeiten, also jetzt, dazu zu bringen, noch mehr Energie für die Transformation aufzubringen, als das in Zeiten des Nahtod-Erlebnisses im Jahr 1993 der Fall war? Ist es möglich, die IBM in guten Zeiten zu verändern? Könnten neue Unternehmenswerte diesen Prozess vorantreiben? Wie wichtig ist eigentlich Kultur für den Erfolg von Unternehmen? Und wie sieht diese andere Kultur konkret aus? Ist sie, wie Louis V. Gerstner junior es einst feststellte, die wichtigste Sache überhaupt, wenn man Dinge verändern will?

4. Kapitel

Eine andere Kultur

Noch vor einigen Jahren galt so etwas wie eine Unternehmenskultur als Luxus, als eine nette Zugabe – als »Soft Skill«. Was für ein Irrtum. Die Kultur eines Unternehmens gehört zu den wichtigsten Rohstoffen, mit denen Zukunft gemacht wird. Auf ihr bauen Erfolg und Misserfolg auf. Ohne klare Werte geht nichts.

Wer eine eher konservative Sicht auf Unternehmensprozesse hat, der wird sich vielleicht darüber wundern, wenn Unternehmenswerte zum zentralen »Treibstoff« für die Transformation erklärt werden. Viele Menschen definieren die Welt immer noch in ein Entweder-oder. Entweder Hard Facts oder Soft Skills. Werte gehören natürlich zur soften Seite. Das »wahre«, »reale« Geschäft ist hart, faktengetrieben, methodengenährt, von Modellen und Zahlen durchdrungen. Die Welt der Werte hingegen läuft irgendwie mit. Vielleicht liegen solche, heute noch sehr verbreitete Sichtweisen einfach daran, dass der Zusammenhang zwischen dem einen – dem ethischen Wert – und dem anderen – dem materiellen Wert – nicht richtig hergestellt wird. Was sind denn Unternehmenswerte? Orientierungsleitlinien.

In einer komplexen Welt mit komplexen Dienstleistungen geht es immer darum, verständlich und klar zu bleiben – und das leisten die Leitlinien, die ein Unternehmen hat. Diese Leitlinien sind nicht nur für Mitarbeiter elementar – sie sorgen auch dafür, dass sich Partner und Kunden, Märkte und Öffentlichkeiten ein »klares Bild« von dem machen können, was man als Unternehmen kann und anstrebt. So gesehen gehören die Werte eines Unternehmens zu seinem zentralen und vielleicht wichtigsten Kapital. Denn sie machen es möglich, dass man schnell und verbindlich handeln kann, wenn Entscheidungen anstehen. Sie machen Unternehmen und das, was sie tun, erkennbar. Sie unterscheiden und differenzieren. In einer komplexen Welt, in der es vor Vielfalt nur so wuselt, ist das eigentlich unbezahlbar.

Darüber sollte man reden, befand die IBM 2003, am besten mit allen damals über 300 000 Mitarbeitern. Dabei sollte es so zugehen, wie wenn sich Musiker zwanglos auf einer Bühne treffen und einfach loslegen. Eine riesige Session, bei der das ganze IBM Orchester mitspielt. Eine globale Jamsession also, bei der man den neuen richtigen Ton findet. Ein Werte-Jam.

Die IBM hatte in den Jahren zuvor durchaus schon Erfahrungen mit solchen elektronischen Jamsessions gemacht. Dabei werden – ohne große formale Vorgaben und enge Strukturen – Themen offen und breit diskutiert. Über die Diskussion im Intranet hinaus gehören zu den Jams auch ganz persönliche Sessions in den Standorten, in denen sich die IBM Mitarbeiter, die das Thema bewegt, treffen und – zuweilen heftig – diskutieren. Der Jam, den Samuel J. Palmisano nun im Juli 2003 startete, war dennoch etwas ganz Besonderes. Er sollte das wichtigste Kapital der IBM heben und neu definieren. Ihre Werte. Das größte Orchester der Welt, und in der Geschichte des Unternehmens einzigartig. Nicht das Topmanagement oder einzelne Anführer bestimmen die Werte, sondern all die Menschen, die tagtäglich damit umgehen.

Aber es braucht dafür den Anstoß des Topmanagements, der Leader, die zeigen, dass die Sache mit den Werten eine zentrale Rolle einnimmt – und nicht einfach nur ein bisschen Schmuck für den harten geschäftlichen Alltag ist. So begann der Werte-Jam der IBM, der 72 Stunden dauerte, vom 29. Juli bis zum 1. August 2003. Zunächst waren 300 Senior Manager der IBM gefragt worden: Wie sehen unsere Werte denn jetzt aus? Wo stehen wir? Wie sollten sie aussehen? Ist das, was Watson senior der IBM mit auf den Weg gegeben hat, noch aktuell? Was brauchen wir heute? Es gab vier Diskussionsforen, die ein grundlegendes Thema anrissen, auf das dann die Diskussionen abgestellt werden konnten. Nicht sehr viel Struktur für einen solchen Prozess, nur eine Möglichkeit, von diesem Themenfundament abzuheben. Die vier Themen des Werte-Jams von 2003 lauteten:

Forum 1: Die Unternehmenswerte

Gibt es eigentlich Unternehmenswerte, existieren sie? Und wenn ja, was macht sie aus? Viele Unternehmen haben heute Unternehmenswerte aufgeschrieben. Aber wie sieht ein Unternehmen aus, das diese Werte auch wirklich lebt? Ist es eigentlich wichtig, dass sich die IBM Mitarbeiter auf Werte einigen können, die alles, was getan wird, antreiben?

Forum 2: Ein erster Entwurf

Welche Werte sind entscheidend für das, was die IBM sein könnte? Denken Sie bitte über folgende Aufstellung nach:

1) Die Verpflichtung an den Kunden,
2) Exzellenz durch Innovation,
3) Integrität, die Vertrauen schafft.

Wie könnten diese Werte die Art und Weise unseres Handelns und Entscheidens beeinflussen oder verändern? Gibt es dabei ein Detail, das wir vergessen haben?

Forum 3: Die Bedeutung des Unternehmens

Eine einfache Frage: Wenn unser Unternehmen heute Nacht vom Erdboden verschwinden würde, wie würde die Welt morgen aussehen? Gibt es etwas, was unser Unternehmen als einzigartigen Beitrag zu dieser unserer Welt leistet?

Forum 4: Der Goldstandard

Wann ist die IBM am besten? Wann waren Sie stolz darauf, für die IBM zu arbeiten? Was war einzigartig daran? Und was müssen wir tun oder verändern, um diesen Goldstandard weiter nach vorne zu bringen?

All die Jahre stand das Thema Werte im Raum, auch in den schweren Zeiten der frühen 1990er-Jahre, mal mehr, mal weniger. Mit den ersten Antworten der Senior Executives eröffnete Palmisano dann eine breite Diskussion in der IBM, in der die Mitarbeiter über das Intranet die Werte der IBM, der neuen IBM, definierten. Mehr als eine Million Worte wurde da gewechselt, und während sich IBMer auf der ganzen Welt an diesem wohl größten Gespräch, das ein Unternehmen jemals führte, beteiligten, werteten Fachleute die Ergebnisse aus. Drei Tage lang hatten die Mitarbeiter der IBM an ihren neuen Werten gefeilt, diskutiert, gestritten und argumentiert. Was war wirklich wichtig? Was musste in die Werte gepackt werden? Wie konnte man das, was man als Anspruch hatte, auch praktisch leben? Es waren drei aufregende Tage – und an ihrem Ende standen drei neue Werte, die die IBM sich selbst gegeben hatte – die 300000 Menschen als Orientierung und als Fundament ihres Handels bestimmt hatten.

Engagement für den Erfolg jedes Kunden.
Innovationen, die etwas bedeuten – für unser Unternehmen und für die Welt.
Vertrauen und persönliche Verantwortung in sämtlichen Beziehungen.

Und Palmisano machte auch klar, dass es sich dabei nicht um die üblichen »Wohlfühlstatements« von Unternehmen handeln würde, die weit abseits des praktischen Geschäftslebens aufgeschrieben worden waren – für die Schublade gedacht und als Wortsteinbruch für hehre Sonntagsreden, sondern dass diese Werte praktisch und täglich im Einsatz standen. Die Werte waren das Fundament. »Ein organisches System, und das ist ein Unternehmen, muss sich anpassen. Werte – man kann sie auch ›Prinzipien‹ nennen oder ›Überzeugungen‹, machen das möglich.« Sie bilden die Essenz, die Identität, auf deren Grundlage Veränderung in jeder Hinsicht möglich ist. Produkte, Dienstleistungen, Strategien und Geschäftsmodelle – sie alle sind veränderbar, weil die Werte eben nicht veränderbar sind. Das Fundament bleibt bestehen. Die Werte sind die DNA. Lebewesen verändern sich, ihr Verhalten, lernen dazu, finden Neues heraus. Aber ihre DNA bleibt. Warum konnte die IBM nicht einfach die guten alten Werte des Thomas J. Watson senior übernehmen? Immerhin hatte er bereits 1914, noch in Zeiten der alten CTR, seine Grundüberzeugungen schriftlich dargelegt. Die »Basic Beliefs«, die Grundwerte, lauteten: The respect for the individual. The best customer service. The pursuit of excellence.

Warum musste man gleich das ganze Unternehmen, alle Mitarbeiter gemeinsam, dazu drängen, sich neue Werte zu geben? Palmisano hat das in einem Interview mit der *Harvard Business Review* aus dem Dezember 2004 erklärt: Durch die Jahrzehnte hindurch hatten sich Watsons Werte verselbständigt, »hatten ein Eigenleben angenommen. Aus Respekt vor dem Individuum wurde beispielsweise ein ›garantierter Job auf Lebenszeit‹ (…). Wir haben aufgehört, auf die Märkte zu hören, auf die Kunden zu hören und auch uns untereinander zuzuhören. Wir waren so lange so erfolgreich, dass wir keinen anderen Standpunkt mehr gesehen haben (…).«

Das war kein Streben nach dem Besten mehr. Am Ende, so Palmisano in dem Interview weiter, habe das in der Katastrophe, die 1993 sichtbar wurde, gemündet. Nahtod-Erlebnis. Die Halbierung der Mitarbeiterzahl von 400 000 auf 200 000 Leute. Samuel J. Palmisano sagte:

»Wenn man das alles erlebt hat, dann war es einfach zu erkennen, dass die alten Werte des Unternehmens Teil des Problems waren.«

Und es gab noch einen wichtigen anderen Grund, gerade zu diesem Zeitpunkt die Werte neu zu überdenken und zu formulieren. Die IBM war ein global integriertes Unternehmen geworden, war also kein »Multi« mehr, der sich eine Anzahl an Tochtergesellschaften hielt, die sich im nationalen Markt wie autonome Unternehmen benahmen. Die über 300 000 Menschen, die für die IBM arbeiteten, als Palmisano CEO (und, ab 2003, auch Chairman) wurde, waren in 170 Ländern der Erde tätig. 40 Prozent dieser großen IBM Gemeinde in aller Welt arbeiteten nicht mehr jeden Tag in einem festen Büro, sondern bei den Kunden, zu Hause oder von unterwegs aus. Je mehr der Schwerpunkt auf Beratung und Dienstleistungen gelegt wurde, je stärker die IBM in die Probleme der Kunden einstieg – und diese vor Ort studierte und löste –, desto geringer war der »alte« Zusammenhalt, der sich durch räumliche Struktur ergibt. Man hatte keinen zentralen Versammlungsort mehr – Werte müssen zusammenhalten, was in einer globalen, mobilen und flexiblen Arbeitswelt nicht mehr unter einem Dach sinnvoll getan werden kann. Zudem war weniger als die Hälfte aller IBM Mitarbeiter länger als fünf Jahre im Unternehmen. Sie waren – wie die Kollegen von der PwC Consulting – durch Zukäufe zu IBMern geworden oder aber in den vergangenen Jahren neu dazugestoßen. Sie kannten die »alten Regeln« gar nicht mehr – und vieles von dem, was alten IBM Kollegen noch in Fleisch und Blut übergegangen war, schien ihnen merkwürdig fremd zu sein. Wo so vieles neu war, neu aufgestellt und in Bewegung, sollte, so Palmisano, auch ein neues Fundament für das gemeinsame Handeln geschaffen werden.

Das war nicht so einfach. Eines der Merkmale von wissensgetriebenen Unternehmen ist es natürlich, dass die Mitarbeiter höchste Qualifikationen aufweisen. Das war bei IBM immer so. Aber diese Mitarbeiter sind nicht jene, die man einfach in einer Hierarchie mit Befehlsketten von oben herab behandeln kann. Sie sind anspruchsvoll, erkennen Widersprüche zwischen ethischen Regeln und echtem Handeln sehr schnell und fordern immer vehementer die Einhaltung der Werte ein, die sich ein Unternehmen gibt. Das Management, schloss Palmisano daraus, kann gar nicht kontrollieren, ob sich so viele Menschen den Ordern und Aufträgen von oben unterwerfen. Kontrolle ist nicht möglich. An ihre Stelle treten Werte, die auf Vertrauen bauen. Man steuert mit Werten.

»Früher sagte man über die IBM, dass sie ein sehr gut gemanagtes Unternehmen war – das war durchaus als Kompliment gemeint, aber heute, unter sich rasch ändernden Bedingungen auf den Märkten, ist das ein Problem. Man endet dann sehr schnell in einer Bürokratie, in der Leute Probleme ›überanalysieren‹ und den Entscheidungsprozess verlangsamen.« Samuel J. Palmisano

»In den 1990ern hatten wir mal eine Zeit, in der es diesen Spruch gab: Don't think – just execute. Also tue es einfach mal und denke nicht so viel darüber nach, höre auf zu diskutieren. Das erscheint zunächst einmal als deutlicher Widerspruch zu dem ›Think‹ von Watson senior. Allerdings hat der nicht endloses Nachdenken gemeint, sondern pragmatisches und zielorientiertes, das die Herausforderungen der Kunden löst. Irgendwann kommt der Zeitpunkt, an dem Diskussionen ein Ende haben müssen, um in die Umsetzung zu kommen. Wir können und müssen diskutieren, das ist wichtiger Bestandteil unseres Transformationsprozesses. Aber dann muss umgesetzt werden. Und schließlich muss man immer wieder fragen: Was ist daraus geworden? Wo stehen wir? Transformation bedeutet in der Praxis: denken, arbeiten und Ergebnisse erzeugen.« Martina Koederitz, Geschäftsführerin General Business & Channel, IBM Deutschland

Was Martina Koederitz, die dem Transformationsteam der IBM in Deutschland angehört, beschreibt, zeigt vor allen Dingen die Ambivalenz jedes Transformationsprozesses – ganz gleich zu welchem Zeitpunkt. Denken und Handeln sollen in Art und Menge verträglich und vertretbar sein. Das muss immer wieder ausbalanciert werden und der Überprüfung und Ergebnisbewertung auf Basis der gemeinsamen Werte standhalten.

Zentrales Management macht die Leute verrückt – über die Grenzen der Kontrolle

Um die Komplexität eines global integrierten Unternehmens verständlich zu machen, verwendet Palmisano gerne das Modell der Zellen. Ein in 170 Ländern der Welt operierendes Unternehmen mit 60 bis 70 verschiedenen zentralen Produktlinien, die in mehr als einem Dutzend Kundensegmenten angeboten werden, verfügt über mehr als 100 000 solcher Zellen, in denen jeweils eigene Geschäfte gemacht, Entscheidungen getroffen, Ressourcen zur Verfügung gestellt werden müssen und vieles andere mehr. Wer versucht, diese Zellen zentral zu managen, so Palmisano, »macht seine Leute total verrückt«. Man kann eben nicht alle Leute kontrollieren. Es ist einfach nicht möglich. Und das wird es umso weniger, wenn in einem Unternehmen nicht einfach nur Güter und Produkte hergestellt werden. In einem produktionsorientierten Unternehmen, das typisch ist für die Industriegesellschaft, kann man relativ leicht jedem Teil des Ganzen sagen, was er zu tun hat. Was aber macht man, wenn die wichtigsten Güter Knowhow und Wissen sind? Dann steht die Marke mehr als je zuvor für die Menschen, die für sie arbeiten.

Wenn man aber nun kein zentrales Management einsetzen kann, um all die differenzierten Prozesse in den vielen Zellen zu steuern, was dann? Dann müssen eben Werte diese Entscheidungen steuern und beeinflussen. Dabei geht es nicht allein um Fragen des korrekten ethischen Verhaltens, um Anstandsfragen – die selbstverständlich beobachtet werden müssen. Es geht darum, dass die Werte dazu taugen, Entscheidungen im Alltagsgeschäft zu treffen, die mit der großen Strategie des Ganzen übereinstimmen.

Diese Werte sind in dieser Hinsicht wie Stellvertreter. In dynamischen, komplexen Situationen, die heute den Arbeitsalltag bestimmen, wirken sie als Leitstrahl, an dem entlang die unterschiedlichen Entscheidungen getroffen werden können. Die Werte bringen auch Klarheit in ein Feld, das heute allgemein als eines der größten Probleme dynamischer Unternehmenspraxis gesehen wird: dem Widerspruch zwischen kurzfristigen Transaktionen und den langfristigen Beziehungen, die in jedem Geschäft – und darüber hinaus auch in der Gesellschaft – zur Norm gehören. Werte können beispielsweise dafür sorgen, dass die Interessen zwischen Shareholdern und anderen Stakeholdern nicht zu Widersprüchen werden. Jedes Unternehmen will und muss Gewinne machen – und zwar dauerhaft. Wirtschaftliche Erfolge sind die Basis dafür, dass man die Produkte und Services des Unternehmens kontinuierlich verbessert, aber sie bilden natürlich auch die Grundlage dafür, dass Kultur und Werte wachsen können.

Die Werte sind ebenso ein Signal an alle, die nicht auf der Gehaltsliste des Unternehmens stehen. Eine Erkennungsmarke, die eine gemeinsame Leitlinie bildet – und damit auch Zukunft und Perspektiven ermöglicht. Werte sagen uns klar: Dafür stehen wir, das wollen wir, da geht es lang – und sorgen auch für eine Abgrenzung gegenüber allen Praktiken und Prozessen, die man nicht will. Das sorgt für die Balance, die in einer globalen, komplexen Welt dringender denn je gebraucht wird. Werte sind Orientierung.

Im November 2003 wurden die Ergebnisse des Werte-Jams dann im Unternehmen veröffentlicht. In den ersten zehn Tagen wurden die Dokumente mehr als 200 000-mal vom Server geladen. Und wieder wurden die IBM Mitarbeiter aktiv. Sie übten konstruktive Kritik an dem, was im Jam gesagt wurde – wenn es mit der geschäftlichen Praxis nicht im Einklang stand. Stück für Stück konnten Problemfelder ausgekundschaftet und damit auch die Lücken, die zwischen den Werten und der Praxis standen, geschlossen werden. Zum Beispiel solche, über die Peter Schütt, Physiker und seit 1986 bei der IBM in Deutschland, berichtet:

»Beim Jam kam hoch, dass wir keinen Feedback-Prozess für unsere Manager hatten. Da auch sie natürlich nicht immer perfekt sind, fehlte hier etwas. Okay, man hätte sich offiziell beschweren können, aber das

ist dann schon ein ziemlicher Hammer. Es ging da eher um die kleinen Macken aus dem Arbeitsalltag, die das Leben aber trotzdem unnötig schwer machen. Die Manager benötigen, wie alle anderen auch, manchmal kleine Tipps, damit ihnen solche Sachen auffallen. Aber es gab eben vor dem Jam keinen Prozess, in dem man das loswerden konnte. Inzwischen gibt es ihn.«

Die Transformationsmaschine nahm Fahrt auf.

Der Paradigmenwechsel

Die wichtigste Voraussetzung für die erfolgreiche Transformation von Unternehmen ist eine Veränderung der Kultur. Eine andere Kultur, das klingt in vielen Ohren vielleicht immer noch sehr »soft«, auch wenn in diesem Buch bisher schon viele Fakten dazu auf den Tisch gelegt wurden, die das glatte Gegenteil beweisen. Kultur ist der harte Kern des Unternehmens. In der Wissenschaftstheorie ist das seit Langem bekannt.

Im Jahr 1962 veröffentlichte der Wissenschaftstheoretiker Thomas S. Kuhn ein Buch, das eine gewaltige Nachwirkung haben sollte. In *Die Struktur wissenschaftlicher Revolutionen* taucht ein zum Verständnis von Veränderungsprozessen ganz wesentlicher Begriff auf: das Paradigma. Das Wort stammt vom griechischen parádeigma ab, was so viel heißt wie »begreiflich machen«. Ein Paradigma ist ein sehr komplexes System an Vorstellungen, in dem eine bestimmte Weltanschauung oder ein bestimmtes Muster zum Ausdruck kommt. Ein bekanntes Paradigma aus der Wissenschaftsgeschichte ist zum Beispiel die Ansicht, dass sich die Planeten und die Sterne um die Erde drehen, die als Mittelpunkt des Universums betrachtet wird – das sogenannte geozentrische Weltbild des Ptolemäus. Dieses Paradigma wird zu Beginn des 16. Jahrhunderts durch die Arbeiten des Nikolaus Kopernikus abgelöst. Der große Forscher erkannte, dass die geozentrische Sichtweise dem Wesen der Wirklichkeit nicht entsprechen konnte. Es kam – nicht über Nacht, sondern in einem langen und schwierigen Prozess – zum Paradigmenwechsel.

Nun ist ein Paradigma nicht nur für einen bestimmten Bereich der Weltsicht zuständig – etwa jenen, bei dem jemand glaubt, dass sich alles um seine kleine Welt dreht (wir sehen, dass Ptolemäus – zumindest in manchen Köpfen – nicht ganz überwunden ist). Ein Paradigma beeinflusst das Denken und Handeln einer Kultur in vielerlei Hinsicht. Aus dem »alles dreht sich um die Welt« wird schnell ein »alles dreht sich um uns«.

Ein Paradigma ist, so die praktische Definition, die Thomas S. Kuhn in seinem Buch gab, nichts anderes als eine »konkrete Problemlösung, die die Fachwelt akzeptiert hat«. Das aber hat sehr weitreichende Konsequenzen. Denn die Sichtweise, was sich worum dreht beispielsweise, beeinflusst natürlich auch alle anderen Handlungsebenen von Menschen. Das geozentrische Weltbild legt zum Beispiel nahe, dass sich alles um einen Planeten dreht. Legt man dieses Modell auf Gesellschaften und Organisationen um, dann bedeutet das eben, dass sich alles »um uns dreht«. Kunden, Geschäftspartner, Technologien, Innovationen – sie alle sind nur dazu da, um dem »Zentrum« zu dienen. Kopernikus wiederum hat uns die Augen dafür geöffnet, dass das nicht ganz richtig ist. Der Paradigmenwechsel vom ptolemäischen auf das kopernikanische Weltbild hat eine Revolution ausgelöst, und die Welt wurde nie wieder so gesehen wie zuvor. Das galt und gilt für alles.

Wichtig dabei ist, dass es gar nicht so sehr um die faktische Einsicht des Kopernikus geht, dass die Erde eben »nur« einer von mehreren Planeten im Sonnensystem ist – und dass, wie man später bemerkte, auch diese Sonne keineswegs ein Zentrum ist, um das sich alles dreht.

Viel bedeutender für unseren Alltag ist, dass sich die Sichtweise auf die Welt und ihre Probleme durch einen Paradigmenwechsel dramatisch verändert. Das neue Paradigma übernimmt dabei die Vorbild- und Orientierungsrolle, die ein Weltbild für uns hat, vollständig vom alten Paradigma. Das geschieht, so Kuhn, dann, wenn das alte Paradigma die Probleme, zu deren Lösung es eine allgemeine Erklärung geliefert hat, nicht mehr bewältigen kann. Das nennt man Krise.

Jeder Krise folgt früher oder später die Ablösung des alten Paradigmas. In der IBM begann der Paradigmenwechsel im Jahr 1993, in der Zeit der größten Krise des Unternehmens. Aber neue Paradigmen werden nicht einfach im Supermarkt gekauft oder per Knopfdruck ausgelöst. Sie brauchen lange, bis sie sich entwickelt haben und ihre Wirkung entfalten. So leben die einen schon ganz im Bewusstsein des neuen Paradigmas der permanenten Veränderung, während andere noch an das alte Paradigma glauben. So kann es durchaus sein, dass man über ein- und dieselbe Sache redet und dabei von ganz unterschiedlichen Dingen spricht (was nur einmal mehr zeigt, wie wichtig es ist, mit System zu verändern). Die Transformation eines Unternehmens, seiner Kultur und seiner Aufgaben ist das, was der Soziologe Max Weber in seinem 1919 erschienenen Buch *Politik als Beruf* ein »starkes langsames Bohren von harten Brettern« genannt hat.

Das sind am Ende Revolutionen – aber Revolutionen sind nur im Nachhinein betrachtet schnelle, radikale Veränderungen. Tatsächlich bestehen sie aus langer, harter, intensiver Arbeit. Und jeder, der die Kultur – die alten Paradigmen – zu verändern versucht, stellt schnell fest: Weltbilder verändern sich sehr langsam – eben deshalb, weil man nicht nur an einer Stelle schraubt, sondern im Grunde an allem, was eine Gesellschaft – oder ein Unternehmen – bisher für richtig gehalten hat.

Natürlich müssen Veränderungen geplant werden, gedacht und strukturiert. Es braucht eine klare und überlegte Strategie, um die Transformation erfolgreich zu bewältigen (und wir werden noch ausführlich auf diese Strategie zu sprechen kommen). Es braucht Werkzeuge und Methoden, die die Ziele der Transformation verständlich in die vielfältigen Ebenen eines Unternehmens übersetzen helfen und deren Anwendung erleichtern. Es braucht jede

Menge fachlicher Fähigkeiten, um die Veränderung nicht in läh-
mende Details zu verstricken, Mut, um voranzugehen, und pragmatisches Wissen über die Grenzen des Machbaren in der jeweils
zur Verfügung stehenden Zeit. All das ist spielentscheidend – folgt
aber letztlich einer Kultur, die auf Werten basiert und die erst
alles, was nötig ist, um sich zu ändern, in Gang bringt. Es braucht
ein neues Weltbild. Und dieses Weltbild, diese Kultur, also die Art
und Weise, welche Rolle man sich gibt, auf welchen Werten man
ganz alltäglich baut und wie man sich – die IBM – und die Welt
sieht, bestimmen natürlich in einem hohen Maße auch, wie man
von der Welt gesehen wird. Eine Kultur und die dazugehörigen
Werte sind der Resonanzkörper für das, was ein Unternehmen ist,
kann und will.

Mit dem Werte-Jam und der Neudefinition der Werte im Jahr
2003 war der Paradigmenwechsel ein ordentliches Stück vorange-
kommen. Hier redete ein Unternehmen nicht bloß über Werte
und Kultur, über Verantwortung und gesellschaftliche Ziele, hier
hatten tatsächlich die Mitarbeiter ihre Werte neu bestimmt, die
als Grundlage der Marke und der Unternehmenskultur wirken –
und die gleichsam auch als Leitbild – ja Weltbild – für die Arbeit,
die Entscheidungen, das tägliche Handeln und die Beziehungen
der IBM Mitarbeiter untereinander und zu ihren Kunden dienen.

Die Grundlage jedes Kulturwandels ist das Gespräch, der Austausch von Informationen. Das klingt an der Oberfläche ganz
selbstverständlich. Doch in einem großen, global agierenden Unternehmen stellt sich selbstverständlich die Frage: Können Informationen, können Know-how und Wissen so ganz selbstverständlich ausgetauscht werden? Wer ist legitimiert, welches Wissen in
der Organisation abzufragen und zu nutzen? Wer darf dieses Wissen und die Informationen bearbeiten und ergänzen? Welche Zu-
griffsbeschränkungen existieren? Wie kann man das Risiko, dass
Informationen und Know-how offengelegt werden, mit dem Risiko abwägen, eine Entwicklung nicht zu bemerken, weil man
Mitarbeiter vom Informationsfluss fernhält? In der Praxis sind

das sehr relevante Fragen. Was haben zum Beispiel Kommunikationsformen, Kommunikationstechnologien mit der Unternehmenskultur zu tun? Nicht nur für ein innovationsgetriebenes Unternehmen wie unseres eine ganze Menge, wie wir gleich sehen werden.

Der unternehmerische Kulturwandel in der Kommunikation oder: Wie man Tore schießt

Wie reden wir miteinander? Nein, wir meinen jetzt nicht, ob wir dabei höflich bleiben, den anderen nicht ins Wort fallen, und auch nicht, dass wir zuhören, wenn andere etwas zu sagen haben. Das sind alles Selbstverständlichkeiten. Aber wie reden wir miteinander – wie tauschen wir in einem Unternehmen, mit unseren Kunden und Partnern, Informationen aus, die wir brauchen? Das klingt zunächst ganz einfach. Doch in einem Unternehmen wie unserem geht es nicht nur darum, dass rund 21 500 Menschen innerhalb der deutschen IBM schnell zueinanderfinden müssen, wenn eine Problemlösung gesucht wird. Jeder einzelne dieser 21 500 Menschen muss mit potenziell 400 000 Kolleginnen und Kollegen, also allen IBM Mitarbeitern weltweit, sprechen, sich austauschen können. Und dazu kommen noch unzählige Kunden und Ansprechpartner in Behörden, Institutionen und so weiter. Wie kann man das schnell, effizient und sicher gestalten? Und noch dazu unter den ganz normalen Bedingungen des Arbeitsalltags: Immer mehr Mitarbeiter sind heute in Unternehmen als dynamische Problemlöser unterwegs. Sie sind nicht mehr allein damit beschäftigt, in ihrem Büro oder Labor als Experten für ein Thema zu agieren. Jeder Mitarbeiter hat heute auch mit Kundenanfragen zu tun, auf die er reagieren soll. Oder sein Know-how wird bei der Entwicklung komplexer Strategiethemen in großen Projekten gebraucht. Eigeninitiative, Flexibilität und Selbständigkeit sind gefragt.

Mit Telefon und E-Mail gerät man schnell an seine Grenzen. Um möglichst effektiv arbeiten zu können, genügt es auch nicht, in internen Netzwerken mit traditioneller Gruppensoftware zu arbeiten. Was tut man, wenn man in einem Projekt plötzlich einen Experten für einen relevanten Punkt anfordert, der nicht über die entsprechenden Zugriffsrechte verfügt? Die Art und Weise, wie wir zusammenarbeiten, steht zurzeit vor dem größten Umbruch seit der Einführung des Computers. Der Ausbau der Datennetze, die extreme Weiterentwicklung der Mobilfunktechnologie und der zur Verfügung stehenden Endgeräte hat eine enorme Vielfalt an Zugriffsmöglichkeiten hervorgebracht. Nicht nur die Zugriffe auf Informationen sind leichter geworden, auch die, die hinter diesen Informationen stecken, sind wesentlich besser erreichbar als noch vor ein paar Jahren. Aber wie lernt man, offen und vor allem effizient zu kommunizieren?

Durch Entwicklung von Kultur und Öffnung von Technologien. Nehmen wir mal eine Jugendfußballmannschaft. Wenn die jungen Spieler in die Mannschaft kommen, dann versuchen sie in der Regel immer dann, wenn sie mal an den Ball geraten, auch ein Tor zu schießen. Sie geben den Ball unter keinen Umständen ab. Das ist natürlich nicht besonders schlau – und nicht nur deshalb, weil sie dafür einige Runden um den Platz laufen müssen (und trotzdem meist kein Tor schießen). Mit der Zeit lernen sie aber, dass das keine effektive und erfolgreiche Spielweise ist. Sie lernen, sich gegenseitig die Bälle zuzuspielen. In vielen Unternehmen verhalten sich die meisten Mitarbeiter auch heute noch wie Jugendmannschaften. Das liegt aber eben nicht daran, dass die Lernfähigkeit dieser Menschen begrenzt wäre, sondern vor allen Dingen auch daran, dass man von ihnen verlangt, sich so zu verhalten. Selbständiges Handeln ist gut – wenn man aber die Verantwortung so zuweist, dass Dinge nur persönlich gelöst werden sollen oder dürfen, dann läuft man Gefahr, dass aus dem Tor, dem Geschäft, nichts wird. Denn dann dauern Prozesse länger, als es nötig ist (Abpfiff) – oder die Qualität leidet (zu wenige Tore).

Was nötig ist: Jeder Fußballer – jeder Mitarbeiter – sollte so lange am Ball bleiben, wie es nötig ist, wie es im Gesamtkontext Sinn ergibt. Das Management wiederum hat die Aufgabe, seinen Mitarbeitern das richtige Rüstzeug mitzugeben, um möglichst intuitiv zu erkennen, wann es Zeit ist, den Ball abzugeben – und zu wissen, an wen. Unternehmen, in denen die Kultur des geteilten Wissens keine Rolle spielt, sind alte Unternehmen, die die Transformation erst begonnen haben oder sich noch verbissen dagegen wehren, ganz so wie Jugendspieler, die ihren Ball nicht hergeben wollen. Neue Unternehmen hingegen haben das hinter sich. Sie wissen, wie man Tore schießt. Gemeinsam.

Wie spielt man sich Bälle besser zu?

Es geht, Sie haben es schon bemerkt, um Flexibilität – eine ganz wesentliche Sache in unserer neuen Kultur. In der alten IBM Kultur – die vor der Transformation galt – musste man in der Regel auf jemanden warten, der »zuständig« war. Das ist in vielen Unternehmen – und hie und da natürlich auch bei uns – heute noch der Fall. Zuständigkeiten sind im Grunde nichts Falsches, denn sie erleichtern die Zuordenbarkeit von Fähigkeiten, Know-how und Wissen. Die Frage ist aber, ob man sie als statisch betrachtet, Zuständigkeit als Paradigma sozusagen, oder ob man in einer großen Organisation nicht eher darauf setzen sollte, dass es jemanden gibt, der eine gute Lösung für ein Problem kennt – auch wenn er »fachlich nicht zuständig« ist. In den 1980er-Jahren war es meist der »Abteilungsleiter«, der als Entscheider infrage kam. In den 1990er-Jahren löste sich dieses starre Bild allmählich auf – das »Empowerment« wurde populär, bei dem fachlich qualifizierte Mitarbeiter größere Handlungs- und Entscheidungsspielräume erhielten. Dabei wurden die Prozesse deutlich messbar schneller – und effizienter. Das ist heute zur Regel geworden – mehr selbständiges Arbeiten also. Aber ist das genug?

In seinem Bestseller *Die Weisheit der Vielen* hat James Surowiecki im Jahr 2005 gezeigt, wie durch Selbstorganisation Entscheidungen von Massen zu besseren Resultaten führen als jene, die von Einzelpersonen durchgeführt werden. Daraufhin wurde der Begriff des »Schwarms« und der »Schwarmintelligenz« sehr populär. In Unternehmen geht es aber, anders als bei Surowieckis Buchthesen, nicht darum, einen Mittelwert des Wissens herauszuarbeiten. Es geht um Problemlösungen, um praxisorientiertes Wissen. Und dieses Wissen, das ist eine der Einsichten, die wir im Transformationsprozess gewonnen haben, ist oft im Unternehmen da. Gleich nebenan. Es ist sehr wahrscheinlich, dass in unserem Unternehmen jemand existiert, der sich gut genug mit einem Thema auskennt, um einem Kollegen sofort weiterhelfen zu können.

Wer so viele hoch qualifizierte Menschen in der ganzen Welt beschäftigt, darf zu Recht auch auf Problemlösungskapazität außerhalb der Zuständigkeiten hoffen. Es geht aber darum, die entsprechenden Werkzeuge zur Verfügung zu stellen, damit dieser »jemand« auch weiß, dass er gebraucht wird. Genau das leisten Jams, Unternehmens-Blogs und Unternehmens-Wikis. Wissen und Know-how werden für jeden in der Organisation angeboten. Das hat auch angenehme Nebeneffekte: Erstens fühlen sich Mitarbeiter wohl, wenn sie in der Organisation auch außerhalb ihres unmittelbaren Aufgabenbereiches »gefragt« sind und zur Lösung von Problemen beitragen können. Die klassische Barriere besteht allerdings darin, dass manchen Vorgesetzten ein solches Vorgehen eher suspekt ist. Sie wären selbst gern die, die alles wissen. Und so werden Beiträge, die Mitarbeiter in den Pool einbringen, einer »intensiven Qualitätsprüfung« unterworfen – noch bevor sie intern veröffentlicht werden. Genau das behindert die Problemlösung enorm – und demotiviert außerdem.

Bei der IBM können Mitarbeiter beispielsweise über die Jams offen und ausführlich weltweit darüber diskutieren, welche Missstände es gibt – ganz praktisch und unzensiert. Als Samuel J. Palmisano den ersten Werte-Jam startete, gab es im Management einige entsetzte Reaktionen auf das, was die Mitarbeiter an Kritik vorbrachten. Einige empfahlen sogar, dass man den Jam am besten gleich wieder vom Netz nehmen sollte. Palmisano trotzte dieser Kritik – und ermunterte im Gegenteil die IBM Mitarbeiter, auf gar keinen Fall Kritik und Vorschläge zurückzuhalten. Der Effekt, der dabei erzielt wurde, ist für alle Beteiligten positiv: Denn durch das klare Signal des Vorstandes wurde klargemacht: Wir wollen das so – redet Klartext mit uns. Und die Mitarbeiter quittierten diesen Vertrauensbeweis dadurch, dass sie sich im Werte-Jam – wie auch in den seither regelmäßig abgehaltenen Jamsessions – mächtig ins Zeug legten. Sie haben gelernt, dass sie gehört werden. Dass es etwas bringt, wenn man sich einbringt.

»Als ich bei der IBM in Stuttgart in der Zentrale angefangen habe, gab es für Führungskräfte weithin sichtbare Statussymbole. Beispielsweise die Größe des Büros gemessen an der Anzahl der Fenster, ein Vorzimmer und eigenes Sekretariat, den reservierten Parkplatz. Man konnte klar erkennen, in welcher Ebene der Hierarchie man sich gerade bewegte. Heute sitzen wir alle gemeinsam in Großraumbüros, parken alle unsere Fahrzeuge auf dem gleichen Gelände. Wir sehen also: Statussymbole sind vergängliche Zeichen einer Unternehmenskultur. Auch sie unterliegen der Veränderung und zählen heute weniger. Viel wichtiger ist heute, denke ich, die Durchlässigkeit der Strukturen. Für junge Leute, die zu uns kommen, geht es um ganz andere Fragen: Was kann ich tun, welche Reichweite und Wirkung habe ich, was kann ich gestalten, wen und was brauche ich zur Umsetzung, und wird mir das gegeben? Wenn meine Führungskraft es schafft, mir den Rücken frei zu halten – ist es gut. Wenn nicht, schlecht. Das ist entscheidend. Die Zeit des Anweisens ist in vielen Bereichen vorbei. Ich brauche Gefolgschaft aufgrund von Überzeugung, Kompetenz, Erklärung, Fordern und Fördern. Aber es gibt natürlich auch Menschen, die Führen durch Anweisung wollen, oder die lange brauchen, bis sie erkennen, dass diese Verhaltensweise zu nichts mehr führt. Das muss man im Transformationsprozess genau im Auge behalten.« Martina Fiddrich, Leiterin Geschäftskundenvertrieb Nord-Ost, IBM Deutschland

Doch dieser Kulturkampf der ganz besonderen Art, der mit jeder Transformation verbunden ist, rechnet sich schnell. Statt Arbeit nach Plan bekommt das Unternehmen konstruktivere, aktivere Mitarbeit – ein viel höheres Potenzial wird eröffnet – und das bedeutet: Das Wissen, das vielfach in der Organisation schlummert, wird jetzt für Problemlösungen für den Kunden geöffnet. Das bringt alle voran. Was kostet diese Kulturmaßnahme? Ein wenig Vertrauen durch das Management vorab. Und reden wir hier über Technik? Oder, genau betrachtet, über eine Weiterentwicklung der Unternehmenskultur? Was ist soft? Was ist hart? Und wo ist das Zentrum unseres Handelns?

Fragen wir mal ganz pragmatisch: Was ist der Rohstoff, mit dem die IBM arbeitet? Es ist Wissen. Dieses Wort muss man sehr ernst nehmen, und das ist noch lange nicht überall der Fall, wo von Wissensgesellschaft die Rede ist. Denn in der Phase von Unternehmen, in der sie sich klarmachen, dass ihr Wissen das wichtigste Kapital ist, ändern sich die Dinge eben wieder mal dramatisch und schnell. Denken wir doch einmal über das schöne deutsche Wort »begreifen« nach. Wenn wir etwas »begreifen« wollen, dann meinen wir damit im Grunde, dass wir einen abstrakten Prozess verständlich machen möchten. Etwas, was nicht aus fester Materie besteht, sondern aus Gedanken und Ideen, soll begreifbar – und damit handfest werden.

Das sind keine philosophischen Überlegungen, sondern wichtige Einsichten in die Veränderung in den Unternehmen in unseren Tagen. Wer mit Wissen arbeitet, muss es begreifbar machen – das, was man tut, zeigt sich nicht mehr von selbst (wie bei den meisten Produkten). Wie geht man mit diesem Wechsel vom Gegenständlichen ins Abstrakte, von der Welt des Handfesten in die Welt des Wissens um?

»Ich kam Mitte der 1980er-Jahre frisch von der FH, war Chemieingenieurin und bin bei IBM genommen worden, weil ich ein Praxissemester im Bereich Fotochemie gemacht hatte. In Mainz wurden Magnetköpfe

hergestellt, dafür wurden Dünnfilmtechnologien gebraucht – nicht mit Halbleitermaterial, sondern eben mit magnetischem Material, aber insgesamt ähnlich, und deshalb wurde ich eingestellt. Damals habe ich das Ergebnis meiner Arbeit wirklich gesehen, konnte es anfassen, da war hinterher ein Lesekopf in einem Festplattenlaufwerk, ein klarer Fall. Die Fragen, die wir uns gestellt haben, lauteten: Wie viele Teile kommen am Ende raus und entsprechen sie den Qualitätskriterien? Ich bin jeden Tag in der Produktionslinie unterwegs gewesen und habe die Produkte unter dem Mikroskop angeschaut. Was man sah, war natürlich winzig – aber es konnte sichtbar gemacht und auf Funktion getestet werden. Heute bin ich verantwortlich für das deutsche Software-Support-Center. Mein Antrieb heute ist die Kundenzufriedenheit, und die kann man nicht anfassen oder sehen, aber erfragen und spüren. Heute dreht sich alles um Information und Anwendung von Wissen über den Betrieb beim Kunden. Aber deshalb ist meine Arbeit für mich heute nicht weniger greifbar als früher.

Sich immer wieder auf etwas Neues einzulassen, gehört bei uns in der IBM zum Alltag. Dazu braucht man natürlich auch die Fähigkeit, sich anpassen zu können, sein Wissen und sein Können zu erweitern, neue Erfahrungen sammeln zu wollen, statt nach Gewohntem zu suchen. Am Standort Mainz haben wir das alle vor ein paar Jahren hautnah miterlebt, als die letzten Produktionsarbeitsplätze abgebaut wurden. Damit sind viele Arbeitsplätze weggefallen, die man auch ohne eine höhere Ausbildung, teilweise sogar nur durch Anlernen von Abläufen und Handgriffen bewältigen konnte. Da mussten viele neu anfangen – und auf der Basis einer guten Grundbildung ist das natürlich eher möglich. Man braucht etwas, worauf man aufbauen kann. Ich habe nie darüber nachgedacht, dass ich das Ergebnis meiner Arbeit nicht mehr direkt anfassen, im wahrsten Sinne des Wortes ›be-greifen‹ kann. Um ein Erfolgserlebnis haben zu können, brauche ich das nicht. Heute habe ich viel mehr mit Kunden zu tun. Das ist eben einfach etwas anderes. Meine Arbeit damals war interessant, was ich heute mache, ist genauso spannend.« Corinna Bauer, Leiterin des Software-Support-Centers, IBM Deutschland

Das Abstraktionsvermögen schärfen – also alles daransetzen, sich »etwas vorstellen zu können«, das ist eine wesentliche Tugend der

Wissensgesellschaft. Der Kopf ist das wichtigste Produktionsmittel – und die Fähigkeit, kreativ und schöpferisch nach Lösungen für Probleme zu suchen, sollte Priorität aller Unternehmen sein. Das ist eines. Aber mit Wissen umgehen will gelernt sein. Denn Wissen ist kein »normales Produkt«. Wissen braucht Austausch. Dazu gibt es einen wichtigen Merksatz: Wissen ist der einzige Rohstoff, der sich durch Gebrauch vermehrt.

Die Wissenskultur oder 1 + 1 = 3

Wir haben uns bei unseren Kollegen in Deutschland mal umgehört. Was ist Wissen, wem nützt es, was ist es wert? Und wie kann ich Wissen sichtbar machen? Hier sind einige Antworten:

»In erster Linie nützt mein Wissen mir selbst – aber nur dann, wenn ich dieses Wissen auch aktiv anwende und es mit anderen Menschen austausche. Wir sind aufeinander angewiesen. Ich denke, dass ein Unternehmen, eine Organisation eigentlich nichts anderes ist als eine Gemeinschaft, in der man Wissensaustausch und -anwendung betreibt. Das ist der Sinn der Sache.« David S. Faller, Manager IBM Software Group, IBM Deutschland

oder aber auch:

»Ich kann mein Wissen sichtbar machen, indem ich es aktiv einbringe, also nicht nur auf Anfragen warte. Und das Schöne ist: Indem ich mein Wissen teile, wird es sogar eher noch wertvoller, denn im Normalfall lerne auch ich jedes Mal wieder etwas hinzu.« Gabriele Ebert, Assistentin CFO, IBM Deutschland

und

»Ich teile mein Wissen in der Organisation, damit mehr erzielt werden kann und das Miteinander stärker wird.« Lothar Jäger, Client Executive, Financial Services Sektor, IBM Deutschland

Weitere Antworten der IBM Kollegen in Deutschland lauteten beispielsweise:

....

»Weil beim Wissen gilt: 1 + 1 = 3.« Monika Werres, Associate Partner, Global Business Services, IBM Deutschland

oder

....

»Der Wert des Wissens eines Einzelnen lässt sich am besten am Erfolg des Kollektivs messen.« Patrick Sammler, Marketing Operations, IBM Deutschland

Wie sehr unterscheiden sich diese Aussagen der IBM in Zeiten der Transformation von jenen, über die Louis V. Gerstner junior aus den 1990er-Jahren berichtete! Die IBM war, offen gesagt, eine Organisation wie viele damals: Wissen wurde gehütet, bewacht und verteidigt. Wer Wissen hatte, ließ andere nicht ran. Man hat für diese Zustände den Begriff des Herrschaftswissens geprägt – das war einmal, denn heute entsteht aus einem solchen Wissenshüterverhalten nichts anderes als Ohnmacht. Wer sein Wissen nicht teilt, wird in der Organisation nicht bemerkt – und das heißt heute auch: Er kommt beim Kunden nicht mehr an. Hier haben wir ihn also, den Paradigmenwechsel. Wissen wird zu Wachstum und zu Mehrwert, wenn man diesen Rohstoff auf den Markt bringt – unter Menschen – und ihn so anwendet, dass möglichst smarte Lösungen dabei herauskommen. Aber dazu später noch mehr. Diese neue Kultur des Wissensteilens vollzieht sich in der IBM genauso wie in der Gesellschaft.

Social Networks, Communities und nutzergenerierte Inhalte – Wissenstausch-Läden, die die Veränderung vorantreiben

Zur Mitte des vergangenen Jahrzehnts tauchte ein Phänomen im World Wide Web merklich auf, das sich schon um die Millenniumswende behutsam entwickelt hatte: Community-Plattformen wie MySpace, Facebook, LinkedIn, Xing, studiVZ und andere mehr scharten ein großes Publikum um sich. Die im Westen heute meist noch unbekannten Netzwerke Orkut in Brasilien und Indien und Vkontakte in Russland wuchsen so stark, dass sie die westlichen Netzwerke sogar bald abhängten. Aus dem Internet-Benutzer, so war allmählich erkennbar, wurde ein aktiver Produzent von Informationen und ein Verteiler von Wissen. Das Paradigma vom Konsumenten, der einfach »bedient« wird mit etwas, was Unternehmen herstellen, wird damit infrage gestellt. Im Laufe der letzten zehn Jahre gelang es etwa der Online-Enzyklopädie Wikipedia, das klassische Geschäftsmodell von Lexikonverlagen obsolet zu machen. Und dabei war das, so zeichnet es sich ab, erst der Anfang. Medienunternehmen, etwa Tageszeitungen und Fernsehanstalten, sehen sich einem enormen Druck auf ihr klassisches Geschäftsmodell ausgesetzt. Der »User-generated Content«, der von den Internet-Teilnehmern selbst gestaltete Inhalt, funktioniert nach dem Prinzip des Wissensaustausches.

Unternehmen, die von ihrem Wissen leben, hüten naturgemäß die Wege, die zu diesen Produkten führen. Wo Innovationen und komplexe Problemlösungen über den Erfolg oder Misserfolg eines Unternehmens bestimmen, ist die Frage des diskreten Umgangs überlebenswichtig. Seit vielen Jahren ist IBM Patentweltmeister – kein Unternehmen schafft so viele verwertbare Innovationen wie wir – und darauf sind wir natürlich auch sehr stolz. Wir stecken pro Jahr weltweit zwischen fünf und sechs Milliarden US-Dollar in Forschung und Entwicklung. Natürlich wollen wir mit diesen Patenten, den Innovationen daraus, Werte schaffen, mit denen wir Geld verdienen. Es gibt aber auch Wissen, das wertvoller wird, wenn man es einer Community zur Verfügung stellt – deshalb öffnet die IBM jedes Jahr Hunderte Patente. Damit machen wir klar, dass uns das Thema Open Source – oder breiter: Open Standards – nicht einfach nur ein wenig gute Publicity bringen soll. Wissen ist bekanntlich der einzige Rohstoff, der sich durch Gebrauch vermehrt – zu viel und falsche Abschottung ist genauso lebensbedrohlich wie ein allzu leichtfertiger Umgang mit seinen Patenten. Zwischen diesen Extremen – der Notwendigkeit, Wissen zu schützen, es aber auch zum richtigen Zeitpunkt und im richtigen Maß zu teilen – muss jedes Unternehmen genau abwägen und prüfen, was möglich ist – und was in der Kultur des Unternehmens auch gewollt wird. Es geht also im Wesentlichen um die Organisation des gemeinsamen Handelns.

»Das Internet bietet praktisch unbegrenzte Möglichkeiten der Kommunikation und Interaktion. Nur muss man geschickt auswählen und abschätzen, was den Teilnehmern zugänglich gemacht werden kann und wie es um die Bereitschaft zu entsprechenden Formen des Austauschs und der Diskussion bestellt ist. Dabei spielen die individuellen Fähigkeiten zur Interaktion – die oft als Soft Skills verspottet werden – eine wichtige Rolle. Die junge Generation strömt mit ganz anderen Vorerfahrungen und Gewohnheiten in unsere Unternehmen und mischt uns ganz schön auf. Das ist gut so – denn es treibt den Wandel auf der inhaltlichen Seite voran.« Stefan Hoechbauer, Vice President Software Group, IBM Deutschland

Fragen wir mal: Sind Communities eine relativ neue Erfindung der Webwelt? Nun ja: Bei der IBM wurden bereits 1994 die ersten internen Wissensmanagementsysteme aufgesetzt, die einen Austausch einer internen Community ermöglichten. Und seit 1998 steht den Mitarbeitern das Instant-Messaging-Programm »Sametime« zur Verfügung, das sich im Unternehmen sehr erfolgreich ausbreitete. Mehr als sechs Millionen Instant Messages gibt es heute täglich bei der IBM weltweit, die helfen, Abstimmungsprozesse erheblich effizienter zu gestalten. Klassische Web-2.0-Werkzeuge wie Wikis, Blogs, Bookmark-Sharing gehören zum normalen Arbeitsinstrument der meisten IBM Mitarbeiter. Pro Tag greifen 70 000 Kollegen weltweit auf das Blog-System zu, und das IBM Wiki-System wird von zwei Dritteln der Belegschaft aktiv und passiv genutzt. Wikis eignen sich sehr gut für Informationen, deren »Verfallsdatum« nicht besonders rasch überschritten ist. Blogs sind besser, um eine Diskussion aktuell zu entwickeln.

Auch hier braucht man eine Menge Vertrauen, um aus einer kulturellen Veränderung einen Vorteil für das Geschäft zu machen. In vielen Unternehmen ist es Mitarbeitern bis heute verboten, an ihrem Arbeitsplatz-PC oder Laptop Veränderungen vorzunehmen. Das sogenannte Administrationsrecht wird rigide gehandhabt. IBM hingegen räumt seinen Mitarbeitern etliche Administrationsrechte auf diesen Werkzeugen ein. Wozu ist das nütze? Man schafft ein kommunikatives Ökosystem, in dem sichtbar wird, wie man mit Web-2.0-Lösungen oder auch Social Computing, also etwa dem Nutzen von Communities, besser zu Lösungen und Prozessverbesserungen kommt. Bei der IBM werden Prozesse genau so gemacht, wie sie auch in den Communities im Web erarbeitet werden. Das wichtigste Betriebsmittel ist dabei aber nicht die Technik, nicht Software und Rechner, sondern Vertrauen, also ein Wert:

»Eine der wichtigsten Voraussetzungen dafür, dass das klappt, ist, loslassen zu können von alten kulturellen Vorstellungen. Also einfach darauf vertrauen, dass die Leute bei uns in der Lage sind, sich selbst zu disziplinieren und trotzdem Wertarbeit für das Unternehmen zu leisten. Vertrauen ist das Zauberwort für alles, was das angeht. Vertrauen, dass das Zeitmanagement der Mitarbeiter, die sich im Social Computing engagieren, funktioniert, Vertrauen, dass man nicht hintergangen wird. Das setzt aber zuerst voraus, dass man einfach glaubt, die richtigen Mitarbeiter an Bord geholt zu haben. Leute, die das große Ganze überblicken und ihren eigenen, persönlichen Beitrag leisten.

Das Thema Kulturwandel in der Kommunikation wird die nächste Welle der Transformation extrem treiben, davon bin ich überzeugt. Wir kennen alle das Beispiel von den Digital Natives, also der jetzt ins Berufsleben einsteigenden Generation, die mit dem Computer und dem Internet ganz normal aufgewachsen ist. Wir sehen in unserer Arbeit, dass die jungen Kollegen, die mit Mitte, Ende 20 heute zu uns stoßen, anders arbeiten möchten, mit anderen Tools, und auf eine andere Art ihr Wissen austauschen wollen. Und sie machen uns bei der IBM sehr klar, welche Werkzeuge sie für den Wissensaustausch erwarten, nämlich die, die sie von zu Hause und aus der Universität kennen. Die wollen nicht wieder zurückgeworfen werden auf E-Mail, Telefon und Fax. Da fühlen sie sich extrem unwohl. Man muss den Spieltrieb, wenn man es so nennen will, zulassen. Wenn sich ein Unternehmen transformiert, dann ist es logisch, dass auch die Menschen, die in den Strukturen arbeiten, sich ein Stück weit transformieren, die Art und Weise, wie sie arbeiten, ändern.« Michael Kiess, Corporate Communications für die Bereiche Research & Development, Open Standards und Open Source, IBM Deutschland

Erste IBM Mitarbeiter in Deutschland arbeiten heute sogar schon ganz ohne persönliche E-Mail. Ein verführerischer Gedanke, aber wie soll das denn gehen? Ganz einfach: Die eingehenden Nachrichten werden nicht im E-Mail-Eingang abgelegt – und warten drauf, dass sie gelesen und beantwortet werden –, sondern gleich auf ein Blog geschickt, auf das die ganze Arbeitsgruppe Zugriff hat. Dieses Team kann aus Mitarbeitern vieler weltweiter IBM Standorte bestehen. Sobald das Thema, die Anfrage, veröffentlicht ist, kann jeder, der dazu etwas beitragen kann, an der Beantwortung arbeiten, auch dann, wenn der ursprünglich angefragte Kollege gerade in einer Konferenz ist oder im Flugzeug sitzt. Wissen und Können werden sofort umgesetzt. Die Vorteile liegen auf der Hand: Zum einen geht das deutlich schneller als mit der konventionellen Methode, bei der ein Einzelner unzählige E-Mails pro Tag »abarbeiten« muss (das Wort ist übrigens verräterisch, denn um »abarbeiten« soll und darf es nie gehen, es geht um Problemlösung und nicht darum, sie vom Tisch zu kriegen).

Im Zeitalter des totalen E-Mail-Verkehrs sind 70 bis 100 neue Nachrichten pro Tag – Spam und Werbemails schon abgerechnet – keine Seltenheit mehr. Eine wahre Flut ergießt sich über jeden Rechner. Und längst nicht alle dieser Mails sind für den Adressaten gedacht, sondern sprechen Themen und Bereiche an, die ebenso gut von anderen Kollegen im Unternehmen bearbeitet werden könnten. Und gar nicht so selten kommt es vor, dass eine Mailanfrage an einen Mitarbeiter adressiert wird, der das Thema vielleicht nur am Rand bearbeitet und kennt. Die Weiterleitung kostet Zeit und Geld. Ein wenig Vertrauen in die Kraft der gemeinsamen Lösung sollte also nicht als »Soft Skill« verspottet werden. Man kann den Nutzen einer vertrauensvollen Kultur ganz hart berechnen.

Das global integrierte Unternehmen – wie geht das noch mal?

Die IBM in Deutschland ist Teil eines Unternehmens, das in mehr als 170 Ländern der Welt tätig ist. Über 400 000 Menschen arbeiten für diese IBM. Ist IBM ein Multi, also ein multinationaler Konzern, bei dem eine mächtige Muttergesellschaft viele weitgehend unabhängige Landesgesellschaften dirigiert? Nein, das war einmal. Wir haben im vergangenen Kapitel über die Dezentralisierungstheorien der frühen 1990er-Jahre gesprochen. Und auch darüber, warum Louis V. Gerstner junior sie verwarf, als er daran ging, die IBM wieder an die Spitze zurückzuführen. Fürstentümer gab es mal.

Diese Zeiten sind in der IBM lange vorbei. In einem global integrierten Unternehmen ziehen alle an einem Strang. Projektteams werden bei der IBM aus allen verfügbaren Standorten zusammengestellt, ganz gleich, wo und wie die Aufgabe zu lösen ist. Das bedeutet noch lange nicht, dass alle Landesgesellschaften und ihre Mitarbeiter »gleich« sind – im Sinne von nivelliert. Jede Landesgesellschaft hat auch, wie wir bei der IBM in Deutschland, eine ganz besondere, unverwechselbare Rolle. Wie sieht denn ein solch global integrierter Konzern aus? Und was ist das Besondere daran?

»Die IBM hat sich der globalen Wirtschaft sehr früh verschrieben. Wir sind seit über 50 Jahren in Indien und seit fast 20 Jahren in China aktiv. In den Aufbau unserer Präsenz in Indien investierten wir in drei Jahren rund sechs Milliarden Dollar und haben dort heute mit 100 000 Mitarbeitern die größte Landesgesellschaft außerhalb der Vereinigten Staaten.

Um ihren Platz im globalen Wirtschaftsraum zu behaupten, baut sich die IBM in ein global integriertes Unternehmen um. Global integriert, was heißt das konkret? Jedes Unternehmen lebt in einem Ökosystem, das immer häufiger rund um den Erdball reicht, ganz gleich, ob es ein Weltmarktführer in einem hoch spezialisierten Nischenmarkt ist oder ein globaler Multi mit breitem Portfolio. Das global integrierte Unternehmen ist in Komponenten aufgeteilt. Diese Teile, diese Komponenten sind aber untereinander vernetzt. Die Architektur eines solchen Unternehmens ist die einer Partnerschaft und multilateraler Zusammenarbeit.« Ilva Kellermann, Director, Customer Fulfillment Deutschland, IBM Deutschland

Und das hat weitreichende Konsequenzen nicht nur für die Art der Führung, des alltäglichen Managements, sondern eben auch für die Organisationskultur – oder Unternehmenskultur – dieser neuen IBM, wie Ilva Kellermann weiß:

»Wir betrachten heute die gesamte Wertschöpfungskette als Zusammenfügung von Komponenten. Das umfasst die Leistungen von Lieferanten, Geschäftspartnern und Kunden ebenso wie die eigentliche Kernleistung der verschiedenen Funktionen im Unternehmen. Ob mein Geschäftspartner in Manila oder Mannheim sitzt, ist heute nicht mehr wichtig.«

Das ist einer der großen Wendepunkte, eine Wegmarke der Transformation aller Unternehmen, die heute global agieren. Hier geht es nicht mehr um Einzelinteressen. Global denken und handeln zwingt dazu, Prozesse und Modelle, die jahrzehntelang galten und an deren Richtigkeit in Organisationen kaum jemals gezweifelt wurde, infrage zu stellen.

»Wir waren einmal ein multinationaler Konzern, der außerhalb der USA durch lokale ›Mini-IBMs‹ vertreten war. Inzwischen sind wir aber in einer fundamental neuen Struktur tätig. Wir siedeln Arbeit dort an, wo sie unter Berücksichtigung von wirtschaftlichen Gegebenheiten, Expertise und Geschäftsumfeld am meisten Sinn ergibt. Es gibt keine Beschaffungskette mehr für ein einzelnes Land, sondern wir steuern den Einkauf global – von China aus. Technische Innovationen kommen wiederum in wichtigen Teilen aus unserem Forschungslabor in Böblingen. Aber entscheidend dabei ist: Forschung und Entwicklung werden nicht mehr durch eine deutsche Abteilung mit deutschen Mitarbeitern für deutsche Kunden ausgeführt. Stattdessen sitzt in unserem Labor in Böblingen ein Team mit Kollegen Dutzender Nationalitäten, die hoch spezialisierte Projekte auf der ganzen Welt steuern und unterstützen. Und wenn Sie jetzt einmal diese Logik auf alle Bereiche der IBM anwenden, dann haben Sie die Grundstruktur eines global integrierten Unternehmens. Egal, ob wir über Kundenbetreuung reden oder Supportfunktionen. Das darf man auf gar keinen Fall als Gleichmacherei missverstehen. Das Gegenteil ist der Fall. Denn jeder hat so die Möglichkeit – das gilt für Standorte wie für Mitarbeiter –, besonders und einzigartig zu sein und seine Vorteile global auszuspielen.« Wolfram Stein, Partner und Vice President, IBM GBS Global Strategy & Transformation Service Line Leader

So machen wir das hier oder: Was ist eine Unternehmenskultur?

»Global integriert« sagt sich leicht – doch wie bringt man so viele Kulturen und unterschiedliche Fähigkeiten, wie sie in einem Unternehmen mit der Bandbreite und der Größe der IBM auftreten, unter einen Hut? Und genauso wichtig: Wie erkennen die Kunden und Geschäftspartner, was wir für sie tun können? Wie regelt man Werte, Verhalten, aber auch die Frage, wie man sich entscheidet, welche Beziehungen man zu Kollegen, Kunden und Geschäftspartnern hat, in Armonk in den USA, in Ehningen in Baden-Württemberg und in Bangalore in Indien? Was verstehen Menschen in der Organisation und außerhalb der Organisation, wenn wir sagen: So machen wir das hier. Wer dieses »So machen wir das hier« am klarsten beantworten kann, der hat eine starke Organisation, die unverwechselbar ist – nach innen und außen. Das »So machen wir das hier« ist die Antwort auf alle Fragen, die die Organisation stellt. Kultur sorgt für Klarheit.

Das ist in einer komplexen Welt mit so vielen Interessen der springende Punkt – hier wird über Erfolg und Misserfolg eines Unternehmens, ganz gleich welcher Größe, entschieden. Gerade wo Vielfalt die wichtigste Rolle im Geschäft spielt, wo passgenaue Lösungen gefragt sind, wo es nicht mehr um Produkte vom Fließband geht, braucht man eine starke und unverwechselbare Organisationskultur. In der IBM in Deutschland heißt das dazugehörige Projekt »One IBM« – und wir werden in diesem Buch noch ausführlicher darüber berichten. Wenn wir das Stichwort »Organisationskultur« nachschlagen, finden wir die Definition:

»Organisationskultur (englisch: Organizational Culture, Corporate Culture), in den spezifischen Fällen von Unternehmen oder Verwaltungen auch als Unternehmenskultur (...) bezeichnet, ist ein Begriff der Organisationstheorie und beschreibt die Entstehung, Entwicklung und den Einfluss kultureller Aspekte innerhalb von Organisationen.« Wikipedia

Anders ausgedrückt: Unternehmenskultur deckt ein erweitertes Spektrum ab, das alle Verbindungen eines Unternehmens zu der Welt »da draußen« und seine Selbstdarstellung nach innen und außen mit einschließt. »So machen wir das hier.« Organisationskultur hingegen beschäftigt sich mit dem Zusammenleben innerhalb eines Unternehmens. Die Organisationskultur beeinflusst alles: die Art und Weise, wie sich das Management verhält und wie es sich entscheidet – bis hin zur Art und Weise, wie wir miteinander umgehen und kommunizieren. Alles zusammen hilft uns, das, was wir tun, verständlich zu machen – und, in einer großen Organisation auch nicht ganz unwichtig, selbst zu verstehen, was wir alles können und machen. Beim Transformationsprozess der IBM in Deutschland haben wir uns an den Erkenntnissen des Mentors der Organisationskulturlehre, des aus der Schweiz stammenden, amerikanischen Organisationspsychologen Edgar Schein, orientiert.

Sein »Kulturebenenmodell« gibt wesentliche Antworten auf die Frage, wie eine komplexe Organisation beschaffen sein muss, die die Feststellung »So machen wir das hier« ohne Missverständnisse treffen kann. Was ist es, das die IBM in Deutschland zu One IBM macht? Welche Kultur brauchen wir dafür? Was ist die Grundlage dieser Kultur? Alles Leben basiert auf einem Biomolekül namens Desoxyribonukleinsäure, kurz DNS. Aber auch jede Organisation hat eine kulturelle DNS (engl. DNA), die »Cultural DNA«, wie Edgar Schein das nennt. Sie ist ein unverwechselbarer Kulturcode, der aus Werten, Normen und Grundannahmen besteht, die von den Mitgliedern einer Gruppe – also auch eines Unternehmens – geteilt werden. Sie macht im Übrigen auch die Sichtbarkeit nach außen hin aus.

Das Kulturebenenmodell ist Edgar Scheins wichtigste Arbeit. Es beschreibt die Wahrnehmbarkeit von Organisationen und ihren Teilen. Kultur, sagt Edgar Schein, ist eine Anzahl von Grundannahmen, die sich in einer Gruppe aus Lerneffekten und Erfahrung herausgebildet haben. Es sind Verhaltensmuster, die sich bewährt haben und die auch an neue Mitglieder einer Gruppe weitergegeben werden. Wie aber tritt diese Kultur zutage, wie bemerkt man sie? Es gibt, sagt Schein, drei Ebenen, die sozusagen von der Oberfläche, der Außenwahrnehmung, nach innen vorrücken.

Wie sieht unsere Kultur aus? Die 1. Ebene

Ebene 1 – die Oberfläche – bündelt alles, was man auf den ersten Blick wahrnehmen kann, die Welt der Artefakte, also die Welt dessen, was wir machen und als Dienstleistung oder Produkt anbieten. Es sind die sichtbaren Verhaltensweisen, die auf dieser Ebene der Kultur auftreten. Wie reden die Mitarbeiter der IBM mit Kunden und Kollegen? Gibt es einen Dresscode (nein, aber früher trugen IBM Mitarbeiter gerne mal blaue Anzüge …), welches Logo verwenden wir (das blaue IBM Logo, für das wir vor vielen Jahrzehnten den Spitznamen »Big Blue« bekommen haben)? Wie sehen unsere Bürogebäude aus, wo liegen sie, wie arbeiten wir (mal von zu Hause, in Gemeinschaftsbüros …) und kann ein Mitarbeiter mit seinem Manager kurzfristig ein Problem persönlich besprechen (die Politik der »offenen Tür« – ja natürlich, wann immer das geht …)? Diese Kultur-»Oberfläche« ist für alle sichtbar, innen wie außen, offen und transparent. Jeder sieht und merkt: So machen die das, so sehen die aus. Aber es ist nicht alles, unter dieser Schicht liegt eine weitere, wichtige Ebene.

Wie wollen wir, dass unsere Kultur aussieht? Die 2. Ebene

Ebene 2, die Edgar Schein als den Komplex der Gefühle beschreibt, umfasst die »Dinge, wie sie sein sollen«, also das, was das Unternehmen über sich selbst sagt oder glaubt. Es sind die kollektiven Werte, zu denen etwa Freundlichkeit, Aufrichtigkeit und Ehrlichkeit zählen, die sich hier finden – die ganze Palette von Einstellungen, die das Verhalten der Mitarbeiter in der Organisation ausmachen. Und natürlich die IBM Werte, die wir uns 2003 im Werte-Jam gegeben haben und die als Orientierung für unser tägliches Handeln wirken. Wie verhält sich eine Führungskraft, wenn ein Mitarbeiter eine gute Idee hat – oder ein Problem auftritt, das Unterstützung verlangt? Dazu gibt es festgehaltene Führungsprinzipien. Wie machen wir Geschäfte? Dazu haben wir Business Conduct Guidelines, die beschreiben, wie wir unsere Geschäfte gestalten. All das beschreibt, wie wir sein sollen und wollen. Wie stehen wir zur Frage, ob wir uns verändern sollen oder müssen? Wie verhalten wir uns also »richtig und falsch« in unserer Kultur?

Das unbewusste Fundament. Die 3. Ebene

Dann wäre da noch die 3. Ebene. Hier liegen die Grundannahmen, also alles, was ganz alltäglich und selbstverständlich passiert – und was wir weder bewusst hinterfragen noch diskutieren. Die Grundannahmen sind alles, was uns »in Fleisch und Blut übergegangen« ist. Es ist gar nicht so schwer zu sehen, wo die eigentliche Kernarbeit der Veränderung liegt. Die oberste Ebene, die Oberfläche, ist die, auf der man schnell und klar Veränderungen anzeigen kann. Es gibt in der IBM in Deutschland nun nicht mehr viele Einzelgesellschaften mit fantasievollen Namen, sondere eine IBM in Deutschland, One IBM. Die einmal definierten Leitwerte gelten für alle. Veränderung ist hier organisierbar, man kann sie managen.

Auf der Ebene 2 wird das schon etwas komplizierter. Was Menschen fühlen, ist nicht unbedingt das, was sie sagen – und das hat nichts mit Intransparenz oder gar Unehrlichkeit zu tun. Manche Entscheidung, die der Einzelne rational mittragen kann, die vernünftig ist und im Sinn des Ganzen, kann auf der Gefühlsebene durchaus Widersprüche und Ablehnung hervorrufen. Veränderung beispielsweise gehört dazu – denn sie bedeutet immer auch einen Mehraufwand, ganz gleich, wie groß der für den Einzelnen auch ausfällt. Immerhin kann eine Unternehmenskultur hier durch Gespräche, Diskurse, durch das klare Aufzeigen von Zielen und Schritten dorthin auf die Gefühle einwirken – und manchen Knoten lösen.

Richtig schwierig wird es auf Ebene 3. Denn hier »tun wir etwas«, was uns eigentlich gar nicht bewusst ist – oder wir uns wenigstens nicht täglich bewusst machen. Es sind Grundannahmen, die nicht in Zweifel gezogen werden. Das macht sie aber auch zum Risiko. Denn diese Ebene bildet das Fundament, hier liegt die DNA – und hier entscheidet sich, ob Veränderung etwas ist, womit wir täglich leben, oder ob wir Transformation als Leidensweg begreifen.

»Früher gab es beispielsweise so eine Basisannahme, über die man gar nicht groß geredet hat in der IBM, die lautete: Wenn ich zur IBM gehe, dann bleibe ich mein Leben lang bei der IBM. Da wurde man beschützt auch ohne Bewertung des Beitrages, den man zur Erreichung der Abteilungsziele gebracht hat. Diese Einschätzung wurde durch konkretes Verhalten des Managements unterstützt. Und heute reden wir von einer High Performance Culture, wir haben also sehr ausdrücklich den Anspruch an unsere Kollegen, dass jeder jederzeit sein Bestes gibt. Und das hat eine Konsequenz, nämlich dass ich mich ständig verändere, weil sich der Rest auch verändert in der Welt. Der Großteil der IBMer hat das mittlerweile verinnerlicht – aber das war kein leichter Prozess. Sie werden heute in der IBM nicht glücklich, wenn Sie nicht bereit sind, sich zu entwickeln und sich damit auch ein Stück weit zu verändern. Stillstand ist für einen IBMer keine Option.« Michael Woydich, Branch Vice President Retail, Consumer Products & Life Science, IBM Deutschland

An welcher Ebene kann man nun ansetzen, um die Kultur zu verändern? Wo greift Transformation? Nicht an den untersten

Ebenen, die gleichsam die heikelsten sind, denn diese Kultur entwickelt sich permanent. Man kann nicht direkt in etwas eingreifen, worüber Menschen gar nicht nachdenken. Aber man kann sehr wohl dafür sorgen, dass Prozesse und Leitlinien in Gang kommen, die das unbewusste Verhalten, das alltägliche, gar nicht mehr reflektierte, letztlich beeinflussen und damit dafür sorgen, dass Veränderung vorankommt.

»Was Sie natürlich in der Hand haben, ist, wenn Sie klar und deutlich beschreiben, was Sie haben wollen. Ich nenne das mal einen propagierten Wert, da befinden wir uns auf der zweiten Ebene – und dann kommt es darauf an, ob man sich als Einzelner auch auf der ersten Ebene so verhält, dass das, was man tut, zu den propagierten Werten passt. Und wenn das passiert, wenn erste und zweite Ebene übereinstimmen, sich nicht widersprechen, dann wirkt sich das irgendwann auch auf die Basisannahme aus.« Katrin Schöpf, Führungskräfte-Entwicklung, IBM Deutschland

Das führt uns zur Frage: Was kann man an diesen Prozessen bewusst steuern und planen, organisieren und managen? Wir werden sehen: eine ganze Menge. Veränderung ist kein Schicksal.

5. Kapitel

Das Große und Ganze. Integration im globalen Verbund

Vielfalt löst Probleme. Das ist eine der Erkenntnisse der Transformation. Doch Vielfalt allein nützt wenig, wenn sie nicht erkennbar, nicht navigierbar ist – weder für Kunden noch für die Organisation selbst. Integration verschafft der Vielfalt wieder Sinn und Klarheit. Integration schafft Identität. Das ist gut für qualifizierte Mitarbeiter, die ihr Wissen und ihren Wert kennen – die ihre Employability entwickelt haben. Und es ist gut für den Standort Deutschland, der zeigt, wie man durch Integration sein Profil im globalen Wettbewerb stärkt.

In diesem Kapitel geht es um Integration und die Menschen, die sie betreiben. Wie arbeitet man in einem global integrierten Unternehmen, ohne dabei seine Identität zu verlieren? Kann man gleichzeitig Teil eines weltweiten Netzwerks sein und dabei doch ganz spezifische Fähigkeiten bewahren – oder sie sogar ausbauen? Was ist die Rolle der IBM in Deutschland in der großen IBM? Und vor allen Dingen: Was heißt es, IBMer zu sein? Wie wird man das eigentlich?

Mehr oder weniger oder: Sind Kanonenboote wirklich besser als Tanker?

Im Frühjahr 1994, knapp ein Jahr nach der Übernahme des CEO-Amtes bei der IBM, gab Louis V. Gerstner junior dem Hamburger Nachrichtenmagazin *Der Spiegel* ein interessantes Interview. Damals ging es – wie in den meisten Gesprächen, die Gerstner mit den Medien führte – schlicht um die Frage, wie lange IBM noch durchhalten könne. Ob es eine Chance gäbe, wieder schwarze Zahlen zu schreiben. Die meisten Journalisten – und Branchenexperten – hielten es damals für goldrichtig, große Organisationen in möglichst viele kleine Teile zu zerlegen. Dezentralisierung war das Schlagwort des Jahrzehnts. Überall kursierte das Bild vom »großen, trägen Schlachtschiff«, das von »kleinen, wendigen Kanonenbooten attackiert« würde. Größe war out. Und war die IBM – so, wie sie sich damals zeigte – nicht der schlagende Beweis dafür, dass es nicht klappen konnte? Galt für Unternehmen etwa auch das, was für Sterne gilt? Wenn sie zu groß, zu massereich werden, klappen sie zusammen und implodieren. Damals herrschte die These, dass sich Organisationen ab einer bestimmten Größe überhaupt nicht mehr managen lassen konnten. Außerdem glaubte jeder daran, dass kleine Computer (PCs) besser sind als große Computer.

Diese Logik hatte auch Folgen für die Ausgestaltung von Organisationen. Weltweit tätige Unternehmen hatten sich zunächst als straffe internationale Einheiten aufgestellt, mit Filialen, die genau das abarbeiteten, was man in der Zentrale vorgab. Dabei war aber offensichtlich geworden, dass auf die kulturellen Unterschiede zwischen den Ländern zu wenig Rücksicht genommen werden konnte. Das führte allmählich zur Ausbildung sogenannter multinationaler Konzerne, deren Wesen darin besteht, eine Vielzahl an eigenständigen Tochtergesellschaften rund um eine – tendenziell weniger einflussreiche – Firmenzentrale zu gruppieren. Der Vorteil dieser Struktur gegenüber dem zentralen Konzept des internationalen Konzerns liegt auf der Hand: Die Tochtergesellschaften können sich sehr spezifisch mit den Eigenheiten ihrer nationalen (oder sprachlich eingegrenzten) Märkte beschäftigen. Allerdings verlieren sie zunehmend auch den Anschluss an das Ganze und – weil nationale Grenzen heute erfreulicherweise durchlässig sind – treten fast naturgemäß als Mitbewerber ihrer Schwestergesellschaften in anderen Nationen auf. Das multinationale Konzept nimmt zu wenig Rücksicht auf Vernetzung und

Integration. Es nutzt die Möglichkeiten großer Verbünde nicht. Eine gemeinsame Identität ist nur mehr vage festzustellen. An diesem Punkt befand sich die IBM, als Louis V. Gerstner junior die Geschäfte übernahm. Immer wieder wurde er nach der richtigen Organisationsform für die neue IBM gefragt, so eben auch im *Spiegel* – und er hat eine sehr spannende Antwort gegeben:

»Ich glaube auch nicht, dass wir jemals eine einfache Methode für die Organisation der IBM finden. Als Antwort auf die Geschwindigkeit, mit der sich unsere Branche verändert, brauchen wir eine Struktur, die sich ständig weiterentwickelt. Da ist eine dezentrale Organisation hilfreich. Aber wir brauchen auch eine horizontale Koordination, wenn wir unsere Technologie über verschiedene Einsatzbereiche hinweg besser als jeder andere weiterentwickeln wollen.«

Auch unsere Transformationsinitiative der IBM in Deutschland folgt diesen Einsichten. One IBM – das wird möglicherweise heute immer noch als »zentralistisch« missverstanden. Das ist es aber nicht. Die IBM setzt weder auf den einen noch auf den anderen alten Weg. Also weder auf die Vorstellung, dass kleiner gleich besser ist, noch darauf, dass eine Organisation mit so vielen Mitarbeitern und einem so breiten Leistungsangebot zentral gesteuert werden könnte. Beide Ideen haben sich überholt. Integration ist anders. Es geht uns hier nicht darum, die Organisationsstrukturen der IBM, die mit der richtigen Mischung aus Einheit und Vielfalt über Jahre hindurch entwickelt wurden, zu preisen. Aber sie sind, denken wir, der Zeit so angepasst, so logisch und berücksichtigen die Umstände, unter denen wir alle global wirtschaften, so nachdrücklich, dass es sich lohnt, über den Begriff der Integration nochmals tiefer nachzudenken.

Offen, modular und vernetzt

Was verstehen wir denn unter einem global integrierten Unternehmen? Der erste Teil ist noch relativ einfach. Global – das heißt eben auf der ganzen Welt tätig. Aber das wären »alte« Multis auch, die mit einer »Zentrale« und vielen – weitgehend unabhängigen – Landesgesellschaften agieren. Das Modell kennen wir gut – es führte zumindest in unserer Vergangenheit dazu, dass sich die Ableger des Zentrums untereinander missverstanden und sich sogar gegenseitig Konkurrenz machten. Das ist wenig sinnvoll. Nützlich wird das »global tätig« eben erst mit dem Zusatz »integriert«. Und das bedeutet, dass die ganze Organisation – also alle rund 400 000 IBMer – in einer vernetzten Organisationsform arbeiten. Ganz gleich, wo auf der Welt ein Kunde eine Problemlösung sucht, wir wissen, wo unsere Expertinnen und Experten sitzen. Möglich wird das, wenn das, was wir tun, hochgradig vernetzt geschieht. Die linke Hand muss wissen, was die rechte Hand tut. Dazu bedarf es offener und transparenter, nicht restriktiver Kommunikation.

Und es ist wichtig, dass die Leistungen, die wir in diesem integrierten Netzwerk erbringen, modular abrufbar sind. Dazu muss es Standards geben. Ohne die Standardisierung, beispielsweise von Prozessen, wäre es unmöglich, die Vielzahl an Kombinationen, die wir für die Problemlösung einsetzen, tatsächlich auch abrufen zu können.

Integration bedeutet, im globalen Konzert Noten lesen zu können. Der Sound der Transformation

Wir haben Ihnen zu Beginn dieses Buches etwas versprochen: Das, was wir für unsere Transformation getan haben, kann auch Ihnen bei Ihrer Veränderungsarbeit helfen. Beim Thema Integration wird das sehr klar. Denn Unternehmen sind heute – und zunehmend unabhängig von der reinen Mitarbeiterstärke – so komplex geworden, dass Problemstellungen nur mehr integriert gelöst werden können.

Viele Abteilungen mit vielen Projekten und Spezialisten, die sich untereinander irgendwie verstehen müssen, sind entstanden, das meist auch noch auf globaler Ebene. Das ist ein wenig wie in einem Orchester. Jeder Musiker, der Spezialist ist, beherrscht sein Instrument virtuos. Aber das reicht noch lange nicht aus, um eine Symphonie spielen zu können. Erst durch die Integration, die Bündelung und Zielausrichtung der Experten entsteht ein großer, harmonischer Klang.

Das gilt heute nicht mehr nur für Konzerne, sondern ebenso gut und immer öfter für Mittelständler und kleine Unternehmen, die die Möglichkeiten des globalen Netzwerks für ihre Produkte und Dienstleistungen nutzen. Wir erinnern uns an die These von Thomas Friedman: »Die Welt ist flach« – jeder, der eine Idee hat, spielt heute im globalen Konzert mit. Und jeder muss sich den Anforderungen dieses Konzerts stellen. Er muss Noten lesen können. Genau das ist die Aufgabe der Integration.

Wir verstehen sie als systematische Übersetzungs- und Orientierungsleistung für unsere Kunden – wie auch für uns selbst. Integrierende Prozesse und Methoden sorgen für Zugänge und Möglichkeiten – man weiß also, wo oder zu welcher Gelegenheit man eine Lösung oder einen Ansatz zu einer Lösung findet.

Der lateinische Begriff integrare bedeutet so viel wie »wiederherstellen«, und zwar »das Ganze wiederherstellen«. Die Integration macht aus einer Reihe von Teilen, Bereichen und Modulen etwas sinnvolles Ganzes, eine komplette Lösung. Man könnte auch sagen: Die Integration kombiniert Teile zu einem Sinn, der sich klar und konturiert erschließt – und den die Menschen gemeinsam in der Integrationsarbeit entwickeln, auf der Basis der gemeinsamen Werte und mittels Prozessen und Methoden, neuen und bewährten, die dabei helfen, Konflikte bei der Integration zu erkennen und zu überwinden.

Damit gehört die Integrationsarbeit zu den wichtigsten Abschnitten der Transformation überhaupt. Denn was geschieht durch Veränderung?

Bestehende Vorstellungen, Kulturen, Haltungen, Prozesse, Modelle und Verfahren werden geändert, teils indem sie modifiziert und verbessert werden, viel stärker aber noch neu erfunden. Wenn die Teile neu sind, verändert sich auch ihre Summe – das ist bei Organisationen, in Kulturen, bei Produkten und Dienstleistungen nicht anders als bei einer simplen Rechenaufgabe. Und genauso, wie man bei einer Rechenaufgabe nachsehen kann, welche Parameter sich wie verändert haben, kann man das auch bei der Integration tun. Die Integration hilft der Organisation, den einzelnen Mitarbeitern, den Geschäftspartnern und selbstverständlich dem Kunden, zu verstehen, woher wir kommen, wo wir stehen und wohin wir gehen. Wer sind wir? Was tun wir? Und natürlich, wir erinnern uns an die Ausführungen zum Thema Unternehmens- und Organisationskultur im vorhergehenden Kapitel, das klare Identifizieren des so wichtigen »So machen wir das hier«.

Kooperation – der Transmissionsriemen der Veränderung

Integration folgt einer alten Beraterweisheit: Wenn Ihr Unternehmen wüsste, was es alles weiß! Je komplexer wir arbeiten, desto richtiger wird diese Feststellung. Wir haben uns zuvor mit der Frage der Zuständigkeiten beschäftigt – und wie durch eine Öffnung dieses Begriffes mehr Effizienz und Treffsicherheit bei der Problemlösung für Kunden entsteht. Genau darum geht es auch – gute Integrationsarbeit stellt sicher, dass erstens Komplexität in einem richtigen Maß reduziert wird, ohne dabei Wesentliches wegzulassen. Es geht außerdem darum, die besten Leute für die Problemlösungen zusammenzubringen. Das geschieht durch eine möglichst transparente interne Diskussion, die – vereinfacht gesagt – nach dem Motto »Hat da jemand eine Idee, wie wir das besser machen könnten?« funktioniert. Das stellt übrigens persönliche Kenntnisse oder vorhandene strukturelle Kompetenzen in keiner Weise infrage. Es ergänzt sie (denken wir an Unternehmens-Wikis, Jams und ähnliche Instrumente, die Sie bereits kennengelernt haben).

Integration ist nötig, weil man sonst sein wichtigstes Kapital verliert: Wissen. Wissen wird in Organisationen immer wieder übersehen, und zwar mit einer gefährlichen Konsequenz. Wem es nicht gelingt, durch die Veränderung der Kultur und der Kommunikationsformen die »Abbaugebiete« für diesen wichtigsten »Rohstoff« des 21. Jahrhunderts zu erweitern, wird in seiner Veränderungsarbeit scheitern. Natürlich weiß ein Unternehmen im Großen und Ganzen, welche Spezialisten und Experten an Bord sind. Für den ersten Überblick hat das lange gereicht. Doch erst wenn sich durch anhaltende Kommunikation und Kooperation zwischen den Experten eine integrative Kultur entwickelt hat, wird daraus eine umfassende Lösung und ein echter Vorteil am Markt.

Das ist der in unserer Unternehmensgeschichte und in diesem Buch immer wiederkehrende Kammerton: Wer verändert, ohne dass am Ende die Kontur und Klarheit dessen, was die Organisation tut, unmissverständlich zutage tritt, hat zwar alte, nicht funktionierende Strukturen aufgelöst, ist aber auf halbem Wege stehen geblieben. Transformation hat etwas von der unternehmerischen Urkraft, die der Ökonom Joseph Schumpeter »schöpferische Zerstörung« nannte.

Das ist weniger martialisch, als man vermuten könnte. Es geht einfach darum, alte, nicht mehr zeitgemäße Strukturen ernsthaft und mit Konsequenz durch neue und bessere Lösungen zu ersetzen – was im äußersten Fall eben jenen Paradigmenwechsel ergibt, von dem im vorhergehenden Kapitel die Rede war. Bei uns ist das die Entkoppelung von Spezialisierung und Prozess. Wie im Orchester gibt es verschiedene Gruppen von Instrumenten, die Streicher, das Blech und die Schlaginstrumente. Sie teilen das Verständnis für die Besonderheiten ihrer Instrumente. Sie proben zusammen und sind für den ganz eigenen Klang ihrer Gruppe verantwortlich. Für ein Konzert wird die Besetzung flexibel festgelegt – nicht immer braucht es das »große Orchester«, manchmal wünscht sich der Kunde nur ein Streichquartett, und nicht immer ist jeder verfügbar. Das sind bei uns die Prinzipien der »Specialized Enterprise«. Die Teams bündeln und vermehren marktfähig das Know-how, was in den Prozessen zum Kunden zusammengeführt wird. Das Unternehmen erfindet sich selbst, ist hochflexibel und gleichzeitig sind die Organisationen stabil und strahlen Ruhe aus. Nur so können sie ihr Know-how den Erfordernissen des Marktes anpassen – und nur so hat das Unternehmen den Schlüssel für nachhaltigen Erfolg in der Hand. Denn das Orchester spielt ja nicht für sich selbst. Es spielt für den Zuhörer, den Kunden. Hier zeigt sich dann, ob aus Vielheit eine Einheit geworden ist.

Hier greifen wir ein wenig vorweg auf das, was Sie im nächsten Kapitel erwartet. Führungskräfte spielen die Rolle von Dirigenten, dafür werden sie bezahlt. Es ist ihr Job, das richtige Tempo (Takt, Zeit und Ziel) und die richtige Lautstärke (Energie, Einsatz und Effizienz) sicherzustellen. Es ist überdies ihre Aufgabe, all das und noch viel mehr an technischen Details und Wissen der Mitarbeiter so zu koordinieren, dass daraus ein harmonischer Klang entsteht, dem man gerne zuhört. All das ist nichts Magisches, sondern Handwerk. Eine der wichtigsten Aufgaben einer Führungskraft besteht heute – und in Zeiten der Transformation ganz besonders – nicht allein darin, eine Symphonie nach Noten möglichst originalgetreu erklingen zu lassen. Es geht um die maximal neue, verbesserte Interpretation eines Originals, wobei die Grenzen zwischen Darbietung und Neukomposition fließend sind. Der Dirigent muss wissen, was seine Leute können – und mehr noch, er muss dieses Können im Detail beim Spieler – wie im Ganzen, beim Orchester – fordern, damit es auf ein neues Level, einen neuen Standard kommt. Und der Einzelne, der Spezialist, der Spieler muss dabei einen Rahmen erhalten, in dem Kooperation Sinn ergibt. Zusammenarbeit ist wesentlich, um Wissen wirklich wertvoll zu machen – wir haben bereits darüber gesprochen.

In unserer Smarter-Planet-Initiative, die wir Ihnen in einem eigenen Kapitel vorstellen wollen, geht es um die gelebte Praxis der Integration und Kooperation. Bei Themen wie Energieversorgung, Stadtentwicklung und Gesundheit – um nur einige zu nennen – ist die Fähigkeit, Experten zu integrieren und das Ergebnis dieser Kooperation in Wissen umzusetzen, eine wesentliche Fähigkeit. Wer selbst als Integrator arbeitet, ist in solchen Fragen geübter. Integration bedeutet in der Wissensgesellschaft einfach, die richtigen Leute zur richtigen Zeit am richtigen Ort zur richtigen Lösung zusammenzubringen. Nun arbeiten bei der IBM in Deutschland 21 500 Menschen – und davon ist gut die Hälfte seit weniger als fünf Jahren bei uns. Die Kollegen kommen aus Dutzenden Ländern und Kulturen, aus Unternehmen wie der PwC Consulting oder Cognos, die heute Teil der IBM sind.

Mitarbeiter. Wie man IBMer wird. Und wie man IBMer bleibt

Wer die IBM in den alten Zeiten erlebt hat, der kennt sie alle, die Geschichten, die rund um die Mitarbeiter des größten IT-Konzerns der Welt kursierten, die Mythen, Legenden und – ja, auch das – einige Wahrheiten über das Selbstverständnis, das man hatte, wenn man sagte: Ich bin bei der IBM. Der italienische Schriftsteller Luciano De Crescenzo arbeitete bis Mitte der 1970er-Jahre selbst als leitender Ingenieur bei der IBM – und erfreute seine Leser mit sehr plastischen Geschichten darüber, wie die Größe beispielsweise eines Gummibaums, der zur Zimmerausstattung von IBM Managern gehörte, für die Rangordnung seines Besitzers in der Unternehmenshierarchie stand.

Über manche früher verbreiteten Kultureigenheiten von »Big Blue« haben sich auch höchste Führungskräfte amüsiert. Blaue Anzüge und weiße Hemden mit passenden Krawatten schienen eine Zeit lang zur Grundausstattung männlicher IBMer zu gehören – das war so auffällig, dass selbst Thomas J. Watson junior in seiner Autobiografie *Father, Son & Co.* das anmerkte – und für eine Lockerung der Kleiderordnung plädierte. Ähnliche Erfahrungen gab auch Louis V. Gerstner junior in seinem Buch *Wer sagt, Elefanten können nicht tanzen?* wieder, etwa wenn es um die Hemdfarben bei Management-Meetings ging. Und dass Lage und Ausstattung der Büros früher die Rolle in der Firma widerspiegelten, hat Ihnen Martina Fiddrich im Kapitel 4 schon erzählt. Das war mal. Heute würde niemand mehr, der eine IBM Niederlassung besucht, solche Statussymbole erkennen können. Es gibt sie nicht mehr. Die Motivation eines IBMers ist heute der Erfolg seiner Kunden. Darauf, und auf die Möglichkeit, in spannenden Projekten zu arbeiten und dazuzulernen, sind wir stolz – nicht auf Büroeinrichtungen, Vorzimmer oder Firmenwagen. Das liegt am tief greifenden Kulturwandel bei uns – der wiederum eine Folge der Veränderungen der Ansprüche von Kunden und Mitarbeitern ist. Mit diesem wichtigen Kapital, den Menschen, die bei uns arbeiten, wollen wir uns eingehender beschäftigen.

In der IBM wurde von jeher auf fachliches Know-how und eine hohe Qualifikation gesetzt. Fleißige und intelligente Mitarbeiter, die wissen, was sie tun und warum sie es tun, sucht aber jedes Unternehmen. Bei uns werden diese Tugenden vorausgesetzt. Sie allein sind noch kein Garant dafür, in der IBM Erfolg zu haben. Wir erwarten heute mehr.

»Jedes Jahr schließen Gymnasiasten ihre Schullaufbahn mit dem Abitur ab. Danach erreichen uns immer wieder Briefe oder Anrufe von empörten Schulleitern oder Eltern. Sie teilen ihr Unverständnis darüber mit, dass die beste Abiturientin oder der beste Abiturient eine Absage von IBM auf deren Bewerbung erhielt. Mit 1,0 wurde das Abitur

abgeschlossen, Ehrungen und Preise folgten. Mit der Absage bricht für manche eine Welt zusammen. Wissenschaftliche Untersuchungen und IBM Studien belegen jedoch, dass Schüler und Studenten zu wenig auf die Anforderungen des heutigen Berufslebens in der Wirtschaft vorbereitet werden. Anders als noch vor zwei Jahrzehnten lässt sich heute nur noch ein schwacher Zusammenhang zwischen schulischem Erfolg und beruflichem Erfolg nachweisen. Schulnoten haben also immer weniger Aussagekraft über den späteren beruflichen Erfolg in der beruflichen Praxis. Der Korrelationskoeffizient – die statistische Größe, mit der ein solcher Zusammenhang gemessen wird – war in den 1980er-Jahren noch etwa doppelt so hoch wie heute.

Warum sind gute Schulabschlüsse für den Erfolg im Berufsleben in verhältnismäßig kurzer Zeit so irrelevant geworden? Verkürzt formuliert lautet die Antwort: Weil die Wirtschaft und ihre Arbeitswelt einen gravierenden Wandel durchlaufen haben und durchlaufen. Globalisierung, Informationstechnik, Teamarbeit und die Abkehr vom tayloristischen Modell sind einige Stichworte dafür, wie einschneidend sich die Arbeitswelt geändert hat. Natürlich sind gute Schulzeugnisse auch weiterhin wichtig. Aber: Eine solide fachliche Ausbildung ist nur noch eine notwendige, keineswegs aber eine hinreichende Voraussetzung für beruflichen Erfolg. Erfolgreiche Fachkräfte der Zukunft müssen vielmehr umfassendere Handlungskompetenz erwerben, um später in der Arbeitswelt unerwartete, unvertraute und umfassende Probleme bewältigen zu können. Handlungskompetenz erwächst jedoch aus dem Zusammenspiel von Fachwissen mit Motiven, Interessen, Werten, Einstellungen und Persönlichkeitsmerkmalen.« Dieter Scholz, Geschäftsführer Personal, IBM Deutschland

Veränderungsbereitschaft, eine positive Einstellung zu ständiger Erneuerung und die Bereitschaft, bisher Gedachtes neu zu denken, Selbständigkeit und Verantwortungsbewusstsein sind – das wurde in diesem Buch schon an vielen Stellen deutlich – essenziell. Auch eine hohe Leistungsbereitschaft, selbstverständlich. Mitarbeiter der IBM verstehen schwierige Situationen idealerweise nicht als bedrückend und einschüchternd, sondern als Herausforderung, die sie zu Höchstleistungen anspornt. Sie suchen aktiv

Chancen. Sie zeigen Ausdauer und konzentrieren sich auf das, was wichtig ist. Auch wenn sie keine Führungskräfte sind, inspirieren sie dennoch andere mit ihrer positiven Einstellung und Zuversicht.

....

»Seit ich bei der IBM in Deutschland bin, hat es immer kontinuierliche Veränderungen gegeben. Ich habe das selbst erlebt. Im Mai 2002 bin ich bei IBM gestartet, nach vier Monaten kam der Wechsel in die Tochtergesellschaft – die IBM Unternehmensberatung –, und noch mal vier Monate später bin ich im Zuge des Mergers mit PwC Consulting wieder ›zurückintegriert‹ worden. Damit hatte ich anfangs schon zu kämpfen. Heute sage ich, das war das Beste, was mir passieren konnte, weil ich in dieser Zeit extrem viel gelernt habe. Mit der Zeit wird die Veränderung ganz normal. Wir haben ein offenes Klima, es ist möglich, auf jede Ebene zuzugehen, die Türen stehen offen. Und niemand sagt: Mit dir spreche ich nicht – du bist doch erst zwei Monate in der Firma. So etwas gibt es hier nicht. Und das ist für mich sehr typisch für die IBM.

In den vergangenen Jahren habe ich dann das Unternehmen immer so erlebt, dass jeder einzelne Mitarbeiter in diesem Unternehmen etwas bewegen kann. Voraussetzung sind dafür Eigeninitiative, aktives Vorgehen und Engagement. Und auch hier stehen die Türen offen – entweder in der eigenen Hierarchie oder auch links und rechts in der Organisation. Aus der eigenen Erfahrung kann ich sagen, es ist schön zu sehen, wenn es einem gelingt, zu gestalten. Natürlich kannst du dann aber nicht erwarten, dass die Informationen zu dir kommen – immer aus einer Richtung. Das ist ein Geben und ein Nehmen.

Jeder Kollege, der zwei, drei Jahre bei der IBM in Deutschland arbeitet, weiß, dass sich die Dinge verändern und er ein Teil davon ist. Das Bewusstsein, der Wille, das auch zu tragen, ist größer als in den meisten anderen Unternehmen. Wir als IBM haben hier aufgrund unserer Historie und unserer andauernden Veränderungsarbeit einen Vorsprung. Die Veränderung wird zur Normalität. Das ist unsere Kultur. Dabei geht es dennoch immer wieder darum, jeden mitzunehmen, zu reden, zu überzeugen, zu zeigen, dass das ›große Ganze‹ einen Sinn hat.« Anja Kremer, Managing Consultant, Global Business Services, IBM Deutschland

IBM Mitarbeiter müssen aber auch verstanden haben, dass Fleiß alleine sie nicht weiterbringt. Bevor sie versuchen, etwas noch schneller, noch besser zu machen, treten sie einen Schritt zurück und fragen sich: Machen wir das noch richtig oder ginge es auch anders? Sie stellen ihre Werkzeuge infrage.

»Stellen Sie sich mal einen Trupp Waldarbeiter vor, die versuchen sollen, mehr Holz zu ernten. Man kann ihnen den Rat geben, ihre Sägen zu schärfen. Oder sich Motorsägen zuzulegen. Aber das, was ein Harvester, also eine vollautomatische Holzerntemaschine schafft, werden sie selbst mit den besten Motorsägen nicht schaffen. Verbrüdern sich die Waldarbeiter gegen den, der einen Harvester hat und ihn fahren kann? Oder unterstützen sie ihn und lernen dabei?« Werner Krebs-Fleischmann, Change Coach, IBM Deutschland

Bei der IBM setzen wir voraus, dass es zu keinen Waldarbeiter-aufständen kommt. Alles andere wäre natürlich auch für ein Unternehmen, das wie kein zweites für Fortschritt durch Hochtechnologie steht, absurd. Dennoch wissen wir, dass der Konflikt, den Werner Krebs-Fleischmann beschreibt, in allen Veränderungs-prozessen zu den wesentlichsten Erfolgskriterien gehört – nicht nur in Unternehmen, sondern natürlich auch in Gesellschaften. Es geht hier um die Frage, ob sich hoch qualifizierte Menschen der Veränderung gegenüber negativ, mit Abwehrhaltung, verhalten oder die Möglichkeiten und Chancen der Transformation für sich nutzen. Dabei gibt es immer Konflikte zwischen dem persönlichen Status quo und dem Weg nach vorn, den die Veränderung weist. Das ist eine alte Sache. Die ersten Industrieunternehmen mussten mit Maschinenstürmern fertigwerden, die ihre Existenz durch die Automaten bedroht sahen. Hier kochen Emotionen hoch. Es gibt nach wie vor genügend Menschen, die meinen, alles würde besser, wenn das Rad der Entwicklung zurückgedreht werden würde. Dafür gibt es keinen Beweis – aber unzählige für das Gegenteil. Bessere Technik, Automation und Prozessoptimierung haben, wie Innovationen aller Art, anfangs immer Verlierer und Gewinner gekannt. Verlierer waren in der Geschichte die, die nicht gelernt haben, Innovation aufzunehmen und für sich zu nutzen. Das hat, nicht immer, aber eben sehr oft, mit der Fähigkeit oder Unfähigkeit zu tun, sich selbst weiterzuentwickeln und zu lernen.

IBM Mitarbeiter müssen vernetzt und systemübergreifend denken können und auch selbst Netzwerke aufbauen – über Fachgebiete und kulturelle Grenzen hinweg. Sie handeln nicht als Individualisten, sondern gemeinsam und treffen zeitnahe und effektive Entscheidungen. Das erfordert auch eine Menge Risikobereitschaft, ohne dabei leichtsinnig zu werden. Und das bedeutet zunächst und vor allem anderen, in die Fähigkeiten anderer zu vertrauen und davon auszugehen, dass Partner positive Absichten hegen. Wenn sie bemerken, dass das Vertrauen schwindet, klären sie die Situation, anstatt den Kopf in den Sand zu stecken oder die Augen vor der Realität zu verschließen. Auch diese, manchmal unangenehme, Klärungsarbeit gehört zur Integration dazu. Wir legen großen Wert darauf, dass alle IBMer die Weiterentwicklung ihrer eigenen Fachkenntnisse und die ihrer Kollegen fördern. Es geht darum, anderen die Chance zu geben, sich in herausfordernden und bereichsübergreifenden Aufgaben zu bewähren und auch sich selbst solchen Herausforderungen zu stellen. Anders kann die Arbeit in einer solch komplexen Organisation gar nicht funktionieren. Man muss sich innerhalb dieser Komplexität bewegen und sie für sich nutzen können.

Wer mehr Erfahrung vorweisen kann als andere und ein Talent entdeckt hat, wird bei der IBM zum Coach, zum Mentor, der nicht nur sein eigenes Interesse sieht, sondern das des Unternehmens. Und:

»Integratoren, Übersetzer, Vermittler, Koordinatoren. Das sind die Menschen, die wir auch brauchen. Mitarbeiter, die in der Lage sind, unterschiedliche Subkulturen innerhalb unseres Unternehmens an einen Tisch zu bringen. Menschen, die ein breites und allgemeines Wissen

haben und wirklich komplex und vernetzt denken können. Damit meine ich keine Generalisten. Die Mitarbeiter, die bei uns erfolgreich sein wollen, sollen sich nicht aufführen wie Generäle. Sie sollen die Spezialisten und deren Stärken, aber auch deren Eigenheiten erkennen, verstehen, respektieren und gezielt einsetzen, um ein Problem umfassend und bestmöglich zu lösen.« Johannes Nagel, Sprecher der Geschäftsführung, BWI Systeme

Employability – warum auch Menschen einen Marktwert haben. Und warum das nicht schlecht ist, sondern ihnen nützt

Während es im Industriezeitalter darum ging, mit Rohstoffen und Energie effizient umzugehen und die Produktivität von Maschinen zu steigern, hängen Wirtschaftswachstum und Unternehmenserfolg, wir werden nicht müde, das zu wiederholen, zunehmend vom effizienten Umgang mit Informationen ab: von Informationsflüssen zwischen Menschen und im Menschen und damit von Fortschritten im Menschlichen. Wir haben schon lange erkannt: Top-»Hardware« alleine reicht nicht mehr aus. Auch die »Heartware« muss stimmen.

Eine Auftragszusage hängt entscheidend von der Beziehung zwischen Kunde und Auftragnehmer ab. Wichtiger denn je sind das Vertrauen zwischen Kunde und Auftragnehmer und innerhalb der Projektteams sowie Schnelligkeit und die Kompetenz der Mitarbeiter, die komplexe Aufträge nur noch gemeinsam gewinnen können. Der Mitarbeiter wird zu einem wichtigen Erfolgsfaktor von Unternehmen – zu einer »humanen Ressource«, zu »Humankapital«.

Halt, werden Sie jetzt vielleicht sagen. Der Begriff des Humankapitals wurde doch von der Gesellschaft für deutsche Sprache zum Unwort des Jahres 2004 erklärt? Bei der alljährlichen Suche nach dem Unwort des Jahres geht es darum, nachdrücklich auf

Wörter oder Formulierungen aus der öffentlichen Sprache hinzu-
weisen, die sachlich grob unangemessen sind und möglicherweise
sogar die Menschenwürde verletzen. Ist es angemessen, stimmt
das mit unseren Werten überhaupt überein, wenn wir von unseren Mitarbeitern als Humankapital sprechen? Darf man das? Reden wir mal darüber.

*»Es geht doch nicht darum, mit diesem Begriff einen Menschen herab-
zusetzen. Der Mensch soll nicht zu einer nur noch ökonomisch interes-
santen Größe degradiert werden. Ich verstehe Humankapital als Auf-
wertung, weil so die Mitarbeiterschaft wieder mehr in das Interesse des
Unternehmens rückt. Der Mitarbeiter ist ein zunehmend starker Erfolgsfaktor, deshalb sind gute Mitarbeiter auch unser Kapital. Das
steht leider nach wie vor in keiner klassischen Unternehmensbilanz,
aber darüber zu sprechen, welche Bedeutung die menschlichen Fähigkeiten als direkten Einfluss auf den Unternehmenserfolg haben, die
Menschen und die Mitarbeiterschaft aufzuwerten, ist doch eine gute
und richtige Sache. Aber für große Teile der Gesellschaft ist der Begriff
Humankapital ein Unwort.*

*In Bezug auf Employability rede ich auch gerne von einem Marktwert
der Mitarbeiter. Fragen wie diese klingen für viele erst einmal befremd-
lich: Kennen Sie Ihren Marktwert? Woran können Sie Ihren Marktwert
festmachen? Wie viele Headhunter-Anrufe haben Sie in den letzten
Monaten bekommen?*

*Mit diesen Fragen konfrontiert, zucken viele erst einmal zusammen
oder reagieren mit Unverständnis. Viele tun sich mit den genannten
Begrifflichkeiten schwer, insbesondere vor dem Hintergrund der Tradi-
tion des humboldtschen Bildungsideals. Da geht es um den Menschen
als Menschen, nicht um Marktwert und Kapital. Das ist ja nichts
Schlechtes und das eine schließt das andere auch nicht aus. Aber unser
Wirtschaftssystem unterliegt Wettbewerbsprinzipien. Ein Unternehmen
kann langfristig nur überleben, wenn es auch profitabel ist. Natürlich
stellt sich dabei auch die Frage nach dem Kapital. Gut, wenn Menschen
in dieser Betrachtung eine Rolle spielen. Denn ihnen nützt es ja auch.
Dabei ist aus Unternehmenssicht nicht zu vernachlässigen, dass auch
die Mitarbeiter ihr individuelles Humankapital nur in jene Unterneh-*

men investieren, die auch ihnen eine hohe persönliche Rendite bieten.«
Prof. Matthias Landmesser, Leiter Weiterbildung und Hochschul-
programme, IBM Deutschland

Den eigenen Marktwert fordern – und fördern

Unsere Mitarbeiter sollen mehr Eigenverantwortung zeigen –
auch das ist schon öfter in diesem Buch angeklungen. Ein hehres,
konsensfähiges Vorhaben. Eigenverantwortung klingt gut, die
Forderung danach führt zu automatischem Kopfnicken bei allen
Beteiligten. Das nur zu besprechen und abzunicken, reicht aber
wieder einmal nicht aus. Verbal-Transformatoren, vor denen wir
sie in diesem Buch schon öfter gewarnt haben, verwenden den
Begriff gerne. Aber was bedeutet denn Eigenverantwortung konkret?

*»Wir wollen den Mitarbeitern mehr Eigenverantwortung geben. Schön,
das sagen alle. Aber wofür sollen die Mitarbeiter denn verantwortlich
sein? Wir müssen ihnen da schon auch eine Richtung geben. Wenn wir
Eigenverantwortung verlangen, müssen wir uns umgekehrt auch daran
messen lassen, ob wir in der Lage sind, ihnen Orientierung zu geben.«*
Dieter Münk, Vice President Storage – Worldwide Business Development, IBM Client Care & Technical Support

Verantwortung für sich selbst zeigen, das bedeutet in einem Unternehmen auch, dafür zu sorgen, dass man alles dazu tut, um
weiterhin für das Unternehmen und dessen Kunden wertvoll zu
sein. Dazu gehört, dass man sein Wissen und seine Kompetenzen
nicht reaktiv, sondern vorausschauend überprüft und gegebenenfalls weiterentwickelt. Deshalb hat die IBM in Deutschland im
Jahr 2007 die Employability-Initiative ins Leben gerufen.
   Übersetzt wird der Begriff Employability mit Arbeitsmarkt-,
Beschäftigungs- oder Vermittlungsfähigkeit. Gemeint ist also die
Fähigkeit jedes Einzelnen, seine eigene Marktfähigkeit zu erhal-

ten, sogar auszubauen und sich durch eine Kompetenz von anderen zu differenzieren, die von seinen Kunden anerkannt wird. Für traditionell geprägte, veränderungsresistente Ohren klingt das hart. Heißt das denn nun, dass der Mitarbeiter gefälligst selbst dafür sorgen soll, dass er einen Job hat – und den auch erhalten kann? So oder ähnlich lauten die Polemiken gegen Employability-Vorhaben. Wir antworten darauf so: Der Erfolg eines Unternehmens ist der Erfolg seiner Mitarbeiter, ja. Und das bedeutet nun nicht, dass Führungskräfte sich aus der Verantwortung stehlen, Orientierung und Rahmen für diese Erfolge zur Verfügung zu stellen. Es hat aber auch nie bedeutet, dass Mitarbeiter nicht wie selbständige und verantwortungsvolle Erwachsene behandelt werden. Natürlich sorgen wir alle jeden Tag dafür, dass wir unsere Jobs erhalten, ja sogar verbessern und weiterentwickeln.

Gute Unternehmen, die verstanden haben, dass sie marktfähige Mitarbeiter brauchen, erkennen in der Regel auch, dass sie damit selbst eine ebenso große Verantwortung trifft. Sie können ihren Mitarbeitern nicht nur sagen, dass sie sich auf die Jobs der Zukunft vorbereiten sollen. Sie müssen ihnen dabei helfen, eine Vorstellung davon zu entwickeln, was zukünftig gefragt sein wird, und ihnen die Möglichkeit bieten, sich Erfahrungen, Fähigkeiten und Fertigkeiten anzueignen, um sich rechtzeitig in eine marktfähige Richtung zu entwickeln. Dass man hierzu Gespräche führt, sich einen persönlichen Karriereplan zusammen mit seinem Vorgesetzten erstellt, Schulungen besucht und auch daran gemessen wird, ist in vielen Unternehmen bereits Standard – zum Glück. Wir haben uns damit allein aber nicht zufriedengegeben.

»In den allermeisten Unternehmen werden Weiterbildungsthemen aus der Historie abgeleitet: Wir haben dort investiert, also machen wir einen Plan, der orientiert sich daran. Wir wollten neue Wege gehen. Wir wollten wissen, wo das Unternehmen in Zukunft hinwill. Deshalb haben wir einen strukturierten, systematischen Ansatz, die sogenannte Skill-Demand-Analyse, entwickelt. Wir haben Experten im Unterneh-

men gefragt, welche Wachstumsfelder wir in der globalen Strategie der IBM haben und vor allem welche im deutschen Markt. Wir haben Externe befragt, Hochschulen und Meinungsinstitute, und die Ergebnisse haben wir transparent gemacht. Das ist etwas, was bei den Mitbewerbern ein gewisses Staunen ausgelöst hat. Wir haben alles ins Intranet gestellt, nach Geschäftsfeldern sortiert, nach Jobprofilen und nach Fähigkeiten und Fertigkeiten. Unsere Mitarbeiter können sich diese Analyse jederzeit anschauen. Darin steht dann zum Beispiel: Dieser Geschäftsbereich wird schrumpfen. Der Mitarbeiter, der in einem solchen Bereich arbeitet, weiß, dass sich für ihn etwas ändern könnte. Wir erwarten, dass sich jeder Mitarbeiter mit dieser Thematik auseinandersetzt. Unsere Aufgabe in der Personalentwicklung ist es, dann auch ein entsprechendes Weiterbildungsangebot bereitzustellen. Das haben wir im Intranet übrigens auch deutlich gemacht mit entsprechenden Verlinkungen. Wenn der Mitarbeiter sich zu einem bestimmten Thema oder in Richtung eines neuen Jobprofils weiterentwickeln will und überlegt, welche Schulung dazu passen würde, bekommt er über einen Link die entsprechenden Angebote.« Michael Diemer, Geschäftsführer Global Technology Services, IBM Deutschland

Neben den klassischen internen Stellenausschreibungen ist eines dieser Angebote bereits seit 2006 das Skill Development Center (SDC), in dem Mitarbeiter unterstützt und auch geschult werden, wenn sie nach einer neuen beruflichen Perspektive innerhalb der IBM suchen. Es ist offen für alle Mitarbeiter im Konzern und kann auf freiwilliger Basis, in enger Abstimmung mit der zuständigen Führungskraft, genutzt werden. Da neben Fachkompetenz auch Soft Skills eine entscheidende Rolle spielen, werden diese im SDC ebenfalls gestärkt. Das Skill Development Center weiß, was in welchen Bereichen besonders gebraucht wird, kennt alle verfügbaren Positionen und unterhält ein enges Netzwerk mit allen Geschäftsbereichen und zu den Ausbildungspartnern. Jeder einzelne Mitarbeiter wird durch eine Führungskraft des SDC persönlich betreut und unterstützt. Die Maßnahmen zur Weiterentwicklung werden im Rahmen von Klassenraumschulungen, »E-Learning« sowie »Training on the Job« durchgeführt. Durchschnittlich betreut das SDC kontinuierlich bis zu zwei Prozent der deutschen Konzerngesellschaft über einen Zeitraum von drei Monaten bis zu einem Jahr.

》*Wir gehen mit dem Skill Development Center ausdrücklich nicht den Weg von sogenannten Auffang- oder Beschäftigungsgesellschaften, ab auf die grüne Wiese, für eine gewisse Zeit und fertig. Dort, wo es große Veränderungen geben wird, holen wir die Menschen heraus und entwickeln sie sehr gezielt für neue Aufgaben. Wir holen uns aber bewusst nicht die ins SDC, die über einen sehr langen Zeitraum immer nur schwache Beurteilungen hatten, sondern die, die wirklich wollen. Das ist auch wichtig für die Reputation dieses Centers, die muss man sich ja auch erst erarbeiten. Da gibt es viele Ängste: Große Güte, was passiert hier, ist das nicht doch eine Beschäftigungsgesellschaft ohne weitere Perspektive? Nein. Wir können sehr viele erfolgreiche Entwicklungen und sehr positive Referenzen nachweisen. Übrigens, für die, die nicht wollen oder nicht können, aus welchen Gründen auch immer, muss es auch nicht auf eine innere Kündigung hinauslaufen. Es gibt bei uns einen Katalog mit über 20 möglichen Maßnahmen, die wir zum Glück auch vor dem Beginn der Wirtschaftskrise alle schon entwickelt hatten: Ein Aufhebungsvertrag ist bei Weitem nicht die einzige Lösung, wenn ein Mitarbeiter mit seinem Profil nicht mehr zu uns passt und keinen anderen Job innerhalb der IBM haben will. Sabbaticals, Rausgehen auf Zeit mit einer Wiedereinstellungsgarantie – die ganze Fülle an Modellen wird bei uns angewendet.《* Eberhard Armbruster, Vice President, Integrated Technology Services, IBM Deutschland

Bildung, Bildung, Bildung. Ob sie sich lohnt, kann (und muss) man nachweisen

In Unternehmen wie in der Gesellschaft gibt es Themen, die konsensfähig sind. Die oben genannte Eigenverantwortung ist ein solcher Begriff. Auch die Einsicht, dass 》wir mehr Bildung brauchen《, teilen beinahe alle. Andererseits sind Weiterbildungsmaßnahmen in Zeiten knapper Kassen oft die erste Position, bei der

der Rotstift angesetzt wird. Denn Bildung und ihr Wert lassen sich nicht so einfach bestimmen wie beispielsweise Rohstofflager oder Anlagevermögen. Auch da sind sich die meisten schnell einig. Aber stimmt das denn auch? Kann man den Wert von Bildung wirklich nicht messen – und setzt man damit die Frage der Bildung einfach einer willkürlichen Interpretation aus?

»Wenn wir keine messbaren Ergebnisse vorweisen könnten, würden wir nicht so intensiv in Bildung investieren. Wenn ich nur subjektive Eindrücke, aber keine Fakten präsentieren könnte, wären Investitionen in einem solchen Ausmaß in einem amerikanisch geprägten Unternehmen nicht denkbar. Vertriebsschulungen beispielsweise – sie rechnen sich! Die Absolventen solcher Schulungen erarbeiten ein mehrere Prozentpunkte höheres Abschlussvolumen gegenüber einer Vergleichsgruppe. Projektmanager, die umfassend geschult und zertifiziert sind, haben wesentlich weniger Projekte, die nicht halten, was sie versprechen. Um das zu wissen, müssen die Schulungsprogramme schon in einer sehr frühen Phase so aufgesetzt werden, dass im Nachhinein auch wirklich eine Erfolgsmessung möglich ist.

Liegen solche harten Fakten nicht vor, unterliegen Bildungsinvestitionen in wirtschaftlich schwierigen Zeiten als Erstes dem Rotstift. Wenn der Kostenfaktor im Vordergrund steht, werden Aus- und Weiterbildungsbudgets gekürzt. Jeder eingesparte Dollar ist zunächst eins zu eins zusätzlicher Profit. Kurzfristig verbessert das die Bilanz, doch langfristig ist es ein fragwürdiges Vorgehen, wenn es um die Zukunftssicherung geht. Deshalb muss Bildung im Unternehmen als strategische Investition positioniert werden, die nachweislich den Geschäftserfolg unterstützt.

Als ich vor Jahren meine neue Aufgabe in der Personalentwicklung antrat, wurde mir gesagt: Wir müssen in diesem Jahr aus Ihrer Organisation 30 Prozent der Kosten herausnehmen. Ich war geschockt, dieses Erlebnis hat mich bis heute geprägt. Und seit diesem Tag habe ich stets darauf hingearbeitet, einen Nachweis zu erbringen, dass sich die Investition in Bildung rechnet.« Prof. Matthias Landmesser

Anfang des Jahres 2007 standen neben vielen anderen grundsätzlichen Fragen auch das finanzielle Volumen und die Inhalte der Bildungsinvestitionen im Transformationsteam zur Diskussion. Das Personalentwicklungsteam von Prof. Matthias Landmesser konnte hierzu Return-on-Investment-Analysen von Aus- und Weiterbildungsmaßnahmen vorlegen – und das Beispiel der Vertriebsschulungen beeindruckte. Denn das Umsatzsteigerungspotenzial konnte jeder schnell auf die gesamte Vertriebsmannschaft hochrechnen.

....

»Das war ein Aha-Erlebnis. Seitdem hat das Thema Weiterbildung hier in Deutschland grünes Licht.« Prof. Matthias Landmesser

Wer sagt, dass Bildung sich nicht rechnen lässt?

Bildungsinhalt Veränderung

Das Bildungscontrolling und das zugehörige Berichtswesen werden quartalsweise zur Verfügung gestellt. Überfachliche Kompetenzen, das zeigen die regelmäßigen Analysen sehr deutlich, nehmen dabei an Bedeutung zu. In den 1990er-Jahren lag der Schwerpunkt der Maßnahmen eindeutig bei der Vermittlung von Fachkompetenz. Heute hat sich dieses Verhältnis umgedreht. In einigen Bildungsgremien ist das aber noch nicht angekommen, obwohl es doch im Grunde genommen ganz logisch ist – Bildung ist nicht gleichbedeutend mit Ausbildung. Als Prof. Matthias Landmesser einmal von Bildungsexperten aus dem Schul- und Hochschulbereich gefragt wurde, was für ihn als Personalentwickler die größte Herausforderung für die Bildung in Deutschland sei, löste seine Antwort großes Erstaunen und intensive Diskussionen aus. Erwartet hatten alle, dass er mit einem spezifischen Fachthema aus der Informatik oder der Betriebswirtschaftslehre aufwarten würde. Stattdessen wies er darauf hin, dass der professionelle Umgang mit Veränderungen, als Unternehmen, als Team, als einzelner Mitarbeiter, als Studierender und Schüler, für ihn die größte Herausforderung sei.

....

»Das ist nun schon ein paar Jahre her. Die Entwicklungen der jüngsten Zeit haben eindrücklich bestätigt, dass das die richtige Antwort war. Mehr denn je. Wir müssen in Deutschland lernen, mit Veränderungen professionell und angstfrei umzugehen. Wir müssen Veränderungen weniger als Bedrohungen verstehen, sondern als Chancen. Es geht darum, Zukunft aktiv zu gestalten und nicht passiv zu erleiden. Diese Art des Denkens und Handelns in unserem Land und unseren Unternehmen zu fördern, muss uns gelingen und kann uns gelingen. Dieser Wandel braucht Zeit und Kraft. Aber dass wir das schaffen, ist für mich möglich und wichtig.« Prof. Matthias Landmesser

Wir lernen hier jeden Tag, wie das »Unterrichtsfach« Transformation uns nach vorne bringt. Es ist ein sehr umfassendes Fach, das haben wir ja schon mehrfach festgehalten. Heute ist die Personalentwicklung bei der IBM in Deutschland so stark wie nie zuvor in der Gesamtstrategie des Unternehmens verankert. Alle Weiterbildungsinstrumente sind zu einem integralen Bestandteil für die Weiterentwicklung eines wichtigen Wettbewerbsfaktors geworden – den Mitarbeitern – und damit zu einem strategischen Element. Denn gerade in Zeiten großer Veränderung braucht man eine gute Strategie, wenn man die Spielregeln mitgestalten möchte. Es scheint fast so, als ob die Strategie, die Kunst der richtigen Planung, in unruhigen Zeiten immer unwichtiger wird. Aber das stimmt nicht. Es ändern sich nur alte Dogmen der Planung, starre, nicht veränderliche Muster, die lange Zeit statt einer echten, dynamischen Strategie verwendet wurden. Kann man in unsicheren Zeiten planen? Und wie gehen Führungskräfte mit der Strategiefrage in Zeiten der Transformation um?

Warum noch planen? Strategieentwicklung in der Transformation

Wenn die Veränderung normal ist, wie lässt sich dann noch etwas langfristig denken, organisieren und planen? Reicht es aus, mit Überraschungen spontan fertigzuwerden – oder kann man auch mit System verändern? Wie bekommt man Management und Leadership in der Transformation unter einen Hut? Veränderung soll leicht sein, uns ganz selbstverständlich von der Hand gehen. Neues braucht Freiräume, kein enges Korsett, das uns die Luft zum Atmen nimmt. Menschen, die sich gerne verändern, schätzen starre Strukturen und sture Methoden nicht. In einer Welt voller Überraschungen, in der man immer schneller und immer flexibler auf Neuerungen reagieren muss, um wettbewerbsfähig zu bleiben, scheint Planung keinen Sinn mehr zu haben. Sehen wir nicht immer wieder, dass es lähmend sein kann, eisern und mit zusammengekniffenen Augen an unseren Plänen und Vorgaben festzuhalten?

Den Alltag planen, unseren Plan auch erfüllen und uns dabei verändern – das scheint ein Widerspruch zu sein. Der Versuch, sogar Veränderung zu planen – nur der verzweifelte Versuch ängstlicher Zahlenfetischisten, etwas zu kontrollieren, was sich jeder Kontrolle entzieht? Auch hier muss man neu denken. So falsch es wäre, sich nur dem alten Plandenken zu unterwerfen – so wenig bringt es, der Dynamik der Veränderung mit organisatorischem Laisser-faire zu begegnen.

Ein Blick auf die Veränderungen in der IBM in Deutschland zeigt: Veränderungen erfordern von den Akteuren nicht nur Ausdauer. Sie erfordern auch System. Planung und Freiraum widersprechen sich nicht. Planung schafft im Gegenteil auch Freiräume. Es gibt unzählige einzelne Schritte in einem Unternehmen, die man ausgezeichnet planen kann und damit auch sehr gut managen, also organisieren. Wenn man weiß, welcher Schritt als nächster logisch folgen muss und wird, muss man sich mit vielen Fragen nicht mehr auseinandersetzen. Man muss »das Rad nicht neu erfinden«, schon gar nicht jedes Mal – und vor allen Dingen nicht dort, wo es eigentlich ganz gut läuft. So bleiben Zeit und Kraft für wirklich Neues. Man kann planen – und gleichzeitig Innovationen entwickeln. Planen und trotzdem offen zu sein, erscheint manchen heute noch als Widerspruch. Wir haben uns lange mit dieser Frage auseinandergesetzt. Wie kriegt man beides – verlässliche Planung und Anpassung an aktuelle Entwicklungen – unter einen Hut? Mit welchen Widersprüchen müssen Führungskräfte lernen umzugehen?

Planen heißt auch: Den Kompass lesen. Wo geht es hin? Wen nehmen wir mit? Und sind wir nicht zu groß für Veränderung?

Der Gedanke liegt nahe, dass der Versuch, Veränderung zu planen und damit operationalisierbar zu machen, auch ein wenig mit der Größe unseres Unternehmens zu tun hat. Und es stimmt ja: Wenn man rund 21 500 Menschen in Bewegung bringen will (um nur mal von der IBM in Deutschland zu sprechen), muss man sich wenigstens grob auf eine Richtung einigen. Nehmen wir mal an, die Führungskräfte wollen nach Norden marschieren, weil dort die Zukunft am attraktivsten erscheint. Es gibt garantiert aber auch Leute in der Organisation, die es viel angenehmer finden würden, wenn man ein wenig über Nordost oder Nordwest gehen würde. Das kann funktionieren – solange eines klar ist: Zurück in den warmen, gemütlichen Süden ist keine Option.

Führungskräfte müssen die Wegrichtung vorgeben und dabei einen Weg finden, dem alle folgen können. Je komplexer ein Unternehmen ist, je größer und globaler aufgestellt, desto anspruchsvoller ist diese Arbeit – und umso besser müssen die Werkzeuge sein, die zur Bestimmung der Richtung eingesetzt werden. Dabei müssen die Entscheider die richtige Balance finden, um einen

Rahmen anbieten zu können, der für die meisten Mitarbeiter und Strukturen passt. Ein Rahmen, der das bestehende Tagesgeschäft nicht gefährdet und gleichzeitig den Umbau und die Verbesserung der Strukturen ermöglicht. Es ist eine Art Operation am offenen Herzen – die Chirurg und Patient Höchstleistungen abverlangt. Der Chirurg braucht perfekte Werkzeuge und Instrumente, auf die er sich verlassen kann, er braucht erlerntes Fachwissen, um richtig arbeiten zu können. Bei Überraschungen während der OP aber kommt es auf seine Leadership-Fähigkeiten an. Entscheidet er richtig? Ist er in der Lage, sein Talent und seine Fähigkeit zur Entscheidung mit den Werkzeugen und Methoden optimal zu verbinden? Alles andere führt zu Problemen. Viele Unternehmen fürchten Veränderungsprozesse, weil für sie das Risiko des Chaos oder des Stillstands zu hoch ist. Und fast immer wird das Argument der hohen Komplexität angeführt, die eine erfolgreiche Operation unmöglich machen soll.

Da stellt sich die Frage: Sind kleine Unternehmen und Einheiten besser dran? Geht Veränderung ab einer bestimmten Größe, einem bestimmten Komplexitätsgrad nicht mehr? Das ist übrigens eines der Argumente, das im Jahr 1993 beim Beginn der großen IBM Transformation unter Louis V. Gerstner junior immer wieder auftauchte: Ihr seid zu groß für Veränderung. Das können nur Kleine. Und bis heute glauben das viele.

....

»Ich habe während meiner Zeit in einem Start-up ständig Veränderung erlebt, stündlich, über Nacht. Es kam vor, dass nachts die Druckpressen angehalten wurden, um den Druck von Marketingbroschüren zu stoppen, weil gerade in einer Vorstandssitzung der Produktname geändert wurde. Aus Mitarbeitersicht sah das damals für mich so aus: keine Zielrichtung, Veränderung aus dem Bauch heraus. Bei der IBM habe ich Veränderung nie so extrem erlebt.« Dr. Marie-Ann Maushart, seit 1998 bei der IBM, heute Leiterin Market Insights Nordost-Europa

Diese Beschreibung ist durchaus repräsentativ für die geradezu extremen Prozesse, die unter dem Label Veränderung ablaufen:

alles oder nichts. Beides aber ist, wie jedes Extrem, wenig geeignet, um für eine Organisation den Sinn und Zweck von Transformation nachvollziehbar zu machen. Die Frage lautet also: Wie löst die IBM in Deutschland den scheinbaren Widerspruch auf, durch Planung Verlässlichkeit zu schaffen, effizient ihre Hausaufgaben zu erledigen und trotz aller Pläne und deren disziplinierter Einhaltung nicht die Anpassung an aktuelle Entwicklungen zu verpassen? Die Antwort darauf scheint banal: Die Menschen in der Organisation stellen ihre Pläne immer wieder infrage. Sind sie überhaupt umsetzbar? Erzielen sie das gewünschte Ergebnis? Ist dieses Ergebnis wirklich eines, das wir wollen und brauchen? Damit dieser Anspruch kein Lippenbekenntnis bleibt, eine schöne Phrase, die im anstrengenden Tagesgeschäft schnell wieder unter den Tisch fällt, braucht man eine Erinnerungsstütze, ein Werkzeug, das uns mit den wichtigsten Fragen immer wieder konfrontiert. Eine Art Schweizer Taschenmesser für Führungskräfte, die Transformation vorantreiben also.

Das IBM Business Leadership Model – wie führt man sein Unternehmen zu Veränderung und Erneuerung

1997 veröffentlichten Michael L. Tushman, Professor an der Harvard Business School, und Charles A. O'Reilly III., Professor an der Stanford Graduate School of Business, das Buch *Winning Through Innovation: A Practical Guide to Leading Organizational Change and Renewal*. In diesem Buch stellten die Autoren unter anderem ein Modell zur Strategieentwicklung und -umsetzung vor. Bruce Harreld, damals Vice President Strategy der IBM, setzte sich daraufhin mit den beiden Forschern und seinem Strategieteam zusammen und entwickelte daraus das IBM Business Leadership Model, eine auf unsere Anforderungen passende Adaption der Arbeit von Tushman und O'Reilly. Das kurz BLM genannte Modell wird bei der IBM weltweit eingesetzt, um Führungskräften die Möglichkeit zu verschaffen, ihre eigene strategische Bereichsplanung zu entwickeln und im Tagesgeschäft aktuell zu halten.

Die Schwierigkeit lag darin, dass in der IBM strategische Planung immer Sache der Geschäftsbereiche war, die auch die Gewinn- und Verlustverantwortung tragen. Wer dieses Risiko hat, sollte auch seine Planung selbst in die Hand nehmen können. So wird beispielsweise die strategische Planung für die Software Group der IBM global vorgegeben und erst in einem zweiten Schritt auf die Besonderheiten der jeweiligen Länder und Märkte angepasst. Das ist gut, weil damit global die Richtung klar vorgegeben ist und Reibungsverluste minimiert werden. Das bedeutet aber auch, dass in allen Geschäftsbereichen der IBM unterschiedliche Umsetzungen der Strategien verfolgt werden. Wie aber nun sollten die verschiedenen Strategien der Geschäftsbereiche eines Landes unter einen Hut gebracht werden? Das wiederum ist das ausdrückliche Ziel unseres Transformationsprozesses, bei dem Integration und Klarheit im Vordergrund stehen. Mit dem Business Leadership Model lassen sich diese scheinbar unvereinbaren Welten zusammenführen. Unsere Führungskräfte wenden seit Anfang 2007 das Modell verstärkt an, um unsere Bereichsstrategien, aber auch die übergreifenden Strategien der IBM in Deutschland zu entwickeln und auf gemeinsamen Kurs zu halten.

....

»Wir wollten allen Führungskräften ein Modell zeigen, mit dem sie ihre Strategie entwickeln können. Wenn sie dieses Modell als Standardwerkzeug benutzen, sprechen sie miteinander in derselben Sprache. Sie haben eine gemeinsame Terminologie. Wenn wir dann von ›Strategic Intent‹ reden, dann wissen wir, was wir meinen. Und da sagt nicht der eine Vision und der andere Strategie und der Nächste wieder Vision und der Übernächste Idee, sondern wir haben eine Sprache und eine Definition zu dieser Sprache. Ein nicht standardisiertes Werkzeug ist nutzlos. Aber ein standardisiertes Werkzeug wirkt integrativ. Und um Integration geht es bei unserer Transformationsinitiative ganz besonders. Sehen Sie: Wir haben so viele Organisationen innerhalb der deutschen IBM, so unterschiedliche Produkte, da können gar nicht alle

alles verstehen. Aber wir sollten wenigstens über unsere Konzepte in derselben Sprache sprechen. Deshalb haben wir begonnen, unseren Führungskräften das Business Leadership Model noch näher zu bringen.« Dirk Wittkopp, Vice President, Research & Development, IBM Deutschland

Wie sieht dieses Modell aus, worauf baut es auf? Stellen wir uns einmal ein Haus vor. Das Fundament dieses Hauses sind unsere *gemeinsamen Werte*, die wir weiter vorne beschrieben haben. Egal, ob Strategieentwicklung oder Planung der Umsetzung der Strategie – alles, was wir tun, muss auf der Grundlage dieser gemeinsamen Werte stehen. Und ganz oben ist bei einem Haus natürlich das Dach. Das ist *Leadership*, die Führung, die für die Strategieentwicklung und Umsetzung verantwortlich ist. Dieses Dach sichert die übergreifende IBM Strategie der Corporation genauso ab wie die gesetzlichen Auflagen zur Kontrolle und Transparenz beispielsweise einer Aktiengesellschaft, die an der New Yorker Börse gelistet ist. So ein Haus baut man nicht zum Spaß – es hat einen Zweck. Und dieser Zweck lautet: Gute Ergebnisse erzielen. Das scheint völlig klar zu sein. Die Frage ist aber: Welcher der verschiedenen Bewohner des Hauses sagt, was ein gutes Ergebnis ist? Es gibt eine Diskrepanz zwischen dem, was man erreicht hat, und dem, was man erreichen wollte (»Performance Gap«). Oder, noch schlimmer, eine Diskrepanz zwischen dem, was man erreicht hat, und dem, was man hätte erreichen können (»Opportunity Gap«). Das sind zwei verschiedene Dinge. Es genügt nicht, seinen Plan, seine Vorgaben und seine Ziele zu erreichen – wenn man auf die Zukunft vorbereitet sein will, darf man sich damit nicht zufriedengeben. Man muss eines weiter denken: Gibt der Markt etwas her, was ich nicht abhole?

Ein Beispiel, das sich aus diesem Denkmodell ergibt, zeigt, was wir damit meinen: Wir haben beispielsweise eine intelligente Lösung für Banken entwickelt – und denken gar nicht daran, dass diese Lösung möglicherweise auch für einen Automobilhersteller gut sein könnte. Das wäre ein klassischer »Opportunity Gap«, eine Lücke im Bereich unserer Möglichkeiten, die wir noch nicht ausgefüllt haben.

Um diese Lücke zu schließen, prüft man seine strategischen Annahmen und Erkenntnisse und gleichzeitig deren operative Umsetzung. Lücke, Strategie und Umsetzung sind sozusagen die Wohnbereiche in unserem Haus – dort, wo wir uns täglich aufhalten.

Bei der Strategie müssen wir immer wieder die Einblicke in unsere Märkte verbessern – der gemeinsame Begriff ist »Marketplace insight«. Was machen die Kunden, der Wettbewerb, was sind die Technologietrends? Was tut sich politisch und in der Gesetzgebung, welche gesellschaftspolitische Veränderungen gibt es und wie sieht die wirtschaftliche Gesamtlage aus? Was sagen uns unsere Business Partner? All das sind die berühmten makroökonomischen Faktoren. Die muss man registrieren, kennen und bewerten. Doch auch das genügt nicht. Ein weiterer Bereich auf der Strategieseite in unserem Haus besteht aus dem »Innovation Focus«, aus der Frage also, welche Zukunftsgeschäftsfelder wir eigentlich sehen und wie sich diese in unserem Markt entwickeln. Womit werden wir unser Geld verdienen? Und womit nicht – auch das ist wichtig und spielte etwa bei der Entscheidung der IBM, sich aus dem PC-Geschäft zurückzuziehen, eine entscheidende Rolle.

Und schließlich – und nicht zuletzt – gibt es noch einen Bereich, »Business Design«. Dort werden bestimmte Bedingungen festgelegt. Mit welchem Portfolio bedienen wir welche Kunden? Womit verdienen wir letztlich tatsächlich unser Geld? Hier geht es im Kern um das Geschäftsmodell. Das klingt zunächst banal, aber gerade im Bereich innovativer Vergütungsmodelle bleiben viele Unternehmen noch immer unter ihren Möglichkeiten. Es ginge oftmals auch anders, zum Beispiel so: »Wir machen ein Projekt für Sie, versprechen Ihnen, dass Sie damit über drei Jahre zehn Millionen Euro einsparen werden – und wir bekommen dann einen Anteil an den Einsparungen.« Der Kunde bezahlt dann nicht dafür, dass etwas bei ihm implementiert wird, sondern teilt sich mit uns die Früchte der innovativen Idee. All diese Prozesse – und noch viel mehr – werden im »Business Design« überlegt und festgehalten. Mit der Strategieseite ist das Haus aber noch nicht komplett. Es scheint zwar intelligent eingerichtet zu sein, es fehlt anscheinend an nichts, was man braucht, um langfristig handlungsfähig zu bleiben – und dennoch gibt es einen wichtigen Punkt, an dem beim Business Leadership Model alles hängt. Nach Tushman und O'Reilly geht es nun um die richtige Ausführung aller vorangegangenen strategischen Überlegungen. Wie setze ich meine Strategie um? Und welche sind die wenigen, aber richtigen Dinge, auf die ich mich konzentrieren muss?

»Wenn wir Workshops machen mit Geschäftseinheiten, dann kommen da ganz oft unendlich lange Aktionslisten raus. Und ich zwinge die Teilnehmer immer, sich auf höchstens fünf Punkte zu konzentrieren. Was ist wirklich wichtig? Das ist die Frage. Denn nur das hilft mir wirklich weiter. Der nächste Schritt besteht darin: Mit welcher ›formalen Organisation‹ mache ich das? Wie sind die Abläufe organisiert, wer macht mit? Ein weiterer Teil des Modells scheint softer zu sein: Es geht um ›Talent‹, um Fähigkeiten, Fertigkeiten, und auch um die Frage: Ziehen meine Leute mit? Fühlen sie sich der Sache wirklich verpflichtet? Für Führungskräfte ist es entscheidend zu wissen: Haben meine Mitarbeiter das, was ich vorhabe, verstanden, unterstützen sie es und können sie es unterstützen? Und schließlich habe ich noch eine letzte Dimension: ›Klima und Kultur‹. Habe ich ein Klima in der Organisation, das mein Postulat unterstützt? Ein Klassiker, den wir hier haben, ist, dass wir oft davon sprechen, dass unsere Leute mehr Risikobereitschaft zeigen sollen. Gleichzeitig ist aber unser ganzes Managementsystem gesetzlich auf Minimierung von Risiko ausgerichtet. Diesen Konflikt muss man zumindest sehen und berücksichtigen, wenn man ihn schon nicht lösen kann.« Klaus Lintelmann, Geschäftsführer Global Business Services, IBM Deutschland

Und diesen Konflikt wirklich zu lösen wird uns vielleicht nie gelingen. Denn wir haben gesetzliche und gesellschaftspolitische Verpflichtungen, die wir bei aller geforderten Flexibilität nicht vernachlässigen dürfen. Als Aktiengesellschaft sind wir auch unseren Anlegern Rechenschaft schuldig. Schon deshalb müssen wir Risiken überschaubar halten. Und als deutsches Unternehmen sind wir Teil unserer Gesellschaft und es ist auch unsere Aufgabe, die Rahmenbedingungen im Land mitzugestalten. Daran müssen wir denken.

Mit Kanonen auf Spatzen schießen oder: Ist das IBM Business Leadership Model nur für Konzerne interessant?

Bestimmt haben Sie im ersten Moment ein gewisses Unbehagen gespürt, als Sie sich das Business Leadership Model vorgestellt haben. Vielleicht haben Sie sich an die Zeit Ihres Studiums zurückerinnert, in der Sie mit vielen Modellen bombardiert wurden und die gerne bei Prüfungen abgefragt wurden. Und natürlich wissen Sie auch: Modelle bilden die Realität nur sehr vereinfacht ab. In Wirklichkeit funktioniert Wirtschaft anders, weit komplexer, als es jedes Modell zeigen kann. Warum muten wir Ihnen so etwas zu? Weil dieses Modell einfach zu verstehen ist – und dabei gleichzeitig in einer komplexen Organisation sehr universell eingesetzt werden kann. Es ist nützlich, um sich die vielen Aspekte der strategischen Planung bewusst zu machen – und sie an die Dynamik der Veränderung anzubinden. Dazu braucht man sicher keinen großen, globalen Konzern. Dieses Modell macht Dinge deutlich, die scheinbar selbstverständlich sind – die man aber immer wieder genau deshalb übersieht. Genau das kann Planung: Bewusst machen, sichtbar machen, was alles zu tun ist. Dazu hat uns das Business Leadership Model seit 2007 in der Transformation sehr geholfen. Und vor allen Dingen sind daraus fruchtbare Diskussionen erwachsen, die bis heute bei vielen Treffen und in unserem Intranet geführt werden.

Durch das Business Leadership Model hat sich aber auch der Prozess der Transformation für alle viel klarer dargestellt. Denn durch das Sortieren, das Klären, das mit diesem Werkzeug zur strategischen Planung möglich wird, wurden die Ziele der Transformation, die neue integrierte Strategie, deutlicher. Und die Erwartungshaltung an die Führungskräfte wurde klar formuliert.

»Ich arbeite im Marketing und leite jetzt den Bereich Demand Generation (Nachfrageerzeugung). Dieser Bereich konnte gut ein bisschen Identitätsbildung vertragen. Die Entscheidung, für diese Frage das Business Leadership Model zu Hilfe zu nehmen, haben wir im Managementteam gefällt. Die Manager wollten das und sie wollten sich dafür viel Zeit nehmen. Wir haben das Modell an Wochenenden durchgespielt. Unsere Mitarbeiter haben auf freiwilliger Basis an bestimmten strategischen Stoßrichtungen mitgearbeitet. Also zum Beispiel bei der Frage nach ›Strategic Intent‹: Wieso gibt's unsere Abteilung eigentlich, was wollen wir erreichen? Was wir natürlich auch gemacht haben: Wir haben am Anfang nicht nur gesagt: Das Thema ist Identitätsbildung, hier ist das Business Leadership Model und wir machen das jetzt mal, sondern auch: Warum tun wir das? Wir haben alle zusammengerufen, das Wichtigste erklärt und dann haben es die Manager in ihren Bereichsmeetings vertieft und diskutiert. Aber auch informelles Feedback ist wichtig: Ich gehe einfach über die Zeit hinweg mit allen Mitarbeitern mal Mittagessen. Da will ich wissen, wie sie zu den Ergebnissen, die wir mithilfe des Business Leadership Model erarbeitet haben, stehen. Ob sie aufgenommen haben, worum es geht, und ob das alles etwas bringt.« Frank Sawatzke, Leiter Demand Generation, IBM Deutschland

Trotz der Stringenz des Modells sollte man der Versuchung widerstehen, fortan strikt nach Plan zu handeln. Es gilt nach wie vor: Überraschungen müssen in die Strategie passen.

....

»Das Modell sagt: Man muss immer wieder zurück zum Anfang. Selbst wenn der Plan erfüllt wurde. Da gibt es immer noch die Frage nach dem ›Opportunity Gap‹: Gäbe der Markt etwas her, und wir nutzen diese Chance nicht? Wirklich erfolgreiche Unternehmen, die kein ›Performance Gap‹ haben und ihre Planziele erfüllen, verpassen manchmal die Zeit, weil sie vergessen haben, nach den zusätzlichen Möglichkeiten zu suchen, die sie haben könnten. Aber dieses Modell sagt: Es reicht nicht, den Plan zu erfüllen. Schau auch dorthin. Bleibe aktiv und agil. Darin besteht der Unterschied zwischen Management und Leadership: Wir müssen mehr aus unseren Möglichkeiten machen.« Marc Fischer, Vice President Systems & Technology Group, IBM Deutschland

Und dieses Mehr aus unseren Möglichkeiten ist auch ganz wesentlich für eine gelungene Integration, die wir unbedingt brauchen. Denn gemeinsam können wir unser Wachstum absichern, selbst wenn ein Bereich seine Ziele einmal nicht erreicht. Wenn Not am Mann ist, kommt Verstärkung, manchmal aus einer ganz unerwarteten Ecke. Unsere Aufgabe ist es, das gesamte Unternehmen miteinander zu gestalten. Das braucht echte Leadership – nur sie macht den Blick frei auf neue Chancen und Möglichkeiten. Wie genau das geschieht und wie damit Veränderung besser gestaltet werden kann, wollen wir Ihnen im nächsten Kapitel erzählen.

6. Kapitel

Wohin Veränderung führt. Leadership in Transformation

Der Wandel ist Führungsaufgabe. Aber welche
Leadership brauchen wir in stürmischen Zeiten?
Und wie sehen die Unternehmen aus, die diese
neuen Leader in die Zukunft führen werden?

Did You Know? Revisited

Erinnern Sie sich noch an »Did You Know?«, dieses Video im
Web, das wir im ersten Kapitel ausführlicher beschrieben haben?
Die zentrale Botschaft von »Did You Know?« lautet: Die Verände-
rung ist im vollen Gang. Bei »Did You Know?« haben ein ameri-
kanischer Lehrer und seine Schüler die Geschwindigkeit und das
Ausmaß der Transformation in unserer Welt festgehalten. Und es
ist sehr wahrscheinlich, dass sich unter den Autoren des schlauen
Change-Videos auch Führungskräfte von morgen befinden. Als
wir nun vor vier Jahren bei der IBM in Deutschland unseren
Transformationsprozess starteten, stand eines von Anfang an fest.
Es war der Leitsatz, den Martin Jetter als Punkt eins aller folgenden Veränderungsarbeit vorgab:

....

*»Der Wandel ist Führungsaufgabe – und diese Aufgabe kann nicht de-
legiert werden.«*

Was uns in diesem Kapitel interessiert, ist die Frage, wie man als
Führungskraft mit der Veränderung umgeht – und zuerst, wie die
Veränderung mit Führungskräften umgeht. Agiert man mit ihr
und durch sie oder reagiert man einfach? Betrachtet sich die Führungskraft als Treiber oder Getriebener? Lohnt sich Mut – oder

ist maximale Risikoabwägung vielleicht besser? Kann man Unternehmen in Zeiten der Transformation – die bekanntlich andauert – mit den üblichen Managementtools führen, also so managen wie bisher?

Versuchen wir gleich ein paar Antworten. Die Welt ist unberechenbarer geworden. Volatilität und Chaos sind aber dort, wo Manager ihre Arbeit machen sollen, meist nichts weiter als Störfaktoren. Deshalb ist es nicht genug, einfach nur »mehr zu managen«. Das ist keine Antwort auf die Herausforderungen unserer Zeit. Es braucht ein neues Verständnis von Führung.

Was Leadership-Richtlinien können (und was nicht)

In jedem Unternehmen, zumal global tätigen, gibt es Regeln für Führungskräfte, die einen Rahmen für die tägliche Arbeit und Entscheidungen, für Verhalten und Wahrnehmung im Unternehmen setzen. Über das IBM Business Leadership Model haben Sie schon im vorangegangenen Kapitel einiges erfahren. Die Kompetenzen, die bei der IBM in Deutschland (wie auch für alle anderen Mitarbeiter und Führungskräfte der IBM weltweit) gelten, bündeln die Beschreibung des gewünschten Verhaltens, ganz konkret bezogen auf die Beziehung zu Kunden und Geschäftspartnern, auf das Eingehen von Risiken oder die Verpflichtung zur Entwicklung der Mitarbeiter. Es geht darum, Herausforderungen bereitwillig anzunehmen und sich dem lateralen Denken zu öffnen. Gerade für Unternehmen, die global tätig sind, sind diese Einsichten und ihre konsequente Umsetzung spielentscheidend.

Worum es dabei aber nicht geht, ist, ein starres Pflichtenheft zu entwickeln, dessen To-dos man als Manager der Reihe nach abhaken kann. Stromlinienförmiges Mitmachen ist nicht gefragt. Es geht darum, das persönliche Verhalten zu reflektieren und sich der eigenen Motive und Antriebe so bewusst wie möglich zu werden. Das findet nicht im methodenfreien Raum statt. Es gibt Leitlinien, an denen man sich orientieren kann. Das IBM Business Leadership Model verknüpft die Ebene der Werte und Prinzipien ganz pragmatisch mit strategischer Planung und operativer Umsetzung des Geschäfts. Natürlich gibt es eine weltweite, einheitliche und verbindliche Strategie, auf der unter anderem die globale Integration der IBM und Smarter Planet beruhen. Aber auch das heißt nicht: Einfach das Pflichtenheft nachvollziehen. Sondern die Strategie auf den jeweiligen Verantwortungsbereich adaptieren und im Sinne des ganzen Unternehmens – den Gesamterfolg vor Augen – auch umsetzen.

Führen in der Veränderung – ohne Überzeugung läuft nichts. Schon wieder Kultur!

Welche Leadership-Kultur braucht man dazu? Eine an Prinzipien orientierte Haltung, die individuelle Überzeugung und persönliches Annehmen erwünschter Verhaltensweisen voraussetzt. Und das ist kein für die Führungskräfte in unserem Unternehmen reservierter Bereich. In einem integrierten Unternehmen ist es völlig normal, dass Mitarbeiter temporär Projekte oder Teams führen. Und für diese Kolleginnen und Kollegen gilt natürlich das, was auch für Manager gilt, die dauerhaft eine Führungsposition einnehmen. Für sie gelten dieselben Spielregeln. Aber ist Führung ein Spiel? Wahrscheinlich werden viele empört diesen Satz von sich weisen. Doch sehen wir mal genauer hin. Spiele sind nicht einfach Beschäftigungstherapie für Menschen – große wie kleine –, die an Langeweile leiden. Wissenschaftliche Modelle wie die Spieltheorie haben uns unglaublich viel über menschliches Verhalten gelehrt. Dafür gab es sogar Nobelpreise – insgesamt achtmal hat die Schwedische Reichsbank Spieltheoretikern den Preis für Wirtschaftswissenschaften zum Gedenken an Alfred Nobel bisher verliehen – zum Beispiel 1978 an Herbert Simon und Daniel Kahneman und 1994 an den deutschen Forscher Reinhard

Selten, der gemeinsam mit John F. Nash (dessen Leben von Hollywood mit »A Beautiful Mind« verfilmt wurde) ausgezeichnet wurde.

Spielen kann also eine sehr ernste Angelegenheit sein (und auf der höchsten Ebene natürlich immer noch viel Spaß machen). Spielen ist aber nicht der einzige Begriff, der mehrdeutig ist und dessen Sinn sich in der Transformation verändert – von unwichtig zu wesentlich. Bei Führung ist es sehr ähnlich. Denn viele von uns haben immer noch eine Vorstellung von Führung im Kopf, die ein wenig altmodisch ist.

Bei unserem eigenen Transformationsprozess haben wir uns ein wenig in der Welt der virtuellen Online-Spiele umgesehen. Hier wird Leadership ganz anders definiert als in der klassischen Welt der Manager und ihrer Theorien. Online Games sind seit vielen Jahren wichtige Treiber der Hardwareindustrie. Um die Performance, die Leistung also, hochzutreiben, braucht man immer bessere Grafikkarten, die wiederum immer leistungsfähigere Prozessoren benötigen. Bewegungen in Echtzeit und eine hochauflösende, realistische Grafik sind praktisch Standard. Nebenbei gesagt: IBM Chips sind bei dieser Entwicklung immer dabei. Sie stecken in allen wichtigen Spielekonsolen – der Sony PlayStation ebenso wie in der Nintendo Wii und der Xbox von Microsoft.

Doch es geht gar nicht nur um die Hardware – wer wüsste das besser als wir. Es geht um die Art und Weise, was der Umgang mit den Systemen uns lehrt. Das Online Gaming wird auch zur Erprobung neuer Formen von Leadership genutzt. Bei dem Thema Web 2.0, virtuellen Welten und Social Software diskutieren wir das schon etwas länger. Instant Messaging, Blogs, Wikis und Avatare halten in immer mehr Unternehmen Einzug. Sie bauen auf den Erfahrungen der anfangs vorwiegend privat organisierten Online-Communities auf.

Diese Erfahrungen sind anders als jene, die man im klassischen Geschäftsleben macht. Und mehr und mehr übertragen sich die online geübten Interaktionsformen auf den Geschäftsalltag – und verändern die Einstellung zur Zusammenarbeit mit Kollegen und Geschäftspartnern. Aus Spiel wird Ernst. Oder wie es Professor Byron Reeves, Kommunikationsforscher an der renommierten kalifornischen Stanford University im Jahr 2007 sagte:

»Wenn Sie wissen wollen, wie Leadership im Geschäft in drei bis fünf Jahren aussehen wird, dann sehen Sie sich an, was in Online Games passiert.«

Und tatsächlich – überprüfen wir diese Aussage mit dem, was sich immer deutlicher als Kriterienkatalog für Führung in Organisationen abzeichnet:

1. Die »Spieler« entwickeln eine Fähigkeit, die man als »Offenheit für hierarchiefreie Diskussionen« bezeichnen könnte. Bei Online Games und in den sozialen Netzwerken spielt es keine Rolle, mit welcher sozialen oder beruflichen Position man ins Spiel eintritt. Man ist ein Spieler von vielen. Viel wichtiger als Titel und Posten ist deshalb
2. die Fähigkeit zur kreativen Zusammenarbeit, zur Kollaboration. In den meisten Online-Spielen geht es um die Fähigkeit, sich mit anderen Spielteilnehmern zu messen, also in den Wettbewerb zu treten, vielfach aber auch darum, die Zusammenarbeit zu nutzen, um das Ziel – einen hohen Spielgewinn oder den Sprung auf das nächste Level – zu erreichen. Erinnern Sie sich noch an den Satz: »Wissen ist der einzige Rohstoff, der sich durch Gebrauch vermehrt«? Das ist eine wichtige Sache, denn in den Spielen geht es genau darum:
3. Der Spieler muss sein Wissen teilen, um weiterzukommen.

Für manche mag das nach Chaos klingen. Doch all diese Prozesse folgen klaren Regeln. Denken Sie jetzt wieder an die Jams, die wir bei der IBM regelmäßig veranstalten, die offenen Online-Diskussionen. Auch sie haben eine Struktur, bestimmte Richtungen sind vorgegeben. Aber wie sich die Diskussionen entwickeln, worauf wir stoßen, das ist offen. Nur dann gewinnen wir nämlich auch neues Wissen, das wir dringend brauchen, um unser Geschäft voranzutreiben.

Ein offenes Spiel sorgt für Wissen und Klarheit

Moderne Software schafft ganz neue Interaktionsmöglichkeiten, die ohne die streng hierarchischen Konventionen klassischen Managements auskommen. Was wir hier prototypisch beschrieben haben, ist bereits vielfach Realität – und unterliegt ganz gewiss nicht mehr der Vorstellung eines »Management by Gutsherrenart«, bei dem einige Vorgesetzte ihre Anweisungen an ihre Untergebenen weiterreichen und erwarten, dass diese »strikt nach Plan« abgearbeitet werden. Die Zeiten der mechanistischen Planerledigung sind glücklicherweise vorbei. Im Wissenszeitalter geht es darum, das jeweils vorhandene Wissen der einzelnen Mitarbeiter zu aktivieren und in Prozesse zu bringen, die sich durch die Erkenntnisse eben der Mitarbeiter auch verändern. Wenn sie es nicht tun, dann ist entweder ein Wunder geschehen – die Führungskraft ist ein überirdisches Planungsgenie, das die Zukunft und Entwicklung exakt vorhersehen kann – oder aber es ist kein Wissen in der Organisation zu generieren. Das Erste ist praktisch unmöglich. Das Zweite endet für die Organisation tödlich.

Denken wir nochmals an die IBM Jams, die wir im zweiten und dritten Kapitel dieses Buches beschrieben haben. Der einzelne Teilnehmer signalisiert mit seinen Beiträgen und seinem Verhalten individuelle, ganz persönliche Kompetenz und findet dafür unter Kollegen und Vorgesetzten Anerkennung und Zustimmung. Genau das ist es, was in jedem Diskussionsforum – im Internet oder innerhalb des Intranets von Unternehmen – geschehen kann. Das offene Spiel sorgt für Wissen und Klarheit. Und für Respekt. Computerspiele nutzen diese modernen Interaktionsformen ganz

extrem. Online-Spiele mit Tausenden von Teilnehmern, sogenannte Massively Multiplayer Online Games, laufen in Echtzeit
auf vielen über breitbandige Netze verbundenen Rechnern. Die
Mitspieler können an jedem beliebigen Ort dieser Erde sein. Zugleich können sie aber zeitgleich dieselbe virtuelle Welt für sich
erobern. Sie sind global präsent und gleichwertig integriert. Worum geht es in diesen Spielen? Manche haben den zweifelhaften
Charakter von kriegerischen Aktionen mit sogenannten Ego-
Shootern. Aber weit mehr der Spielszenarien sind klassische Auf-
bau- und Strategiespiele, in denen man ein Fußballteam, eine
Stadt oder einen ganzen Planeten managen muss. Die Multiplayer
Online Games bündeln die Interaktion möglichst vieler Spieler.
Die meisten Ziele kann man dabei nur erreichen, wenn man mit-
einander zu einer koordinierten Aktion kommt.

Viele Spieler schließen sich daher in Teams und Gruppen zusammen, Interessengemeinschaften, die sich Clans, Stämme oder
Gilden nennen. Diese Gruppen unterstützen sich gegenseitig –
oder bekämpfen sich. Dadurch entstehen sehr komplexe Hierarchien und Organisationsstrukturen. Um eine solche Organisation
aufrechterhalten zu können, sind intensive Kommunikation und
Interaktion unerlässlich. Es entstehen stark ausgeprägte und eigen-
ständige Gemeinschaften. Was ist der nächste Schritt? Es kommt
zu einer neuen Entwicklung von Macht und Einfluss, zu neuen
Insignien der Führung. Der einzelne Spieler versucht, durch Res-
sourcengewinnung und geschickte Problemlösung das jeweils
nächsthöhere Level zu erreichen und hat dabei zugleich als Clan-
oder Gildemitglied das kollektive Interesse im Blick. Durch ihr
Verhalten signalisieren die Mitspieler Anerkennung oder Ablehnung. Und es gibt – wie im wirklichen Leben – auch in den Spielen zuweilen die Möglichkeit, den Weg nach oben (oder unten)
statistisch zu erfassen und zu beobachten. Wie steht es um die
aktuelle Reputation? In einer vor drei Jahren von der IBM durchgeführten Studie zum Thema Online Games und Leadership kamen Experten zu dem Schluss:

»Die Leadership-Rolle ist viel vergänglicher als früher. Sie dauert vielleicht 10 Minuten, 10 Tage oder vielleicht einen Monat. Leadership wird als Job begriffen, um eine bestimmte Aufgabe zu erfüllen, nicht als Identität oder Persönlichkeitsmerkmal eines Spielers, die ihm für immer gegeben ist.«

Das ist eine sehr wichtige Einsicht der Veränderung, der Transformation an sich. Es geht nicht mehr um eine von höherer Macht oder »ganz oben« verliehene »Eigenschaft« und schon gar nicht eine, die sich vererben lässt, sondern um eine flexible und dynamische, ganz handfeste Fähigkeit, die zur Leadership gehört. Das ist eine weitaus pragmatischere Sichtweise als die, die wir kennen. Aber sie ist jene, die sich in Gruppen frei entwickelt, die auch jede andere Form von Führung hätten wählen können – und zweitens ist sie die bei Weitem mit den Anforderungen eines sich rasch wandelnden Umfelds kompatibelste Form. Dass sie zudem auch noch alle Kriterien einer echten demokratischen Struktur hat – Anführer sollen in der Lage sein, ein bestimmtes Problem für Dritte gut und verlässlich zu lösen und das auch beweisen –, kommt noch hinzu. So wählt sich die Community letztlich ihre Leader selbst – und wechselt sie bei Bedarf auch wieder aus. Und hier sind wir an einem wesentlichen Punkt angekommen, der für alle, die Leadership und Transformation zu Recht in einem denken, zum Grundwissen werden sollte:

»Führung wird erworben, nicht verliehen.
Kompetenz ist ihr Maßstab.
Loyalität ist die wichtigste Währung.
Wer seine Leadership Skills nicht permanent aktuell hält und weiterentwickelt, verliert die Gefolgschaft.« IBM Studie zum Online-Gaming, »Virtual Worlds, Real Leaders: Online games put the future of business leadership on display. A Global Innovation Outlook 2.0 Report«

Für alle, die das jetzt noch immer für ein Spiel halten, das nicht ernst genommen werden muss, ein paar Zahlen: Bereits im Jahr 2006, als die IBM mit ihrer Online-Gamer-Studie begann und damit wesentliche Einsichten in die neuen Typen der Leader-Persönlichkeiten offenlegte, gab es 73 Millionen Online Gamer weltweit – die pro Jahr eine Milliarde US-Dollar dafür ausgaben, dass ihnen andere Spieler Tipps und Wissen vermittelten. Nicht für Hardware und Software wurde bezahlt, sondern für Know-how und Einsichten in die Abläufe, oder aber, um in sogenannte virtual assets, also virtuelle Vermögensgüter (wie in »Second Life«, wo IBM sehr früh eingestiegen ist und Business Center aufgebaut hat) zu investieren.

Die Ökonomie, so haben die Experten von der IBM und der Universität Stanford herausgefunden, wächst in den Online Games mit ungeheurer Geschwindigkeit, 2008 betrug die Zuwachsrate 36,5 Prozent. Es sind nicht nur ganz junge Spieler, die hier mitmachen – die bis 18-Jährigen machen gerade mal 35 Prozent der Online-Gamer aus, gefolgt von 43 Prozent bis zum 49. Lebensjahr –, und eine erstaunlich hohe Anzahl von 19 Prozent an Spielern, die das 50. Lebensjahr überschritten haben. Wir haben es hier ganz offensichtlich nicht mit einem kurzlebigen Trend zu tun. Hier sehen wir die neue Art des Teams, der Kooperation, der Führung – neue Regeln, die ganz und gar auf permanente Veränderung eingestellt sind – quer durch alle Schichten und Altersklassen.

Die neue Leader-Persönlichkeit

Kehren wir wieder zurück in die reale Welt. Was Unternehmen für die erfolgreiche Durchsetzung strategischer Veränderungen suchen und entwickeln müssen, ist eine neue Leader-Persönlichkeit. Es sind Menschen, denen die klassischen Insignien der Macht weniger wichtig sind als die auf persönlicher Kompetenz beruhenden Erfolgskriterien, an denen die Gefolgschaft sie misst. Die richtigen Leader für die Veränderung – das sind Persönlichkeiten, die die neuen Arbeitsweisen der globalisierten Wirtschaftswelt kennen und persönlich anwenden. Sprechen wir nochmals über die wichtigsten Veränderungen der Arbeitsweisen heute, also die Eckpunkte der Transformation, die für alle gelten:

Alle Unternehmen und Organisationen arbeiten immer stärker kunden- und prozessbezogen. In der Vergangenheit waren es fach- und aufgabenzentrierte Arbeiten, die zu erledigen waren. Die Zeit dieser starren Zuständigkeiten ist vorbei. Sie gehören eindeutig in die Ära der hierarchischen Strukturen. Diese Doktrin der Transformation gilt lokal wie global. Sie verlangt nach ganzheitlichen Sichtweisen, integriertem Denken und integrierendem Verhalten. Viele Unternehmen arbeiten bereits heute nach den Prinzipien der partiellen Dehierarchisierung. Dieser Prozess schreitet überall voran. »Herrschaftswissen«, das nur wenige haben beziehungsweise – wie es in der alten Praxis üblich war – nur wenige haben »dürfen«, wird immer seltener und ist ein klares Handicap für Erfolge.

Das alte, vertikale Management wird nicht durch eine völlig flache, horizontale Struktur ersetzt – das genaue Gegenteil von falsch und überholt ist ja noch lange nicht richtig und zeitgemäß. Aber es gibt eine hohe Durchlässigkeit, die man durch den Begriff des querfunktionalen und kooperativen Handelns am besten beschreiben kann. Es geht um interdisziplinäres Arbeiten im Unternehmen genauso wie um das Überschreiten von Zuständigkeiten und Hierarchien, wo immer das im Sinne des Unternehmensziels ist. Auch das verlangt einen anderen Typ Menschen als den, der in den alten Unternehmen groß geworden ist: einen flexiblen und dynamischen Typ, der Probleme mit allen dem Unternehmen zur Verfügung stehenden Mitteln und Ressourcen lösen möchte – und nicht nur den vorgefassten Plan erfüllt.

Wer heute ein Projektteam führt, übernimmt morgen eine Spezialaufgabe in einem anderen Projekt und geht dabei zuweilen auch in eine andere Funktion.

Die neuen Leader sind nicht einfach Chefs – sie sind Leute, die sich und ihre Mitarbeiter weiterentwickeln können

Wir brauchen Leader-Persönlichkeiten, die mit diesen weitreichenden Veränderungen ihrer Rolle auch klarkommen. Nicht Leute, die in jeder Hinsicht »Chef« sein wollen und die ihre Führungsaufgabe als Amt missverstehen, das keine kritischen Einwände verträgt und dazu da ist, dass andere tun, was man ihnen sagt. Neue Leader sind in der Lage, ihre Mitarbeiter in diesem Sinne weiterzuentwickeln. Es geht um eine doppelte Aufgabenstellung für die neuen Leader-Persönlichkeiten. Es geht um ihre Fähigkeit zur Veränderung genauso wie um die Förderung der Kollegen, mit denen sie arbeiten – und deren Qualifizierung für eine permanente Transformation. Diese Fähigkeit bei Mitarbeitern nennen wir Employability, die Sie schon im Kapitel 5 kennengelernt haben, also die Fähigkeit, ein attraktiver Mitarbeiter zu sein. Und auch in diesem Sinn sind Führungskräfte Mitarbeiter.

Das sind echte Herausforderungen – denn vergessen wir dabei nicht, dass die persönliche Leadership, mit der heute Führungskräfte agieren, unter ganz anderen Bedingungen entwickelt wurde. Der Weg an die Spitze, zur Führungskraft, führte für die meisten noch über ganz andere Prozesse als die, die wir hier beschrieben haben. Viele Werte, Erwartungen und Einstellungen unterscheiden sich fundamental von den neuen Anforderungen. Wer sich aber nicht selbst verändert, der kann in der Veränderung nicht führen. Der findet keine richtigen Ziele mehr – kann das Spiel nicht verändern. Wer es allerdings schafft, dem zollen wir die höchste Anerkennung.

....

»Es ist wichtig, dass Kollegen, die etwas Neues versuchen, die sich engagieren und damit vorangehen, auch eine besondere Wertschätzung dafür im Unternehmen bekommen. ›Wenn ich nichts tue, mache ich nichts falsch‹ – mit so einer Haltung darf niemand durchkommen. Und wenn das nicht sanktioniert wird, dann habe ich natürlich auch ein sich selbst erhaltendes System, das dann die als die besseren Entscheider darstellt, die nichts getan haben. Es darf nie passieren, dass die, die sich an Abmachungen halten, um Dinge auszutesten, zu experimentieren, Erfahrungen zu sammeln, um danach besser zu werden, die sind, die für die Einhaltung ihres Commitments bestraft werden. Das klingt ganz selbstverständlich – aber es ist wichtig, dass Führungskräfte im Transformationsprozess darauf genau achten.

In vielen Veränderungsprozessen werden die gebremst, die ganz vorne mit dabei sind und sagen: Ja, ich habe verstanden, dass wir das brauchen, das ist gut für mich und die Organisation. Wir brauchen diese Speerspitze der Veränderung aber ganz dringend. Deshalb muss man Change Leader honorieren und schützen. Die Führungskräfte müssen klarmachen: Das sind unsere Leute – wir gehören zusammen, stehen zusammen und ziehen das auch gemeinsam durch. Eine Führungskraft muss klar signalisieren: Ich brauche Change Leader, ich brauche sie in der Breite, in der Tiefe und in der Masse.« Markus Sieber, IT Delivery Executive, IBM Deutschland

Aber wenden wir uns jetzt der Frage zu, wie Führungskräfte die Veränderung selbst sehen. Wie groß ist ihr Hunger nach Veränderung? Und welche Kriterien muss das Unternehmen der Zukunft ihrer Meinung nach erfüllen, damit das Schiff, das die Führungskraft wie ein Kapitän führt, gute Fahrt aufnimmt und Kurs hält?

Ist Transformation reiner Zufall? Die strategische Ebene der Veränderung

Im Jahr 2008, als bei der IBM in Deutschland die Transformationsinitiative volle Fahrt aufnahm, erschien ein bemerkenswerter Report mit dem Titel »Making Change Work«, eine Studie der IBM, bei der das Wissen von rund 1 400 Change-Management-Verantwortlichen aus Unternehmen in aller Welt gebündelt wurde. Wir wissen, was der Zweck eines Unternehmens ist: Es ist die planvolle, organisierte Arbeit zur Erreichung eines spezifischen Ziels. Dabei gibt es kurzfristige und langfristige Aufgaben, die taktisch beziehungsweise strategisch erfüllt werden. So weit die Grundlagen. Man sollte nun annehmen, dass auch Unternehmen, die sich der Veränderung verschrieben haben, also einen Change-Management-Prozess in Gang gebracht haben, mit diesem Transformationsvorgang so umgehen wie mit anderen Sachfragen auch: systematisch, methodisch, strategisch. Die Notwendigkeit zur strategischen Transformation ist leicht erklärt: Um möglichst viele Mitarbeiter und Unternehmensbereiche in die Veränderung zu integrieren, braucht es vielfach verbindliche Richtlinien. Das sind noch keine Vorschriften, aber Handlungsanleitungen, die – wie übrigens auch Werte und eine klare Unternehmenskultur – Entscheidungen leichter, schneller und klarer machen.

Warum sollte ausgerechnet der Change-Management-Prozess, dem eine Vielzahl sensibler Wendemarken innewohnt, mehr oder weniger spontan aus dem Handgelenk erfolgen – und das in einer Managementkultur, die sonst so viel Wert auf Tools und Methodenkoffer legt?

Die IBM Studie zum Change Management spricht aber eine klare Sprache: 75 Prozent der befragten Unternehmen gaben darin an, dass ihre Vorgehensweise beim Change Management in der Regel informell, ad hoc und improvisiert sei.

Man gewinnt den Eindruck, dass Change Management wie andere Bereiche der Transformation einen geringeren Stellenwert genießt als das Hantieren mit Prozessen, die dem operativen Geschäft unmittelbarer dienen. Andererseits machen Umfragen und Reports, in denen Führungskräfte in global tätigen Unternehmen nach ihrer Einschätzung des Veränderungsbedarfs befragt werden, immer deutlicher, welch hohen Stellenwert die Transformation im Management hat. Das ist nur ein scheinbarer Widerspruch. Die Erkenntnis, dass »etwas geschehen muss« – und das schon mit sehr konkreten strategischen Zielen –, verbreitet sich sehr rasch und nachhaltig. Aber vielfach sind Prozesse noch nicht richtig aufgesetzt und in Gang gebracht. Es ist ein wenig so wie mit den großen Themen, die unsere Smarter-Planet-Initiative fokussiert: Auch über diese Probleme wird seit vielen Jahren geredet – aber wirklich handfest gehandelt wird erst seit Kurzem. Veränderung braucht Zeit.

Visionen und Wahrheiten

Als Louis V. Gerstner junior kurz nach der Übernahme des Vorstandsjobs bei der IBM Corporation nach seiner Vision für die IBM gefragt wurde, antwortete er: »Das Letzte, das die IBM jetzt braucht, ist eine Vision.« Manche haben das damals, 1993, gründlich missverstanden. Es ging nicht darum, der IBM Perspektiven abzusprechen, im Gegenteil. Gerstner ging es um ein pragmatisches, geschäftsorientiertes Verständnis von Transformation. Nur wenn die Geschäfte laufen, wenn Wachstum generiert wird, Gewinne gemacht werden – oder all das wenigstens das Ziel ist –, hat Transformation Sinn. Keine Vision hat jemals darunter gelitten, dass sie auf einem wirtschaftlich soliden Fundament erdacht wurde.

Genau so sollte man mit Transformation auch umgehen – pragmatisch. Das Unternehmen der Zukunft konzentriert sich auf Geschäftsergebnisse – und genau das macht es für echte Visionäre, die überkommene Annahmen infrage stellen und radikale Alternativen vorschlagen, auch so attraktiv. Dieses neue Unternehmen verlangt nach charismatischen Führungspersönlichkeiten, die die Richtung vorgeben, andere inspirieren und das Unternehmen voranbringen.

Dieses Unternehmen ist »ungerecht« – und zwar gegenüber Verteidigern der alten, konservativen Traditionslinie und Amtsbewahrern auf allen Ebenen. Es funktioniert wie ein Risikokapitalgeber: Es werden intern Prozesse und Strukturen eingerichtet, die die Innovation und Transformation des Unternehmens fördern. Durch das aktive Management eines Portfolios von Investitionen schützt und unterstützt das Unternehmen neue Ideen, wo es kann – während es die schwachen Prozesse und Ideen systematisch aussortiert.

Change Management ist keine »Kunst«, sondern die richtige Balance aus Strategie und Leadership

Change Management, die Art und Weise also, wie ein Unternehmen strategisch mit Veränderungen umgeht, ist ein Prozess, bei dem strukturierte Programme, die sich an geschäftlichen Ergebnissen orientieren und dabei klare Ziele haben, im Vordergrund stehen. Die Topführungskräfte sind selbst die wichtigsten Veränderer – und sie sorgen dafür, dass sich Veränderer in ihrem Unternehmen entwickeln können. Im Unternehmen der Zukunft ist Change Management eine Kernkompetenz auf allen Ebenen – eine professionelle Disziplin.

Seit 2004 führt die IBM globale Umfragen und Studien unter Topführungskräften durch, die sogenannten »CEO-Studien«. Diese alle zwei Jahre durchgeführten Studien sind weit über die Branche hinaus zu einem wichtigen Monitor geworden: Was denken CEOs? Welche Problemstellungen treiben sie an? Wie gehen Führungskräfte mit Veränderungen und Herausforderungen um? Im Jahr 2004 startete die Studienreihe mit dem Titel »Your turn!«.

An dieser Umfrage nahmen 456 CEOs teil. Wie bei jeder IBM CEO-Studie übernahmen dabei IBM Führungskräfte aus allen Ländern die Rolle der Interviewer. Im Jahr 2006 folgte die Studie zum Thema »Innovation«, bei der 765 CEOs mitmachten, 2008 die von 1 130 CEOs weltweit getragene Umfrage »Unternehmen der Zukunft« und 2010 die Studie »Unternehmensführung in einer komplexen Welt«. Mit den letzten beiden Studien, die in einer Zeit entstanden, in der die Bewältigung der Finanzkrise die Notwendigkeit der Transformation immer stärker klarmachte, wollen wir uns in einem kurzen Exkurs intensiver beschäftigen.

Das Unternehmen der Zukunft oder: Verantwortung, globale Vernetzung und Integration

Es ist das Jahr, in dem das Wort Krise überall zu hören ist, 2008. Eine Zeit, in der es mehr Fragen als Antworten gibt und die Vielschichtigkeit der Aufgabenstellung an Führungskräfte deutlich wird wie nie zuvor. Woher kommen die befragten CEOs, die sich diesen Herausforderungen stellen müssen? Sie sind in 32 Schlüsselbranchen der globalen Wirtschaft tätig – und 19 Prozent von ihnen führen Unternehmen mit mehr als 50 000 Mitarbeitern. Und die Führungskräfte sind auf der ganzen Welt zu Hause: 248 Teilnehmer kamen aus dem asiatisch-pazifischen Raum, 121 aus Japan, 364 aus den EU-Ländern, 290 aus Nordamerika, 68 aus Südamerika und 39 aus europäischen Ländern, die nicht Mitglied der EU sind. Was sind für sie die wichtigsten Herausforderungen an das Unternehmen der Zukunft?

Unternehmen und Organisationen werden von Veränderungen geradezu überrollt und viele haben Mühe, damit Schritt zu halten. Acht von zehn CEOs sind der Meinung, dass ihnen erhebliche Veränderungen bevorstehen.

Umsetzungslücke: Es gibt eine zunehmende Lücke zwischen der Er-
kenntnis, dass Veränderung nötig ist, und den von den Führungskräf-
ten dazu erkannten Möglichkeiten, diese im eigenen Unternehmen
durchzuführen. Die Diskrepanz zwischen den erwarteten Veränderun-
gen und der Fähigkeit, diese zu steuern, hat sich im Zeitraum von 2006
auf 2008 (also einem CEO-Studien-Intervall) verdreifacht.

Das zeigt auch deutlich, dass mit den Attributen »ad hoc«, »improvi-
sieren« und »gelegentlich« der Change-Prozess nicht in den Griff be-
kommen werden kann. Man muss mit System verändern – und die
Führungskräfte wissen das.

Die CEOs betrachten anspruchsvolle Kunden nicht als Bedrohung, son-
dern als Herausforderung – sie investieren mehr als in der Vergan-
genheit, um immer wohlhabendere, besser informierte Kunden und
Kunden mit stärkerem sozialem Bewusstsein zu gewinnen und zu
halten.

Fast alle CEOs passen ihr Geschäftsmodell an. Zwei Drittel verwirklichen
Innovationen im großen Stil. Mehr als 40 Prozent ändern ihr Unter-
nehmensmodell, um verstärkt mit Partnern zusammenzuarbeiten. Ko-
operation und Fusion sind wesentliche Momente dieser neuen Sicht-
weise.

Die CEOs wenden sich offensiv globalen Geschäftsmodellen zu und set-
zen auf grundlegende Änderungen ihrer Fähigkeiten und auf die um-
fangreichere Zusammenarbeit mit Partnern. Offensichtlich haben die
Führungskräfte traditionelle Vorstellungen von der Globalisierung hin-
ter sich gelassen; Unternehmen und Organisationen jeder Größe de-
finieren sich neu, um sich die Möglichkeit der globalen Integration
zunutze zu machen.

Finanziell überdurchschnittlich erfolgreiche Unternehmen sind muti-
ger. Diese Unternehmen erwarten mehr Veränderungen und meistern
sie besser. Ihre strategische Aufstellung ist »globaler«, sie arbeiten in
größerem Umfang mit Partnern zusammen und entscheiden sich für
grundlegende Formen der Geschäftsmodellinnovation.

Die Einsichten der Führungskräfte sind bemerkenswert, denn sie
zeigen deutlich, dass Transformation und Veränderung nicht mehr

zur Ausnahme gehören, sondern zur Regel geworden sind. Aus den Antworten, Erwartungen und den Daten, die von den CEOs für die Studie zur Verfügung gestellt wurden, zeigt sich ein klares Bild des Unternehmens der Zukunft:

Das Unternehmen der Zukunft ist fokussiert auf Veränderung. Es ist in der Lage, sich schnell und erfolgreich zu wandeln. Es reagiert nicht auf Trends, sondern gestaltet diese Trends selbst mit und setzt sich an deren Spitze. Markt- und Branchenveränderungen werden nicht als Bedrohung gesehen, sondern als Chance, sich von der Konkurrenz abzusetzen.

Es ist innovativer, als der Kunde erwartet. Das funktioniert, weil das Unternehmen der Zukunft die Erwartungen seiner anspruchsvollen Kunden übertrifft. Es tut weit mehr, als es »muss«, und das funktioniert deshalb, weil es intensive und interaktive Kundenbeziehungen pflegt. Innovationen verhelfen den Kunden und den Unternehmen selbst zu mehr nachhaltigem Erfolg.

Es ist global integriert. Dynamische Veränderungsunternehmen setzen auf die Chancen einer globalen Wirtschaft. Es geht um den Zugang zu Wissen, Vermögenswerten und Fähigkeiten – ganz gleich, wo sich diese befinden –, um sie dort einzusetzen, wo sie strategisch gebraucht werden.

Das Unternehmen der Zukunft ist von Natur aus revolutionär. Geschäftsmodelle werden radikal infrage gestellt – radikal im eigentlichen Wortsinn: Der lateinische Begriff radix steht für die Wurzel. Man geht an die elementaren Grundlagen seines Geschäftsmodells und sieht gründlich nach, was davon heute noch richtig ist – immer wieder. Auf der Suche nach einer Innovation ist jeder im Unternehmen bereit, von vorn anzufangen. Die Unternehmen der Zukunft stellen sich die Fragen, die auch ein Kunde und Betrachter stellen würde: Unabhängig von Geschäftsmodell und Anforderungen – was steht als Lösung klar und deutlich am Ende im Raum? Solche Unternehmen arbeiten naturgemäß interdisziplinär, zwischen den Branchen, die sie integrieren. Was können andere, was wir können sollten?

Das Unternehmen der Zukunft ist kreativ im eigentlichen Sinne. Creare – das bedeutet sowohl »schöpferisch sein« als auch »allmählich wachsen lassen«. Damit ist gemeint, dass Geschäftsmodelle – und eben nicht nur eines – auf dem Markt ausprobiert werden. Das Experiment wird nicht mehr ins Labor verbannt, sondern live umgesetzt – mit der Fähigkeit, Anpassungen schnell vorzunehmen.

Erinnern Sie sich noch an das, was wir im Kapitel 1 über das Wesen der Veränderung geschrieben haben? Doppelte Arbeit – man muss das, was man heute tut, weiter am Laufen halten, aber dem Neuen jede Chance und jeden Raum geben, um voranzukommen. Revolutionen sind harte Arbeit. Das Unternehmen der Zukunft verändert seinen Wertbeitrag, hinterfragt traditionelle Services und erfindet sich und seine gesamte Branche neu, sobald sich Gelegenheit dazu bietet. In einem solch modernen Unternehmen denken alle kreativ und unkonventionell.

....

Engagiert, nicht nur regelkonform. Das Unternehmen der Zukunft geht über bloße Philanthropie und die Einhaltung von Regeln und Gesetzen hinaus. Es beweist mit allen Maßnahmen und Entscheidungen echtes Engagement für die Gemeinschaft. Werte und die reale Einhaltung im Unternehmen und in der Gesellschaft sind keine »Soft Skills«, die man »auch haben muss«, sondern eine wesentliche Voraussetzung für Erfolge. Engagierte Unternehmen der Zukunft verfügen über eine verbindliche und klar konturierte Corporate Social Responsibility (CSR) – echte Verantwortung. Sie beziehen Kunden in Problemlösungen mit ein. Sie wissen, welche Nichtregierungsorganisationen (NGOs) auf ihre Kunden Einfluss haben – und führen einen Dialog mit diesen Gruppen. Sie bieten Mitarbeitern echte Möglichkeiten, etwas zu bewegen, und stellen im gesamten Unternehmen und in der erweiterten Wertschöpfungskette sicher, dass ihre CSR und das Handeln aller im Unternehmen übereinstimmen.

So sollen Unternehmen sein. Heute vereint nur eine überschaubare Anzahl von Unternehmen mehrere oder sogar alle der oben angeführten Punkte.

Die Wildwasserbahn – wie CEOs den Wandel erleben

Führungskräfte erleben den Wandel als umfassenden und komplexen Prozess. Einige der Aussagen darüber, wie die Leader diese Entwicklung wahrnehmen, sagen viel über das Ausmaß der Veränderung aus:

»Wir haben in den letzten zehn Jahren mehr Veränderungen erlebt als in den 90 Jahren davor.«

Oder:

»Wir finden uns auf einer Wildwasserbahn wieder.«

Zuweilen sind die Veränderungsnotwendigkeiten erkannt, aber der Change ist schneller, als das Unternehmen damit Schritt halten kann – ein Indiz für den beispiellosen Wandel unserer Zeit, wie ein CEO aus den USA zu Protokoll gab:

»Wird sind durchaus erfolgreich, aber langsam.«

Aber es sind nicht nur die Geschwindigkeit und die Menge an Wildcards, also nicht vorhersehbaren Überraschungen wie etwa die Terroranschläge vom 11. September 2001 oder der Beginn der Finanzkrise im Jahr 2008, die für den Eindruck unter den CEOs sorgen, dass sich ihr Aufgabenbereich erheblich erweitert hat. Früher »genügte« es, gut zu managen und Innovationen rechtzeitig zu erkennen und kundengerecht anzuwenden. Kundentrends, Marktverschiebungen und Wettbewerbsverhalten standen für die CEOs noch vor einem halben Jahrzehnt ganz oben auf der Schwerpunktliste. Doch immer wichtiger werden die externen Faktoren, sozioökonomische und geopolitische Einflüsse oder Umweltthemen. Wie hoch ist die Zahl der Arbeitslosen, was bedeutet die demografische Entwicklung für ein Unternehmen? Welche Staaten sind relativ sicher, welche labil? Welche Rolle spielen Krieg und Terrorismus, und wie verhalten sich Unternehmen zum Klimawandel oder zur Ressourcenknappheit? Das sind extrem komplexe Gebiete, die aber heute alle auf die Frage der Strategie und des Handelns durchschlagen.

Und die Mitarbeiter? Auch die beschäftigen die CEOs immer mehr. Woher kommen qualifizierte Leute für die Zukunft des Unternehmens, welche Anforderungen haben sie? Das »Human Capital«, die Fähigkeiten und das Wissen der Mitarbeiter, wird auf allen Ebenen und global immer wichtiger. Hier finden wir einen der klarsten Trends der großen Transformation der Gesellschaft wieder: In allen entwickelten – und sich entwickelnden – Ländern ist das Bild nahezu gleich. High Potentials und Spezialisten, sehr gut ausgebildete Menschen also, werden überall händeringend gesucht. Immer deutlicher wird, dass der einzelne Mitarbeiter den Zugang zu Kunden und Märkten bildet. Allein in zwei Jahren – von 2006 auf 2008 – hat sich die Bedeutung dieses Themas für CEOs verdoppelt. Ein CEO aus dem Finanzmarktbereich hielt für sein Unternehmen sogar fest:

»Wir führen Übernahmen nicht wegen der Vermögenswerte, sondern wegen der Mitarbeiter durch.«

Eine Frage des Bewusstseins – weniger ist nicht mehr

Es gibt eine bemerkenswerte Tendenz, die sich bei Unternehmen, die ihre Change-Hausaufgaben besonders intensiv machen, zeigt. Je mehr Bereitschaft zum Schließen der Umsetzungslücke zwischen Veränderungsnotwendigkeit und realer Transformation besteht, desto erfolgreicher sind die Unternehmen. Das ist eigentlich erstaunlich – denn wenn es so viel zu berücksichtigen, zu verändern gibt, dann müsste man – konventionell betrachtet – davon ausgehen, dass die Avantgarde der Transformationsunternehmen mit ungleich mehr Schwierigkeiten zu kämpfen haben müsste als die in Sachen Veränderung eher konservativen Unternehmen.

Die »Outperformer«, wie wir bei IBM sie nennen, gehen höhere Risiken ein, zeigen, wie gesagt, deutlich mehr Mut. Sie setzen sich mit erheblich mehr Herausforderungen auseinander als ihre konservativen Wettbewerber. Das Glück gehört den Tüchtigen – das zeigt sich bei der Veränderung klar und deutlich. Diese Unternehmen rechnen auch weiterhin mit mehr Veränderungen, obwohl sie auf ihrem Weg der Transformation schon weit gegangen sind. Doch sie haben offensichtlich verstanden, dass Transformation eben keine Ausnahme ist, sondern eine zentrale Spielregel der Welt, in der wir leben und arbeiten. Und diese Unternehmen sind einfach erfolgreicher im Umgang mit Veränderungen – weil ihr Bewusstsein anders ist als das ihrer Konkurrenten. Der CEO einer japanischen Transportgesellschaft sagt das so:

»Der Schlüssel zu einer erfolgreichen Umgestaltung ist eine andere Denkweise. Große Unternehmen werden leicht selbstzufrieden – das müssen wir ändern. Die Fähigkeit zu Veränderung muss in unsere Unternehmenskultur integriert sein.«

Anders denken in Systemen der Vielfalt – die CEO-Studie 2010: »Unternehmensführung in einer komplexen Welt«

Die CEO-Studie 2010 ist die größte bisher durchgeführte Umfrage ihrer Art: 1 541 Führungskräfte von Unternehmen und öffentlichen Einrichtungen haben wir dazu befragt. Die Untersuchung wurde in 60 Ländern und in 33 Branchen durchgeführt. Wie halten es die Topführungskräfte dieser Welt mit Komplexität? Oder anders gefragt: Was genau bedeutet eigentlich die »Wildwasserbahn«, von der ein CEO der 2008er-Studie sprach? Wir alle haben eine Antwort darauf: Es ist die Mischung aus Vielfalt und Veränderungstempo, die dieses Gefühl vermittelt – Komplexität eben. Komplexität ist ein vielfach missverstandenes Wort. Es zeigt uns eigentlich nur an, dass wir eine Vielzahl an Möglichkeiten haben. Komplexität ist in der Natur normal. Wo aber Systeme mit Normen und Standards operieren, und das müssen alle Unternehmen, ergeben sich zahlreiche Widersprüche zwischen dieser natürlichen Komplexität und dem eigenen Anspruch an planbares Handeln. Dann wird aus Komplexität vielfach Kompliziertheit.

Komplexität ist aber, das dürfen wir dabei nie vergessen, ein gewaltiger Steinbruch, aus dem wir immer wieder exakt den richtigen Stein holen können, das Puzzlestück, das eine Lösung beinhaltet. Genau das ist der Gegenstand der CEO-Studie 2010: »Unternehmensführung in einer komplexen Welt«. Wie, so lauten die Kernthemen, wirkt Komplexität als Veränderungstreiber, als Faktor für Innovation und Transformation? Welche neue Qualität in Kundennähe und -beziehung ergibt sich daraus? Und: Wie steht es mit der Agilität des Unternehmens, seiner Fähigkeit zur raschen und richtigen Bewegung, im Fokus der CEO-Agenda der nächsten Jahre? Was braucht man, um Komplexität nutzen zu können? Die Antwort ist relativ einfach, sie wird seit Menschengedenken in der Praxis gegeben: Kreativität. Die Fähigkeit also, etwas Neues zu erkennen und zu schaffen.

Diese Einsicht ist unter den befragten Topmanagern sehr verbreitet: Die wichtigsten Führungsqualitäten und damit die wichtigsten Eigenschaften im Umgang mit Komplexität sind:

Kreativität – 60 Prozent der Führungskräfte halten die Fähigkeit des schöpferischen Denkens für das wichtigste Werkzeug im Umgang mit Komplexität.

Integrität – für 52 Prozent der Führungskräfte und gerade in turbulenten Zeiten eine wesentliche Tugend, um einen neuen Kurs zu setzen.

Globales Denken – also die Fähigkeit, über den Tellerrand der »heimischen Märkte« hinauszusehen und zu kooperieren, ist für 35 Prozent der Führungskräfte eine zentrale Fähigkeit, um Unternehmen in komplexen Zeiten gut zu führen.

Was folgt daraus? Wer Komplexität verstehen will, muss auch fähig sein, ins Detail zu gehen. Die wichtigste Fähigkeit im Umgang mit Komplexität ist die zur Differenzierung. Und das ist keine philosophische Kategorie, sondern ganz handfest eine Frage, ob man in den neuen komplexen Märkten noch mitspielt oder einfach als Dinosaurier endet. Unterscheidbarkeit bedeutet, noch exakter auf Kundenwünsche einzugehen, also Vielfalt nicht als Phrase zu denken, sondern ernst zu nehmen. Daraus folgt für die CEOs der 2010er-Studie klar eine noch engere Vernetzung mit den Kunden – 88 Prozent sehen darin eine zentrale Marschrichtung ihrer Unternehmen. 82 Prozent meinen, dass ihre Kunden erwarten, dass sie »ihr Unternehmen« besser verstehen. Daraus ergeben sich neue Fragen zu Kooperation und Zusammenarbeit. Immer deutlicher wird, dass Kooperation nicht einfach nur ein gelegentlicher »Ausflug« zu anderen und mit anderen ist, sondern den unternehmerischen Alltag bestimmt: Eine neue Qualität der Zusammenarbeit bewerten deshalb 69 Prozent der Führungskräfte als wichtig.

Bewegung für Unternehmen – warum Agilität innovativer macht. Die Standouts

Sind in der Krise eigentlich alle gleich? Ganz und gar nicht. Die CEO-Studie 2010 zeigt, dass es sich für Unternehmen, die ihre Strukturen auf Kreativität, Erkennen von Möglichkeiten, ein schnelles Veränderungstempo – die operative Agilität – und auf intensive Kundenbeziehungen bauen, die Folgen der externen Veränderungen bei Weitem am besten bewältigen können. Es sind die Unternehmen, die wir »Standouts« nennen, die Herausragenden. Es sind Unternehmen, die in den letzten Jahren – und auch in den Jahren der Krise – ganz besonders erfolgreich waren. Ihre überdurchschnittlichen Wachstumsraten – um bis zu sechs Mal höher als die ihrer Mitbewerber – sind kein Zufall. Was können diese Standouts besser als andere? Zunächst sind sie bereit, ihre Geschäftsmodelle und ihre Organisation schnell und gründlich zu verändern. Sie hängen nicht an der Vergangenheit, sie sind darauf vorbereitet, mit dem Wandel als Normalität zu leben.

Die Standouts sind auch bereit, sehr viel konsequenter als ihre Konkurrenten auf radikale Vereinfachungen zu setzen, das gilt für Produkte, Prozesse und Strukturen. Damit schärfen sie ihre Unterscheidbarkeit, aber auch die Fähigkeit, sich schnell neu anzupassen, weil sie sich nicht in zu komplizierten Strukturen und Plänen verheddern. Auch das macht Standouts schneller als die anderen – um bis zu 54 Prozent höher liegt bei ihnen das »Entscheidungstempo« – und sie sind auch in der Umsetzung ihrer Entscheidungen den Mitbewerbern voraus – um durchschnittlich 17 Prozent. Standouts wissen, wie ihre Organisation richtig »atmet«, das heißt, sie wissen ihr Unternehmen den Veränderungen jeweils richtig anzupassen. Eine flexible Kostenstruktur ist dabei ein wesentlicher Faktor. Den Leadern dieser Standouts geht es weniger um das alte Anordnen und Kontrollieren; sie setzen auf Überzeugungskraft (57 Prozent). Deutsche Unternehmen sind hier noch weiter vorn als andere: Mit 78 Prozent sind mehr als drei Viertel aller in Deutschland befragten Führungskräfte in der CEO-Studie 2010 der Meinung, dass Überzeugung weit besser wirkt als Kontrolle.

Allerdings zeigt sich auch, dass die europäischen Führungskräfte in Sachen Geschäftsmodellinnovation noch einen Aufholbedarf haben. Nur 47 Prozent der europäischen CEOs denken über eine Neuausrichtung ihres Geschäfts nach – die in Form einer stärkeren Spezialisierung oder höheren Integration erfolgen könnte. In den USA, China und Japan liegen diese Werte zwischen 69 und 73 Prozent – deutlich höher also. Dabei sehen 80 Prozent aller befragten CEOs die Zukunft so: Es wird noch viel mehr Unsicherheit, Volatilität geben als bisher. Und das heißt ja nichts anderes als: Es muss auch die Fähigkeit im Umgang mit diesen Überraschungen geschult werden. Die flexible Organisation, die kreativ denkt und immer auf Wandel eingestellt ist, wird zur Normalität.

Und rund ein Drittel der Manager glaubt, dass ihr Unternehmen nicht ausreichend auf diese Veränderungen vorbereitet ist – dass es eine »Vorbereitungslücke« gibt, die dringend geschlossen werden muss. Es ist also höchste Zeit, sich den Fakten zu stellen – einer komplexen, vielfältigen Welt mit ungeheuren Chancen für all jene, die beweglich bleiben, agil und in Transformation, und einem sehr hohen Risiko für all jene, die bei dem bleiben, was sie schon immer getan haben.

Es wird Sieger geben und Verlierer. Die Sieger stehen heute schon fest. Es sind jene Unternehmen, in denen die Führungsqualitäten vorgelebt werden, die von der überwiegenden Anzahl der Top-Leader der Welt von heute als richtig und wichtig erkannt sind: Eine kreative Führung, die mit Unklarheit leben kann, die trotz Unsicherheit handelt, die überraschende Ideen entwickelt. Eine Führung, die klare Linien aufzeigt, Orientierung bietet und die Vernetzung fördert, um Komplexität navigier- und damit erst nutzbar zu machen. Und eine Führung, die mit Leidenschaft kommuniziert, dass all das möglich ist. Die bereit ist, die Spielregeln in der Industrie zu verändern. Kurz und gut: Kapitäne, die sich jeder Witterung auf See stellen – und dabei nicht nur das Beste daraus machen, sondern auch noch Neues entdecken. Das sind die Führungskräfte des Unternehmens der Zukunft.

Dahin führt Veränderung. Vielleicht fragen Sie sich, was das konkret für Ihr Unternehmen bedeutet. Wir fragen uns das. Und finden drei Ansatzpunkte für unsere Transformationsarbeit.

Erstens nutzen wir die Ergebnisse der CEO-Studien als Inspirationsquelle. Wann immer wir in unserer Organisation, in den Prozessen oder Strukturen etwas ändern, orientieren wir uns an den Anforderungen und Führungsqualitäten, die CEOs erfolgreicher Unternehmen wichtig finden. Bei einer kreativen Entwicklung zum »Besseren« kommt man einfach auf Ideen, die man sonst vielleicht nicht hätte.

Zweitens beurteilen wir den Erfolg neu eingeführter Organisationen, Prozesse oder Strukturen unter anderem mit den Kriterien unserer Kunden – also in diesem Fall der CEOs, die uns sagen, was sie schätzen. Sind wir kreativ, integer, global, vernetzt unterwegs?

Und drittens – das wird wenig überraschen – sind die Studien nützlich beim Training, bei der klaren und eindeutigen Information unserer Vertriebs- und Serviceteams, ja unserer gesamten Organisation. Wenn uns die Kunden sagen, was ihnen wichtig ist, kann es uns nur nützen, wenn wir unsere Mannschaft darauf ausrichten. Und wenn wir den Kunden dann die Ergebnisse der Studien zurückspielen, dann sprechen wir mit ihnen in ihrer Terminologie. Das bringt uns der Orientierung am Erfolg unserer Kunden einen entscheidenden Schritt näher.

....

Atemlos, um Begeisterung zu wecken.
Ein Interview mit Martin Jetter

Martin Jetter ist seit November 2006 Vorsitzender der Geschäftsfüh-
rung der IBM Deutschland GmbH. Seit 1986 ist der studierte Maschi-
nenbauer bei der IBM. In den Jahren 1999 und 2000 war Martin Jetter
in der IBM Konzernzentrale in Armonk, New York, im Stab von Louis V.
Gerstner junior tätig. Danach arbeitete er in verschiedenen Führungs-
positionen der IBM – etwa als General Manager für das weltweite Pro-
duct-Lifecycle-Management-Geschäft, als weltweit Verantwortlicher für
das Geschäft mit dem Kunden Siemens und – vor der Übernahme der
IBM Deutschland-Geschäftsführung – als Leiter von IBM Business Con-
sulting Services.

Mit seinem Antritt als Deutschland-Chef begannen unsere entscheiden-
den Transformationsjahre.

Natürlich hatten viele von uns den Wendepunkt des Jahres 1993
erlebt, und die Veränderungen und Umbrüche, die sich im Ge-
schäft und in einer neuen, den Verhältnissen angepassten Fir-
menkultur unter Samuel J. Palmisano seit 2002 ergeben hat-
ten. Aber das waren eben auch Prozesse, die in einem globalen
Konzern, der eine neue Einheit erhalten hatte, ganz normal wa-
ren. Aber Transformation aus eigenem Antrieb, aus eigener Ini-
tiative – das war neu. War das nötig, Herr Jetter?

Als ich die Geschäftsführung am 1. November 2006 übernommen
habe, war die Lage so: Wir alle waren in einem Hamsterrad, das von
Quartal zu Quartal ging. Alle haben rund um die Uhr gearbeitet,
versucht, ihre Ziele zu erreichen – alle haben also eine hohe operationale Disziplin gehabt, aber genau da lag auch das Problem. Die
Ergebnisse waren nicht das, was wir wollten. Und dann hat man
die Wahl: Wollen wir im Hamsterrad weitermachen – und dann
kommt das dabei raus, was uns nicht zufriedenstellt – oder versuchen wir, die ganze Organisation auf ein höheres Leistungsniveau
zu bekommen.

Tempo erhöhen, den Druck verstärken?

Das Tempo zu erhöhen, ist eine Option – aber es geht auch anders. Man kann die Situation auch von außen betrachten, nachdenken und neue Optionen entwickeln. Das war recht früh klar für mich. Immer nur das Gleiche machen, vielleicht schneller, härter oder sonst wie – und hoffen, dass sich die Situation bessert. Das funktioniert nicht. Dann fing es an – wir haben viel diskutiert und gefragt, quer durch das Unternehmen. Und klar, anfangs ist da Misstrauen. Unsicherheit mit dem Neuen – aber da kann man nur eins machen: Vertrauen aufbauen und zuhören, lange zuhören und sehr genau.

Ich habe mir dann Leute gesucht, die die IBM in Deutschland von innen, aber auch von ihrer Außenwahrnehmung her gut kannten und damit einen zusätzlichen Erfahrungshintergrund besaßen. Ich wollte ganz einfach wissen: Wie ist unsere Verfassung? Wie ist die emotionale und wie ist die rationale Wahrnehmung? Dann bin ich nach und nach mit dem Leadership-Team der IBM in Deutschland ins Gespräch gekommen. Und da sind die grundlegenden Fragen gekommen: Wo sind wir eigentlich mit der IBM in Deutschland? Warum sind wir da, wo wir sind – und wie kommen wir da raus? Es sind die ganz einfachen Fragen, die man sich stellen muss. Ganz simpel.

Es haben nicht alle positiv reagiert. Es gab Verunsicherte, aber auch den Typus, der sagte: »Wer hat Ihnen eigentlich die Erlaubnis gegeben, das zu tun?« oder »Haben Sie für Ihre Transformation eigentlich eine Autorisierung?« Da waren wirklich viele Schattierungen dabei. Aber das war der Inkubationspunkt, hier haben wir um die Jahreswende 2006/2007 angefangen.

Wie bringt man in ein Unternehmen, in dem alles – wie Sie gesagt haben – operational diszipliniert läuft, also wie im Hamsterrad, das Bewusstsein rein: Das reicht nicht. Es muss sich etwas Grundlegendes ändern. Wir dürfen nicht darauf warten, dass das andere für uns erledigen. Wie geht das?

Erstens, wer im Hamsterrad läuft, ist wirklich gut beschäftigt und schaut selten nach links und rechts. Das wusste ja auch schon Thomas Watson senior – denken Sie an »Think« –, nichts anderes ist damit gemeint. Fleiß führt nur zu etwas, wenn man nachdenkt, das ist klar. Und dann darf man ja eines nicht unterschätzen, wenn man eine Transformation einleitet: Es war nicht alles falsch. Und wenn man über Änderung spricht, tritt man denen nahe, die sich für den Status quo verantwortlich fühlen. Am Anfang steckt die Transformation in ihrer sensibelsten Phase – da muss man versuchen, individuelles Wollen zu erzeugen, auch bei denen, die skeptisch sind. Und das habe ich getan – ich habe die Menschen ein wenig atemlos gehalten. Atemlos bedeutet nicht einfach antreiben und Druck machen, sondern Begeisterung zu wecken: Wir sind ein Unternehmen, das Dinge früh anpackt, rechtzeitig, in dem Prozesse erklärt werden, in dem sie in einem Kontext stehen, die Zusammenhänge der Transformation klar werden. Das ist ein Erfolgserlebnis, weil es nicht darum geht: Was war bisher falsch? Sondern darum: Wie machen wir es richtig gut und immer besser? Es ist eine Intensivierung. Jeder, der im Transformationsteam, das sich damals gebildet hat, mitmachte, hatte seinen ganz »normalen« Job zu erledigen – und das ist schon eine ganze Menge. Wir reden von doppelter Arbeit, mindestens doppelter Arbeit. Und damit auch von der Schwierigkeit, die persönliche Balance zu halten und auch das Vermögen, die Risiken der Veränderung abschätzen zu können. Die nächste Ebene ist, Stolz zu entwickeln, weil man erfolgreich ist. Und dann gab es etwas, was wir uns von Anfang an sehr klargemacht haben: Ohne Wachstum läuft hier nichts. Routine, Abarbeiten, Hamsterrad – das führt uns nicht dahin.

Aber Routine gibt auch Sicherheit und ein Gefühl der Autonomie. Wenn etwas verändert wird, stehen ja auch viele Gewohnheiten infrage, die durchaus angenehm sind. Schränkt die Transformation nicht die Individualität der Mitarbeiter ein?

Wachstum bestimmt die Freiheitsgrade. Wer wächst, kann sich bewegen. Zudem wollten wir vermitteln: Rüttelt nicht an den Gitterstäben eures vermeintlichen Gefängnisses. Dreht euch erst mal um und schaut nach links und rechts. Da sind die Türen offen. Es ist eine Bewusstseinsfrage. Es ging von Anfang an – und darum geht es noch heute – darum, dass wir integrierter denken; der Kunde sollte verstehen, was One IBM bedeutet, was wir als Ganzes für ihn tun können, warum wir die besseren Lösungen für ihn haben. Und das war auch entscheidend für unsere Sicht der Transformation nach innen. Wir mussten auch erst mal integrieren.

Als wir dann begannen, mit einer Gruppe von 50 Führungskräften aus allen Geschäftsbereichen, war dies die Gründung des »Transformationsteams«. Das waren unsere Change Agents. Für uns ist das Transformationsteam der Transmissionsriemen in die IBM in Deutschland hinein.

Was war denn in diesem Prozess für Sie wichtiger: Management oder Leadership? Man sagt ja in der Managementtheorie, dass sich beides nicht gut verträgt?

Management sorgt für das Operationale. Aber um auf ein anderes Niveau zu klettern, einen Durchbruch zu erzielen – dafür braucht man Leadership. Da braucht man Menschen, die sich den Fragen und Aufgaben stellen und sich nicht wegducken, die Mut haben, die ausbrechen aus der Routine und Altes infrage stellen, die Risiken annehmen, die bereit sind, nach vorn zu gehen. Und die etwas Neues tun wollen.

Was sind Leadership-Tugenden?

Alle, die ich schon genannt habe. Und dazu kommen einfache Prinzipien. Aufrichtigkeit, eine klare Sprache, Ehrlichkeit, und dass das, was man sagt, mit dem, was man tut, übereinstimmt. Dazu kommt noch, dass man über die Latte springen will, und das nicht nur allein, sondern mit seinem ganzen Team. Man muss darüber hinaus genau wissen, wohin es geht. In die Richtung gehen wir und das halten wir jetzt auch durch. Standhaftigkeit, das gehört auch dazu. Es gibt immer Widerstände, es gibt E-Mails oder Kommentare, die sagen, das schafft ihr nicht. Aber dann zu sagen, wir bleiben auf Linie, darum geht es bei Leadership.

Muss man nicht alles auf Harmonie ausrichten?

Eine Ausrichtung auf zu viel Harmonie in einer Organisation ist eines der größten Hemmnisse für eine High-Performance-Organisation. In unserem Markt geht es darum: Wir haben Konkurrenten, die uns die Aufträge abjagen wollen. Die alles dazu tun, dass wir etwas verlieren. Dagegen müssen wir uns durchsetzen, mit besseren Ideen und einer klaren Sprache und eindeutigem Handeln. Da muss man länger durchhalten – und nicht aufgeben, wenn man den Raum verlässt.

Wir wussten schon 1993, dass die Goldgräberzeiten in der Branche vorbei sind. Wie war das früher? Die IT-Industrie wuchs jährlich mit zehn, 15 Prozent – wie von selbst. Da hat mittelprächtige Leistung völlig ausgereicht. Heute haben wir ganz geringes Marktwachstum. Der Preis für eine Leistungseinheit geht jedes Jahr nach unten. Alles, was wir tun können, ist, die Leistung zu verbessern, um nur mal einen Ausgleich zu schaffen. Wir wollen aber wachsen. Natürlich gibt es Widerstand, wenn Sie das thematisieren. Über Wettbewerb zu reden hat bei einigen eine echte Abwehrreaktion hervorgerufen. Ich bin durchaus streitbar. Ich halte das nicht für eine Untugend.

Braucht man dazu mehr Rückgrat als fürs Tagesgeschäft? Und muss man sich dabei auch mit bestehenden Strukturen anlegen wollen?

Ja. Wir haben im Transformationsprozess mal ganz bewusst versucht, die Organisation zu provozieren. Wir haben Karikaturen gemacht, da war eine dabei, in der sehen Sie so einen Nice Guy, der immer lächelt, ganz gleich, was gerade passiert. Er lächelt, ist immer dafür, nie dagegen. Sehr nett. Aber Teilnahme, Verantwortung? Fehlanzeige. Im Grunde konnten wir aber alle davon ausgehen, dass die IBM in Deutschland keine dummen Menschen beschäftigt. Wir konnten darauf setzen, dass die Leute intellektuell in der Lage waren, selbst einzuschätzen, warum wir die Transformation so und nicht anders beginnen. So kann man einen Dialog führen.

Wie sehr kann man denn darauf setzen, dass das Verständnis für Veränderung die ganze Organisation erfasst? Dass die Leader mitmachen – okay. Aber alle? Ist das realistisch?

Kein Mitarbeiter, ganz gleich auf welchem Level, kann aus der Verantwortung gehen. Er muss wenigstens sagen: Ich will verstehen, warum ihr das macht. Wir haben ausgesucht gute und schlaue Leute. Und von denen darf man zu Recht erwarten, dass sie nachdenken, nachfragen. Das ist eine Kompetenz, die einfach jeder IBMer haben muss. Und wenn es Ihnen gelingt, bei einem Transformationsprozess 40 Prozent wirklich nachhaltig zu erreichen, dann zieht der Rest auch mit. Das ist ein Erfahrungswert.

Jeder Transformationsprozess stellt infrage, was ist – und was aus der Innensicht ganz gut funktioniert. Wie kann man Mitarbeitern, die eigentlich einen guten Job machen, der jetzt, weil Strukturen und Ziele geändert werden, anders gemacht werden muss, das nahebringen?

Wir mussten eine Menge lernen. Kritik beispielsweise nicht als persönlichen Angriff zu verstehen. Es gibt Leute, die sagen: Kritik an der Sache ist Kritik an mir. Aber das ist nicht wahr. Wenn wir sagen, das können wir für den Kunden besser machen, dann muss das sein. Gleichzeitig muss völlig klar sein, dass dabei der Mensch integer behandelt wird. Es geht nicht um Gewinner und Verlierer. Schon gar nicht geht es um die Verwechslung von sachlicher Kritik und persönlichem Angriff. Das war etwas, was wir lernen mussten – alle zusammen.

Wie halten Sie das persönlich aus? Es gibt ja auch gewisse Grenzen des Machbaren, in der Auseinandersetzung, der Durchsetzung, der Arbeit. Wie ist das?

Ich war mal Schiedsrichter in der Handball-Bundesliga. Man muss in Sekundenbruchteilen entscheiden. Das macht einen selbstkritisch. In dem Moment, in dem man pfeift, macht man eine Entscheidung deutlich – und unterbricht das Spiel. In einer Zehntelsekunde wissen Sie, ob die Entscheidung richtig war oder falsch. Wenn ich bemerke, ich lag falsch, kann ich dann das Thema abhaken und mich weiterhin unparteiisch verhalten? Oder werde ich zu Konzessionsentscheidungen hingerissen? Und diese Linie muss man 60 Minuten lang halten. Das ist wirklich schwer. Aber man lernt dabei. Heute lächle ich, wenn 2 000 Leute singen: »Schiri, wir wissen, wo dein Auto steht.«

Als Trainer wie als Führungskraft muss ich mich auch immer fragen: Will ich Gehorsam – oder will ich mit Erwachsenen arbeiten? Gehorsam erreichen Sie, wenn Sie autoritär etwas durchziehen, das geht im Handball – wie in der Organisation – in eine Richtung: Die Leute laufen, wenn Sie alles kontrollieren, dann kommt Performance. Aber wehe, wenn es mal nach hinten losgeht und die anderen auch mal gewinnen. Dann geht Ihnen die Mannschaft von der Fahne, ganz schnell. Es geht darum, mit Ups and Downs umgehen zu können – und zwar weil das jeder Spieler, jeder Mitarbeiter selber will. Weil er erwachsen ist – und selbständig und eigenmotiviert handelt. Dazu gehört auch, dass wir immer klar betonen, dass ein Satz wie »Die IBM muss mal das und das tun« nicht geht. Die IBM sind wir alle. Ich muss es tun. Jeder Einzelne.

Wie kann man die Motivation erhalten? Wenn man sich ansieht, wie schnell Länder wie Indien und China aufholen – lohnt sich da eigentlich die Anstrengung der Transformation?

Ja, natürlich. Es geht darum, die globale Kooperation zu nutzen. Es gibt Dinge, die ich einfach in der Qualität, Güte und mit dem tiefen Wissen, das wir in Deutschland haben, nirgendwo sonst auf der Welt bekomme. Es geht bei der Transformation immer um eines: Stärke deine Stärken. Dazu kommt auch, dass in Deutschland, wie in anderen wohlhabenden Nationen auch, ein hoher Bedarf für das besteht, was wir tun. Verwaltung, Administration, Entwicklung – all das ändert sich. Und wir sind die, die hier wirklich als Berater und Problemlöser etwas tun können. Smarter Planet ist eine sehr klare Sache – keine Vision, sondern das Erkennen, dass bei uns die Dinge dramatisch anders werden. Wir werden da wirklich gebraucht, vielleicht mehr als je zuvor. Wir müssen aber klarmachen, dass es das alte »made in Germany« nicht mehr gibt. Wir bieten »created in Germany«. Wir verkaufen Wissen. Ideen.

Worauf sind Sie im Transformationsprozess stolz? Was war wichtig für Sie?

Eine ganze Menge. Zum Beispiel, dass bei der IBM in Deutschland kein einziger Arbeitsplatz verschwunden ist. In der Branche sind in den letzten Jahren 15 000 bis 20 000 Arbeitsplätze weggefallen. Wir wollten zeigen, dass es hier geht, dass wir verändern können, unter guten Bedingungen, weil wir verstanden haben, dass wir eben »um so viel besser sein müssen, wie wir teurer sind« – wie Horst Köhler sagte. In zehn Jahren werden wir noch weiter sein, im Bewusstsein, in der Entwicklung. Wir erleben eine globale Integration, die noch viel extremer ist als die, die wir heute kennen. Für uns heißt das: Ohne Bewegung gibt es keine Zukunft.

Nicht mal das, was wir jetzt schon haben?

Selbst der Erhalt des Status quo bedarf einer gewaltigen Veränderungsbereitschaft. Die Regeln von gestern gelten nicht mehr. Und deshalb haben wir ja angefangen, das Spiel zu verändern.

Neue Spielregeln. Das bedeutet ganz konkret auch, nicht mehr einfach nur Produkte und Dienstleistungen von der Stange anzubieten. Sondern kreativer, vielfältiger zu denken – und sich dabei Problemlösungen zuzuwenden, die vielen nützen. Es gibt genug zu tun, um die Welt ein bisschen besser funktionieren zu lassen.

Was wir im Bewusstsein, dass sich vieles ändern kann und soll, dazu tun, haben wir im nächsten Kapitel aufgeschrieben. Es geht darum, was wir uns wünschen und wofür wir arbeiten: einen smarteren Planeten.

7. Kapitel

Besser machen, smarter sein

Veränderung heißt Verbesserung. Wir haben uns verändert. Warum
verändern wir jetzt nicht die Welt – jedenfalls die Art und Weise, wie
sie funktioniert? Wir nennen das »A Smarter Planet«. Aus der Masse
der Daten soll ein neues intelligenteres, besseres System werden.
Was muss man dazu tun? Wie immer: Denken und das Spiel ändern.

Was halten Sie von folgender Zahl? 1 000 000 000 000 000 000 000.
Eine Eins, gefolgt von 21 Nullen. Eine Billion Gigabyte. Ein Ze-
tabyte. Das ist die Menge an Daten, die der Internet-Verkehr
Schätzungen zufolge demnächst erreichen wird.

Keine Sorge – wir wollen Sie nicht mit gigantischen Zahlen
beeindrucken. Wir kehren nicht zurück in das Zeitalter, in dem
die Menge der Informationen mit ihrer Qualität verwechselt wurde. Im Gegenteil. Das Zetabyte soll eigentlich nur klarmachen,
dass die Welt, in der wir leben, ohne Informationstechnik nicht
mehr vorstellbar ist. Selbst Menschen, die Computer und Netzwerke nicht leiden können, würden nicht weit kommen, wenn
die Bitströme hinter dieser beeindruckenden Zahl versiegen würden. Es geht nicht um Superlative, es geht um Lösungen. Um
bessere Lösungen, als wir sie heute kennen – trotz so beeindru-
ckender Zahlen. Sehen wir dafür zunächst mal die Art der Daten
an, die hinter dem Zetabyte stecken. Was steckt da drin und –
brauchen wir es überhaupt?

Die Welt ist zum Informationsozean geworden. Wasser – also Daten – gibt es reichlich. Aber wie lernt man darin schwimmen?

Bits und Bytes kann man nicht sehen, nicht riechen, nicht anfassen, nicht schmecken. Vielleicht ist das ein Grund, warum es gar nicht so leicht zu begreifen ist, hinter wie vielen praktischen und anfassbaren Dingen und Prozessen Daten stecken. Allein 30 Prozent der weltweiten Datenmenge bestehen aus medizinischen Bildern, die für die Diagnose und Behandlung von Patienten unerlässlich geworden sind. Diese Daten helfen Ärzten, die richtigen Schlüsse zu ziehen und schnelle und manchmal lebenswichtige Entscheidungen für ihre Patienten zu treffen. Als Daten im Netz wären sie weltweit sofort verfügbar. Niemand muss seine Gesundheit riskieren, wenn er den Aktionsradius seines Hausarztes oder seines Kreiskrankenhauses verlässt.

Eine einzige moderne Brücke in einer Großstadt wie Hongkong verfügt über mehr als 1 000 vernetzte Sensoren, die ständig Daten und Fakten über Belastung, Windstärke, Spannung und Verkehrsaufkommen liefern. In der Summe machen es diese Daten möglich, dass man jederzeit weiß, wie der aktuelle Zustand der Brücke ist. Mit konventionellen Systemen wäre das gar nicht zu schaffen.

Nun gibt es auf der Welt nicht eine Brücke, eine Straße, ein Hochhaus, ein Bürogebäude, eine Fabrik, sondern jeweils Millionen und Abermillionen von ihnen. Ständig werden Daten in Hinblick auf Temperatur, Bodenbeschaffenheit, Wasserfluss, Vibration und Position erfasst. Und immer mehr Privathäuser und Wohnungen sind mit vernetzten Computern, die auf den ersten Blick gar nicht so aussehen, verbunden. Sie stecken in Flachbildschirmen, Haushaltsgeräten, Klima- und Heizungssteuerungen und vielen anderen Dingen. Sie sind meist unsichtbar, aber dennoch allgegenwärtig. Das gilt nicht nur für Immobilien und die Sachen, die in diesen Gebäuden und Wohnungen sind. Vieles von dem, was sich bewegt, tut dies bereits datengestützt und zunehmend vernetzt.

Verkehr im Sinne einer umfassenden Mobilität, Umweltdaten, Wirtschafts- und Finanzdaten und Daten zum Thema Sicherheit generieren eine Unmenge an Informationen. Vor sechs Jahrzehnten wurde der Transistor erfunden – und damit der Ausgangspunkt für die Computerrevolution. Damals – und noch Jahre danach – waren diese Transistoren teuer und exotisch. Im Jahr 2010 entfallen rechnerisch auf jeden Erdenbürger eine runde Milliarde Transistoren – und diese Zahl wächst ständig weiter an. Die erste Konsequenz daraus ist: Rechenleistung ist heute so kompakt und reichlich vorhanden – und so kostengünstig geworden –, dass Dinge damit ausgestattet werden, die wir auf den ersten Blick gar nicht als Daten verarbeitende Einheit wahrnehmen.

Wir steigen in Autos ein, die uns zur Arbeit oder in den Urlaub bringen – aber was ist eigentlich das Herz des Autos? Sein Motor? Die vier Räder? Oder längst schon die Elektronik und die Daten, die Prozesse steuern und berechnen, um den aktuellen Status quo an einen Prozessor zu melden, der bei Bedarf sichere Bremsmanöver erlaubt (ABS) oder einen Airbag auslöst? Mithilfe von vernetzten Daten finden wir den richtigen Weg (Navigationssysteme) und Antworten auf die Frage, was nicht richtig läuft (Diagnosesysteme) – wann haben Sie zum letzten Mal bei einer Panne unter die Haube geschaut und dann erfolgreich den Fehler behoben? Das ist alles nur konsequent, denn seit Jahren schon werden Autos auf Computern entwickelt und konstruiert.

Radio Frequency Identification Tags (RFID) machen es möglich, dass Waren und Transportsachen jederzeit auffindbar sind. Aus dem Adressaufkleber ist ein Funksender und -empfänger geworden. Ein Frachtstück kann jederzeit von der ursprünglich geplanten Route umdirigiert werden. Waren in Supermärkten »erkennen« ihre Stammkäufer – und sie bestellen sich von selbst nach. In nur zwei Jahren wurden mehr als 30 Milliarden dieser RFID-Tags produziert.

Auch Haushaltsgeräte sind längst keine rein mechanischen Systeme mehr, sie werden durch Daten und Software gesteuert – und zunehmend vernetzt. Selbst natürliche Systeme wie in der Landwirtschaft oder Wasserwege sind mit Datensensoren versehen. Die Welt ist zum Informationsozean geworden. Wasser, also Daten, gibt es darin reichlich, und ständig fließt neues dazu. Aber wie lernt man in diesem Ozean schwimmen? Wie navigiert man über dieses riesige, ständig noch weiter anschwellende Gewässer? Das ist eine Frage, hinter der ein wichtiger Perspektivenwechsel steckt – nicht nur in der Informationstechnologie.

Jahrzehntelang haben sich Millionen Ingenieure und Techniker, Organisatoren und Manager darum bemüht, dass die Daten schneller und in größeren Mengen fließen können. Aber sind wir so weit, dass all die Daten, die wir produzieren, wirklich so schlau, so intelligent miteinander verbunden sind, dass die Welt dadurch besser wird, die Systeme schlauer, intelligenter? Dass wir Probleme mit der Mobilität, dem Umgang mit Ressourcen und der Umwelt, mit dem Austausch wesentlicher Daten im medizinischen Bereich und vieles andere mehr so sinnvoll analysieren, dass daraus eine bessere Lösung wird? Wir wollen den »Smarter Planet«. Eine Welt, die besser funktioniert, weil sie intelligentere Systeme nutzt.

Die Menschen sind bereit für eine wirkliche Veränderung

November 2008. Die ganze Welt redet nur über ein Thema: den Kollaps der Finanzsysteme. Eine tiefe und lang anhaltende Wirtschaftskrise wird erwartet. Diese Zeit – und die Monate danach – sind in vielerlei Hinsicht ein Wendepunkt. Gegen Ende des so ereignisreichen ersten Jahrzehnts des 21. Jahrhunderts wird vielen Menschen auf der Welt klar, dass der Wandel, die Veränderung, sie erreicht hat. »Auf der ganzen Welt sitzen Menschen und denken angestrengt darüber nach, was man tun kann«, sagte Samuel J. Palmisano in diesen Tagen bei einer Veranstaltung in Istanbul, »aber was noch wichtiger ist: Alle diese Menschen sind bereit für eine wirkliche Veränderung.« Führungskräfte und Entscheider auf der ganzen Welt, in Unternehmen, Behörden, Regierungen und Kommunen, sie alle gehöre zu jenen, von denen Handeln und Entscheiden verlangt wird. In einem neuen Sinn: Die Probleme, die sich über die Jahre angehäuft haben, sollen wirklich nachhaltig und gründlich gelöst werden. Smart, intelligent. Und es braucht ein neues Bewusstsein, wie weit die Welt der Daten und Informationen schon vorgedrungen ist, wie gut der Boden für eine bessere Welt bereitet ist.

Das klingt ein wenig übertrieben? Schauen wir nochmals genauer hin: Über Datensysteme werden heute Dienstleistungen erbracht, physische Waren entwickelt – zum Beispiel Autos, Flugzeuge oder MP3-Player – und über diese Systeme und ihre Netzwerke hergestellt, erworben, weiterverteilt und verkauft. Wenn Öl oder Gas durch Pipelines fließt, sorgen Daten dafür, dass das überhaupt erst möglich wird – Daten messen und steuern diese Vorgänge. Dasselbe gilt ganz selbstverständlich, wenn wir heute in unseren Häusern und Wohnungen die Heizung aufdrehen oder ein Glas Wasser aus dem Hahn zapfen. Milliarden Menschen leben in einer Welt, die ohne Daten gar nicht denkbar wäre.

Der unsichtbare Computer. Das Internet der Dinge

Fassen wir zusammen: Infrastruktur, Rechner, Sensoren, Netzwerke sind vorhanden. Wir sind gut ausgestattet und bauen die digitale Welt nach wie vor großzügig aus. Diese Infrastruktur der bereits schlauen Einzelteile und Systeme wird zunehmend vernetzt und erhält dadurch einen neuen Charakter. Das ist übrigens umso einfacher, je bereitwilliger auf offene Standards gesetzt wird. Also auf Systeme, die sich problemlos untereinander verknüpfen lassen. Bei denen zählt, ob der Inhalt werthaltig ist, und nicht, welche Schnittstelle oder welche Softwareplattform eingesetzt wird. Bald wird es im Internet zwei Milliarden Benutzer geben. Vier Milliarden Menschen nutzen Mobiltelefone. Und dazu kommen noch all die Einheiten, von denen bereits die Rede war – die in Straßen, Gebäuden, Autos, Häusern, Haushaltsgeräten und Kleidern stecken. Und natürlich: Computer. All diese digitalen Einheiten werden durch das Internet vernetzt. Es sind unzählige Einheiten, viele Milliarden.

Im Zeitalter der Großrechner und später der Personal Computer war es noch relativ einfach, Rechner und Rechnerleistung wahrzunehmen. Man konnte sie förmlich sehen, leicht begreifen, als eindrucksvolle Kisten in klimatisierten Räumen – später dann als schreibtischfüllende Desktops und noch eine technische Generation später als Notebook, Laptop und Personal Digital Assistant (PDA), heute als iPad oder Smartphone, morgen – wer weiß … Als der amerikanische Ingenieur Mark Weiser im Jahr 1991 in seinem Aufsatz *The Computer for the 21st Century* zum ersten Mal beschrieb, wie sich der Computer und die Welt der Computer in unserem Jahrhundert entwickeln und dabei vom »ubiquitous computing«, dem allgegenwärtigen Rechnen, sprach, hielten das viele noch für eine spinnerte Vision. Wieso allgegenwärtig? Warum denn unsichtbar, diskret, unscheinbar? Das Bewusstsein dafür hat sich ein wenig verbessert – aber immer noch glauben viele Menschen nur das, was sie sehen, und nicht das, was im Hintergrund vorgeht und doch zur Normalität geworden ist.

Smarter Planet – das bedeutet Verbesserungen erreichen, die man in der Praxis nachweisen kann

Heute wissen wir: Die Daten, das Wissen der Welt, die Bewegung der Märkte, der Puls der Gesellschaft lassen sich in Informationen und damit in Intelligenz verwandeln. Wir haben das Wissen, die Verarbeitungsleistung und die Methoden, um aus Daten klug zu werden – und klüger. Mit diesem Wissen lässt sich vieles anfangen, was im 21. Jahrhundert von größter Bedeutung ist, nicht nur für ein Unternehmen, sondern für die ganze Menschheit.

Dieses Wissen kann die Kosten von Systemen deutlich reduzieren, die Verschwendung von Rohstoffen eindämmen, die Qualität von Produkten und Unternehmen erhöhen, die Lebensqualität unserer Städte vorantreiben und vieles andere mehr. Ist Smarter Planet eine große Vision? Ja, aber das ist nicht der Punkt. »Wir wollen weniger Visionen verbreiten als Verbesserungen erreichen, die wir auch in der Praxis nachweisen können«, so gibt Palmisano die pragmatische Richtung der IBM auf dem Weg zu einem smarteren Planeten vor. Welche Verbesserungen könnten das sein? Die Fülle der großen Problemstellungen, die das 21. Jahrhundert bereithält, schreit geradezu nach Intelligenz.

Diesen Zielen haben wir uns nun also seit Ende des Jahres 2008 verschrieben. Smarter Planet. Ein guter Zeitpunkt dafür? Die Welt, wie gesagt, starrte auf die Folgen der Finanzkrise. Und oft unausgesprochen, aber fast immer präsent bei den Debatten über die Ursachen der Krise war, dass ein wesentlicher Faktor die enorme Komplexität der Systeme ist. Diese Komplexität, die in schieren Datenmengen besteht, in unüberschaubaren Prozessen, gilt allgemein als eine wesentliche Ursache für den Crash. So viele Daten, so viele Regeln, so viele unterschiedliche Modelle, Standards, Methoden, so viele Informationen – und dabei weiß, wie man sieht, oft die linke Hand nicht mehr, was die rechte tut. Aus Komplexität ist dann Kompliziertheit geworden, und die ist ein schlechter Begleiter für die Menschheit.

Erschlossene Komplexität hingegen ist gut, man nennt sie auch Vielfalt. Sie tritt uns dann entgegen, wenn wir die zunächst unüberschaubare Menge des Komplexen geordnet und damit zu unterscheiden gelernt haben. Kompliziertheit aber ist eine Systemstörung – man kann nur auf den nächsten Crash warten, im Finanzsystem, im Verkehr, bei der Energieversorgung und allen anderen Systemen, die heute existieren und von denen wenigstens unser Wohlstand abhängt. Was richten komplizierte Systeme an? Nicht nur ganz konkreten Schaden wie jenen, der im Jahr 2008 und danach in der Finanzwelt sichtbar wurde. Noch viel teurer und problematischer ist es, dass dadurch immer mehr Menschen das Vertrauen in die Lösungen verlieren, die das jeweilige System ja letztlich bereitstellen soll. Technikskepsis, Zweifel am Wirtschaftssystem, Zukunftsangst und damit wiederum ein Höchstmaß an Beharrungsvermögen – oder sogar Rückwärtsgewandtheit – statt Zukunftsfreude und Optimismus sind der Preis dafür, wenn Systeme nicht klar und lösungsorientiert ihren Dienst tun. Man kann den Schaden, den das anrichtet, gar nicht beziffern – er kann auf Generationen hinaus wirken. Vertrauensverlust ist teurer als jeder noch so große Crash. Eine komplexe Welt fragt zu Recht nach Antworten – nach integrierten Lösungen also, nach Übersicht und Steuerbarkeit. Gesucht werden Integratoren, die global agieren und deshalb auch die Zusammenhänge über den Tellerrand hinaus verstehen. Hier finden wir uns wieder. Dafür setzen wir uns ein.

Wer in der Krise den Wendepunkt erkennt, kann sich verändern – und wird schlauer

Doch kann das eigentlich funktionieren? Ja, wenn wir uns von unseren alten Erfahrungen trennen und uns einer neuen Sichtweise öffnen. Manchmal machen wir im Alltag die ganz persönliche Erfahrung, dass sich die Dinge dann am schlimmsten anfühlen, wenn wir kurz vor einer Lösung stehen. Das Unbehagen mit etwas, was uns stört, erreicht einen Höhepunkt – Ärzte nennen das eine Krise. Doch Krise, das bedeutet ja auch etwas sehr Positives – nämlich Wendepunkt. Es ist der Punkt, an dem die Dinge anfangen, besser zu werden, wenn wir begriffen haben, wie sie funktionieren. Genau das ist es, was wir glauben. Wir stehen an einem Wendepunkt.

Oberflächlich sehen die Datenströme chaotisch aus. Doch wenn man genau hinsieht, erkennt man, dass die allgegenwärtige Digitalisierung es uns besser als je zuvor ermöglicht, Zusammenhänge zu erkennen und zu erfassen. Für viele von uns, die unter dem sprichwörtlichen Information Overload leiden, unter der täglichen Informationsflut, klingt das ein wenig merkwürdig. Noch mehr Informationen, noch mehr Rauschen als bisher? Ja, mehr Informationen, aber bessere, und dadurch viel weniger Rauschen, sagt Erich Leitner, Leiter Business Analytics & Optimization, IBM Deutschland, denn:

»Wir verfügen heute dank innovativer Analysetools über die Fähigkeit, konkreten Nutzen aus den vorhandenen Daten zu ziehen – und die Muster, die Korrelationen und die Ausreißer zu erkennen. Ausgereifte mathematische Modelle helfen uns, Änderungen unserer Systeme vorauszuahnen, zu prognostizieren und sogar genau vorherzusagen.«

Die Systeme werden klarer. Durch den Einsatz des Internets, der allgegenwärtigen Computer, der Datennetzwerke verfügen wir über eine bessere Entscheidungsgrundlage als je zuvor.

Der Weltgeist, die Weltformel – und was wir von Dämonen lernen können

Entscheidungen sind alles, nicht nur, wenn man die Welt – oder genauer gesagt, ihr Funktionieren – verändern will. Entscheidungen legen fest, wie wir uns ab jetzt und in Zukunft verhalten, was wir demnächst tun werden und wie. Menschen träumten immer davon, die Zukunft vorhersehen zu können. Der französische Mathematiker und Astronom Pierre-Simon Laplace (1749 bis 1827) war ein sehr pragmatischer und klar denkender Wissenschaftler – er arbeitete unter anderem als Innenminister Napoleon Bonapartes und wirkte an der Einführung der Einheiten Meter und Kilogramm mit. Sein Traum aber war eine Weltformel – oder ein »Weltgeist« – mit der sich aufgrund der Daten und Informationen, über die wir aktuell verfügen, nicht nur der Zustand der Welt, wie sie ist, berechnen lässt, sondern – in letzter Konsequenz – auch die Zukunft selbst. Dieser Weltgeist und die ihm zugrunde liegende Formel ging als »laplacescher Dämon« in die Wissenschaftsgeschichte ein. Man muss hinzufügen, dass Pierre-Simon Laplace selbst nie dran geglaubt hat, dass Menschen einmal intelligent genug sein würden, die Voraussetzungen für die Aktivierung seines »Dämons« zu liefern. Anders gesagt: Man kann nicht alles wissen. Man darf den »Weltgeist« oder »Dämon« als Ideal verstehen, als ein Ziel, das die Menschen vielleicht nie erreichen werden. Das Interessante daran ist aber, dass es schon sehr viel bewirkt, wenn man versucht, die Informationen, die man hat, zu vernetzen und zu integrieren. Sie so global zu integrieren, dass man das, was jetzt gerade passiert, besser versteht und steuern kann.

Genau betrachtet hat das viele Generationen von Forschern angetrieben, Visionen ermöglicht und die Fantasie beflügelt. Zur Mitte des vergangenen Jahrhunderts, als IBM unter Thomas J. Watson junior begann, Computer zu entwickeln, war man sich dessen schon bewusst. Miteinander verbundene Daten erleichtern Entscheidungen. Damals – und noch Jahrzehnte danach – war man aber weit davon entfernt, ausreichend viele Daten für dieses Ziel zu haben. Die vergleichsweise wenigen Informationen, die man hatte, waren zudem weniger vernetzt. In den ersten Jahrzehnten der ersten Phase der Computer und Netzwerke musste man sich, wie zuvor viele Generationen lang, auf Erfahrungen und Rückschlüsse verlassen. In einem laufenden Prozess mit relativ wenigen vernetzten Daten kann man nicht mehr erreichen, als ein Resultat durch Hochrechnung (Extrapolation) halbwegs zu bestimmen. Das braucht man allerdings nicht nur, um Wahlergebnisse zu schätzen, sondern für alle wesentlichen Vorgänge in der menschlichen Gemeinschaft. Wie entwickelt sich der Energieverbrauch, wie viel Trinkwasser benötigen wir in 20 Jahren, und wie wird die Bevölkerungsentwicklung sein? Welche Ressourcen müssen wir wann bereitstellen, welche Budgets wofür lockermachen − und so weiter.

Wir extrapolieren die ganze Zeit. Und wir tun das immer mit dem, was war. Dabei kann man nicht nur gewaltig danebenliegen, sondern ganz grundlegend falsche Richtungen einschlagen. Wenn etwa Extrapolationen zur scheinbaren Gewissheit werden, dann werden Systeme nach ihnen ausgerichtet. Dabei gelingt bestenfalls eine Annäherung an den richtigen Wert. Der wichtigste Faktor bei der Extrapolation ist der Rückschluss, dass ein bestimmter Vorgang unter bestimmten Bedingungen auch weiterhin so läuft wie bisher.

»Früher zogen wir Rückschlüsse, heute kennen wir die Fakten. Früher interpolierten und extrapolierten wir, heute bestimmen wir die Dinge genau. Die historische Perspektive weicht der Echtzeitperspektive. Unsere Daten sind heute stärker echtzeitorientiert denn je. Die meisten von uns treffen heute als Führungskräfte und auch als Privatpersonen Entscheidungen auf Grundlage von Informationen, die vergangenheitsbezogen und im Umfang begrenzt sind. Das waren bisher die besten verfügbaren Informationen − aber genau das ändert sich jetzt schnell.«
Hans-Hermann Junge, Leiter Smarter Cities Initiative, IBM Deutschland

Das Thema Smarter Planet stieß trotz oder, wie wir glauben, eben wegen der medial allgegenwärtigen Finanzkrise auf enorme Resonanz. In kurzer Zeit, nicht nur in den Medien, sondern vor allem auch bei Entscheidungsträgern in privaten und öffentlichen Sektoren – auf der ganzen Welt. Allein im ersten Jahr der Smarter-Planet-Kampagne wurden in fast 100 Städten weltweit Konferenzen zum Thema »Smarter Cities«, also intelligente Städte, durchgeführt. Städte wachsen weltweit enorm an. Bereits im Jahr 2007 lebte erstmals mehr als die Hälfte der Weltbevölkerung in Städten – insgesamt 3,3 Milliarden Menschen. Und das ist nur der Anfang. Schätzungen zufolge werden es 2050 sogar 70 Prozent der Weltbevölkerung sein, die in urbanen Systemen leben. Die Städte stehen schon heute vor scheinbar unlösbaren Problemen. Die Techniken und Modelle, mit denen Städte organisiert werden, stammen aus den vergangenen Jahrhunderten. Kaum eines der Systeme für Städte – Energieversorgung, Verkehrslenkung, medizinische Versorgung, öffentliche Sicherheit – ist smart genug, um die Anforderungen von heute zu bewältigen, geschweige denn die der nahen Zukunft. Die Urbanisierung überfordert zudem die Infrastruktur. Vielleicht werden Sie einwenden, das sei ein Thema in den Wachstumsregionen der Welt mit ihren ausufernden Metropolen. Doch Ineffizienz und mangelndes Zusammenspiel von Systemen gibt es auch bei uns.

Als wir im Herbst 2008 mit dem Projekt Smarter Planet begannen, hatten wir uns für das Jahr 2009 das – durchaus ambitionierte – Ziel gesetzt, im Laufe des folgenden Jahres mit unseren Kunden gemeinsam rund 300 intelligente Lösungen und Projekte zu entwickeln. Am Ende des Jahres waren es mehr als 1 200 konkrete Lösungen und Projekte aus allen wichtigen Branchen, anwendbar sowohl in den entwickelten Staaten wie auch in den sogenannten Schwellen- und Entwicklungsländern. Im Bereich Smarter Cities arbeiten wir zum Beispiel an der Verbesserung der Servicequalität in Städten und Gemeinden durch schlanke und intelligente Prozessketten und kompetente Service-Center. Aber bevor wir über die Lösungen konkret reden – und die Veränderungen, die sie auslösen, die reale Transformation, die durch Smarter Planet möglich wird –, sollten wir nochmals zurückkehren zur Frage: Wie sieht man eigentlich etwas, was so einfach gar nicht zu sehen ist – weil es allgegenwärtig ist? Wo fängt man an? Wie gehen die meisten Menschen jetzt mit Daten und Informationen um?

Nicht mehr und schneller arbeiten – intelligenter arbeiten

Auch hier geht es, wie bei jeder Veränderung, um eine andere Sichtweise, ein neues Bewusstsein für die Probleme, die man lösen will. Stellen wir eine einfache Frage: Können wir noch fleißiger sein, noch mehr und noch schneller arbeiten, noch mehr von den Daten und Informationen, wie sie sich uns heute darstellen, in den Kopf laden, um besser zu werden? Mit konventionellen Mitteln betrachtet lautet die Antwort auf diese Frage ganz eindeutig: Nein. Das schaffen wir nicht. Fortschritt ist nur mit Intelligenz möglich. Auf der Stelle treten – das dafür aber schneller – führt früher oder später zu einem Burn-out – ganz persönlich und auch in globaler Hinsicht. Ob Staat, Stadt, Organisation oder Mensch: Einfach schneller im Hamsterrad zu laufen bringt nichts. Wir können kaum noch mehr Zeit für unsere Arbeit aufwenden oder einfach mehr Ressourcen investieren. Wir brauchen eine Alternative zum Hamsterrad.

Neue Kommunikationsformen und Technologien bieten genau diese Chance eines intelligenteren Managements der Daten. Dabei geht es nicht um Mehr, sondern um Besser: Wussten Sie, dass heute über 40 Prozent der Arbeitnehmer Entscheidungen aufgrund falscher Informationen treffen? 40 Prozent! Ein durchschnittlicher Mitarbeiter in einem Büro verbringt heute täglich ein Viertel seiner Zeit mit der Suche nach Informationen – das sind in einem

Arbeitsleben 22 000 Arbeitsstunden oder 3 000 Arbeitstage oder acht Jahre. Zwei Drittel der Mitarbeiter gehen davon aus, dass ihnen ein Kollege helfen könnte, wenn sie nur wüssten, wie sie diesen Kollegen oder relevante Unterlagen finden (Sie erinnern sich jetzt vielleicht an das, was wir bei der IBM in Deutschland zu unserer Unternehmenskultur in Kapitel 4 gesagt haben). Smarter Work, so nennen wir unsere Initiative dazu, hilft dabei, Arbeitsabläufe, Arbeitsplatzgestaltung und deren technologische Umsetzung besser in den Griff zu kriegen.

Technologie löst keine Probleme – sie unterstützt uns aber dabei, zu erkennen, wie man Probleme schneller und punktgenauer löst. Technologie liefert die Rohstoffe zur Entscheidung. Aber wenn die Ressource nicht gut ist, dann kann auch das fertige Produkt nicht die Qualität haben, die man sich erhofft – und die man im Wettbewerb braucht. Ein Wissensunternehmen wie IBM bedient sich der Technologie nicht zum Selbstzweck, sondern als Werkzeug. Zukunftsorientierte Führungskräfte wollen validere Daten für ihre Entscheidungen haben. Sie brauchen bessere Entscheidungsgrundlagen, bessere Daten, die vor allen Dingen nicht für sich allein stehen – sondern vernetzt zu Wissen werden. In der Wissensgesellschaft ist es von entscheidender Bedeutung, die richtigen Entscheidungen zu treffen. Das weiß jeder – aber wie wird man zum smarten Unternehmen?

Ein Blick auf die Realität zeigt, dass Informationen immer noch nicht als strategischer Vermögenswert gesehen werden. Eine Umfrage des IBM Institute for Business Value unter 225 Managern weltweit ergab, dass mehr als ein Drittel der Befragten signifikante Probleme damit hat, wichtige Informationen für Risiko- und Ergebniseinschätzungen zu beschaffen. Außerdem vertrauen viele Manager ihren Informationen nicht oder nutzen falsche Informationen. Hinzu kommt die Notwendigkeit, Entscheidungen in Echtzeit zu treffen. Dies erfordert mehr Planung, solide Informationen und die Möglichkeit, Konsequenzen vorherzusagen und gegebenenfalls Alternativen zu simulieren. Hier setzt unsere New-

Intelligence-Initiative an – die unseren Kunden und Partnern dabei hilft, ihre Unternehmen zu informationsbasierten Organisationen zu transformieren. Dieser Veränderungsprozess erschließt Informationen als strategische Unternehmensressource. Entscheidungswissen wird generiert – die Folgen von Entscheidungen werden besser vorhersehbar und die externen Effekte beherrschbar.

Wie könnte so ein Smarter Planet ganz praktisch aussehen?

Energie und Strom

Woher kommt der Strom? Aus der Steckdose, klar, aber hinter dieser Steckdose beginnt das Stromnetz. Entwickelt und gebaut in einer Zeit, in der Umwelt kein wesentliches Thema für die Menschen, der Strom billig und die Kunden kein besonders wichtiger Faktor für das ganze System waren. Diese Netze waren zentralisiert, wurden genau überwacht und durch eine relativ kleine Zahl von Kraftwerken versorgt. Da keine oder nur wenige intelligente Systeme vorhanden sind, um für Lastausgleich zu sorgen und den Leitungsfluss zu überwachen, geht in den Stromnetzen weltweit so viel Elektrizität verloren, dass damit Indien, Deutschland und Kanada versorgt werden könnten. Andere Studien sagen uns sogar, dass der Verlust durch nicht smarte Energiesysteme zwischen 40 und 70 Prozent aller transportierten elektrischen Energie liegt. Das heißt für jeden Erdenbürger, dass er pro Jahr circa 381 Kilowattstunden »verliert«. Damit ließen sich mühelos ein Kühlschrank und eine Waschmaschine betreiben. Wir reden hier also nicht von ein paar kleinen Optimierungen, sondern über Prozesse mit einer globalen Wirkung und Wahrnehmbarkeit.

Was können wir hier tun? Informationstechnologie unterstützt Versorgungsunternehmen darin, ihre Stromnetze um digitale Intelligenz zu erweitern. Ein Energieversorger kann die Leistung des Stromnetzes optimieren, Ausfälle vermeiden, die Stromversorgung nach Ausfällen schneller wiederherstellen und den Verbrauchern ermöglichen, den Energieverbrauch bis auf die Ebene des einzelnen Gerätes zu steuern. Intelligente Stromnetze integrieren auch neue, nachhaltige Energiequellen wie Wind- und Solarenergie. Selbst dezentrale Stromquellen und elektrische Fahrzeuge lassen sich lokal einbinden. Die Mittelmeerinsel Malta wird bald das weltweit erste Land mit einem komplett integrierten und intelligenten Energie- und Wassernetz sein. Die Elektrizitäts- und Wassersysteme der Insel sind untrennbar verzahnt – Malta ist vollständig auf importiertes Erdöl angewiesen. Es betreibt damit seine gesamte Stromproduktion und mehr als die Hälfte der Wasserversorgung, die eines energieaufwendigen Entsalzungsprozesses bedarf. Malta führt die Nutzung intelligenter Stromzähler ein, die den Elektrizitätsverbrauch in Echtzeit überwachen, Stromverluste identifizieren, variable Gebührensätze einstellen und damit besonders sparsame und bewusst handelnde Kunden belohnen. Die Wasserzähler werden in ein System integriert, das Zählerstände überwachen und verwalten kann. In die Infrastruktur integrierte digitale Sensoren liefern Daten, die erfasst und analysiert werden. So kann die Regierung Maltas aufgrund von Mustern und Prognosen fundierte Entscheidungen treffen und mit dem Ersatz des Erdöls durch nachhaltige Energiequellen beginnen.

Transport und Verkehr

Dass unsere Autos rollende Computer sind, die zunehmend intelligenter werden, haben wir schon erwähnt. Aber auch Straßen und andere Verkehrswege könnten noch viel schlauer sein. Gut: Dass Städte mit Verkehrsproblemen durch steigende Mobilität zu kämpfen haben, ist eine Binsenweisheit. Aber bisher ist kaum eine Stadt in der Lage, eine angemessene Infrastruktur aufzubauen, die dieser Belastung gerecht wird. In den USA wuchs die Bevölkerung zwischen 1982 und 2001 beispielsweise um 20 Prozent – der Verkehr hingegen um 236 Prozent. Es gibt Studien aus den USA, in denen sich zeigt, dass bis zu 45 Prozent des Verkehrs in einer Großstadt wie New York City dadurch entstehen, dass Autos nur den Block, in dem ihr Halter lebt oder arbeitet, umrunden – meist auf Parkplatzsuche. Das zeigt nicht nur, dass Leute zu viel Auto fahren – sondern vielmehr, wie altmodisch die Verkehrskonzepte sind, die dazu führen, dass man im Wortsinn im Kreis fährt.

Diese Relationen gelten dem Trend nach weltweit. Man kann gar nicht so viele Straßen neu bauen oder bestehende Verkehrswege ausbauen – das ist einfach mit dem bestehenden System nicht mehr möglich. Aber man kann Straßen und Fahrzeuge schlauer machen, und genau das tun wir. Mit Sensoren am Straßenrand beispielsweise und mit Kameras, mit Daten aus Kontaktschleifen und mit Navigationssystemen. Wer diese Systeme integriert, kann die Verkehrssituation erheblich entlasten.

Intelligente Mautsysteme tragen wesentlich zur Reduzierung des Verkehrs – und damit auch der klimabelastenden CO_2-Emission – bei. Mehr Fahrgäste nutzen den öffentlichen Nahverkehr, unter anderem deshalb, weil die Fahrplanzeiten der Busse beschleunigt werden können – denn sie stehen einfach nicht mehr so oft im Stau wie früher. In London ließ sich mit einem Staumanagementsystem das Verkehrsaufkommen auf den Stand von Mitte der 1980er-Jahre senken.

In Singapur vereinfacht ein System zur Verkehrsvorhersage die Umleitung und Steuerung des Verkehrs im gesamten Stadtgebiet, um größere Staus und Überlastungen zu vermeiden. In vier Städten, in denen die IBM bei der Entwicklung von Verkehrsmanagementsystemen mitwirkte, konnte das Verkehrsaufkommen in der Spitzenzeit – den berüchtigten Rushhours – um bis zu 18 Prozent gesenkt werden. Das bedeutet durchschnittliche 14 Prozent weniger CO_2-Emission und ein Ansteigen des öffentlichen Nahverkehrs um bis zu sieben Prozent.

Optimierung der Lieferketten

Wir haben uns bei der IBM angesehen, wie groß das Veränderungs-
potenzial in den weltweiten Lieferketten – den Supply Chains –
ist. Wer sich dabei nur auf den Bereich der Konsumgüter konzentriert, sieht, dass pro Jahr allein 40 Milliarden Dollar – oder
3,5 Prozent des weltweiten Umsatzes mit diesen Gütern – durch
ineffiziente und nicht intelligente Lieferketten verloren gehen. Ein
gutes Fünftel der Containerkapazitäten in nordamerikanischen
Häfen steht leer herum. Die Europäische Kommission schätzt,
dass Staus auf den Straßen der EU jährlich Kosten in der Höhe
von 1,1 Prozent des gemeinsamen Bruttoinlandsprodukts verursa-
chen. Im Jahr 2007 lag diese Zahl bei rund 135 Milliarden Euro.
Bis zum Jahr 2050 werden weltweit 1 300 neue Flughäfen entstehen – das sind zwei neue Airports pro Monat. Eine der großen
Herausforderungen wird das intelligente Verkehrsflussmanage-
ment sein, um Straßen, Häfen und Flughäfen optimal auszulas-
ten.

Ernährung und Lebensmittel

Und um Intelligenz geht es auch bei der für Menschen nahe-
liegendsten Sache, der Ernährung. Das Projekt IT FoodTrace der
IBM in Deutschland und der Universität Hohenheim bringt einen
Entwicklungsschub in der Lebensmittelrückverfolgung. Wir können dank smarter Technologie die Herkunft unserer Nahrung
vom Hersteller über den Transport bis zum Händler lückenlos
nachvollziehen. Das Projekt macht beispielsweise die Lebensmit-
telkette in der Fleischindustrie transparent – eine Branche, die
regelmäßig von medial lautstark begleiteten Skandalen heimge-
sucht wird. Unsere IT ermöglicht ein effektiveres und effiziente-
res Risikomanagement und verbessert das Frühwarnsystem. Dazu
setzen wir beispielsweise RFID-Tags ein, Funkchips, die Trans-
port- und Lagerdaten genau erfassen. Damit sind Parameter wie

Herkunfts- und Zielort, Transportzeit und Umweltbedingungen – etwa die gerade bei leicht verderblichen Waren so wichtige Temperatur – aktuell abrufbar und jederzeit dokumentierbar.

Klima, Wasser und Finanzen

Obwohl in den Medien kaum ein Tag vergeht, an dem nicht über den Klimawandel und über Naturkatastrophen berichtet wird, gibt es kein einheitliches und intelligentes Klimasystem, mit dem zuverlässig vor den Folgen von Naturereignissen gewarnt werden könnte. Dabei gibt es gerade in diesem Bereich eine Unmenge an Daten und einzelnen Systemen, die aber eben nicht intelligent miteinander verknüpft sind. Bereits im Jahr 2004 hat das Lawrence Berkeley National Laboratory in Kalifornien eine Bilanz der Kosten für wetterbedingte Ereignisse aufgestellt. Für die Jahre 1980 bis 2003 wurden dabei Schäden von einer Trillion US-Dollar gezählt.

Seit dem Jahr 1900 hat sich der weltweite Wasserverbrauch versechsfacht – die Weltbevölkerung hingegen ist nur halb so schnell gewachsen. Einer von fünf Erdenbürgern hat aber nach wie vor keinen Zugang zu sauberem Wasser. Die Hälfte der Weltbevölkerung verfügt über keine angemessenen sanitären Einrichtungen. Vielfach sind diese Probleme auf falsche Verteilung und fehlerhafte Prozesse zurückzuführen.

Und nicht zuletzt die Finanzkrise. In ihr hat sich deutlich gezeigt, was geschieht, wenn Finanzinstitutionen mangels intelligenter Systeme nicht in der Lage sind, die Entwicklung ihrer Risiken in Echtzeit zu beobachten. Diese Unsicherheitsfaktoren haben wesentlich zum Vertrauensverlust beigetragen.

Warum sind wir nicht früher schlauer geworden?

Viele der angeführten Probleme sind nicht neu. Sie beherrschen seit Jahren, manche seit Jahrzehnten, die öffentliche Debatte. Gelegentlich gab es auch ganz konkrete Vorschläge, wie man aus den vorhandenen Daten- und Informationsressourcen den Nutzen ziehen könnte, wie ihn nun die Smarter-Planet-Initiative vorschlägt. Waren wir alle zu zögerlich? Haben wir zu lange gewartet, um zu handeln?

Fakt ist, dass mit den technischen Systemen, die uns noch vor fünf Jahren zur Verfügung standen, die Smarter-Planet-Initiative nicht funktioniert hätte.

Das sieht heute deutlich anders aus, sagt Gunter Dueck, Leiter Dynamic Infrastructure und Chief Technologist Innovation, IBM Deutschland:

»Tatsächlich lässt sich fast alles – jeder Mensch, jeder Gegenstand, jeder Prozess oder jeder Service für jede Organisation, egal ob groß oder klein – digital nutzbar machen und verknüpfen. Unternehmen, Institutionen und Nationen werden all dies tun. Sie werden es tun, weil sie es können – die Technologie ist verfügbar und erschwinglich. Und sie werden es tun, weil sie es müssen. Denn die alltäglichen Prozesse in Unternehmen, in Regierungen und im Leben sind nicht intelligent genug, um nachhaltig zu sein.«

Wir wissen das sehr gut – und übrigens wissen das auch die CEOs, die wir – Sie erinnern sich an das vorangegangene Kapitel – alle zwei Jahre befragen. Im Jahr 2008 waren acht von zehn CEOs der Auffassung, dass es signifikante Veränderungen in ihren Industrien, der Art zu wirtschaften und ihren grundlegenden Geschäftsmodellen geben wird. Und gleichsam bestätigten sie, dass ihre Organisationen nicht vorbereitet sind, diese Veränderungen zu bewältigen. Die Menschen wollen intelligente Systeme. Ihre Führungskräfte in Politik, Wirtschaft und Wissenschaft verstehen, dass die Welt smarter werden muss. Das ist, neben dem Wissen, wie man diese Systeme entwickelt und integriert, der entscheidende Punkt. Veränderung ist eine Führungsaufgabe – man muss sie wollen.

....

»Es ist die Informationstechnologie, die diese Intelligenz vorantreiben kann. Deshalb investiert die IBM so energisch in Softwareunternehmen, in Beratungskapazitäten und in Analysekompetenz. Im Sommer 2009 haben wir in Berlin das erste europäische IBM Analytics Solution Center eröffnet, danach eines in New York und inzwischen in sechs weiteren Städten weltweit. Im globalen Verbund dieser Center arbeiten über 300 Mitarbeiter in ganz Deutschland interdisziplinär an solchen Analysen. Viele unserer besten Mathematiker, Softwareentwickler und Berater. Was wir mit solchen Investitionen vorantreiben, ist das Entstehen einer intelligenten globalen Infrastruktur.« Erich Leitner, Leiter Business Analytics & Optimization, IBM Deutschland

Was ist diese »intelligente globale Infrastruktur« wert? Für die Unternehmen, die die Veränderung tragen – aktiv an der Verbesserung der Systeme, der Konvergenz und Transformationen mitarbeiten –, ist das eine wesentliche Frage. Besser und smarter zu sein, heißt nicht nur im moralischen und ethischen Sinne angemessen zu handeln – sondern auch die finanziellen Perspektiven der Unternehmen zu verstehen. Würde man die weltweiten Wassersysteme, die Stromnetze und das Transportsystem in den nächsten 25 Jahren zu dem intelligenten System machen, das wir heute schon erdenken und konstruieren können, dann würde das für die Unternehmen in diesem Bereich ein Umsatzvolumen von 41 Trillionen US-Dollar bedeuten.

Was die Smarter-Planet-Initiative von IBM klarmacht, ist vor allen Dingen auch, wie groß die Notwendigkeit zur Transformation nicht nur einzelner Unternehmen und Organisationen ist. Es ist die Welt, die sich bewusst verändern wollen muss. Und zwar durchaus mit dem Optimismus, dass dieser Planet ein besserer Platz sein kann. Komplexität ist nicht unser Feind, unzulängliche Sichtweisen auf sie, falsche Werkzeuge, unbrauchbare Modelle sind es, die diesen Eindruck erwecken. Daten sind nicht das Problem, sie sind die Lösung.

Und manchmal müssen wir uns auch fragen, ob unsere Vorstellungen von richtig und falsch eigentlich mit dem übereinstimmen, was wir wollen. Ein brisantes Beispiel dafür ist die Sichtweise auf den Datenschutz und die persönliche Privatsphäre. Einerseits fordern Bürger mehr Schutz vor Kriminalität, wollen sichere Städte und verlangen zu Recht, dass sie abends ruhig durch die Straßen ihrer Stadt gehen können, ohne sich in Gefahr zu bringen. Andererseits werden Überwachungskameras, die den Sicherheitsbehörden genau die Informationen zur Verfügung stellen, damit diese Bürgerbedürfnisse erfüllt werden, als Bedrohung der Privatsphäre betrachtet.

Intelligenter und besser wird man nur zusammen

Eins weiter gedacht: Wenn nun ein Unternehmen wie die IBM ihre Smarter-Planet-Initiativen erfolgreich mit Städten, Regierungen und öffentlichen Institutionen weitertreibt, wenn wir aus Daten also Wissen machen, dann stellt sich eine Frage: Sind die Menschen, die Zugriff auf diese Daten haben, vertrauenswürdig? Sind die Daten sicher? Das sind sehr ernste Themen – und sie haben wieder mit den Fundamenten zu tun, die wir bei der IBM seit 100 Jahren als unsere wichtigsten Leitlinien betrachten. Unseren Werten. Eine intelligentere, bessere Welt ist möglich – im Dialog, und es ist unser Job, dafür Vertrauen zu gewinnen. Wir müssen beweisen, dass wir gemäß unseren Werten leben – gerade in Zeiten, in denen wir als Integrator für die Problemlösungen auftreten, die seit Langem auf der Agenda stehen – und die wir im 21. Jahrhundert lösen wollen. Wir wollen die Zusammenarbeit – wir wollen auch den Diskurs, den konstruktiven Streit um die beste Lösung. Samuel J. Palmisano hat das auf den Punkt gebracht:

....

»Wir sehen es so: Genau wie die Systeme einer intelligenteren Welt von Natur aus mehrere Akteure in sich vereinen, betreffen auch die Fragen, die daraus entstehen, per se alle Bereiche der Gesellschaft.«

Es geht um Kooperation, um Integration – immer aber vor dem Hintergrund, dass die Systeme smarter werden müssen, um die Herausforderungen unserer Zeit und unserer Zukunft zu bestehen. Das heißt für uns gleichsam auch immer: Ein transparenteres System schaffen, das besser zugänglich ist, gerechter und widerstandsfähiger. Eine intelligente Welt liegt in unser aller Interesse.

Das Spiel können wir nur gemeinsam verändern. Am Anfang dieses Spiels, das sehr ernst ist, steht etwas, was wir in der IBM schon vor Jahren gelernt haben. Es ist eine Haltung, eine Vorbedingung dafür, dass Transformation im Großen und im Kleinen, in der Gesellschaft, auf dem Planeten wie auch im eigenen Unternehmen, der Abteilung und im persönlichen Bereich funktioniert. Es ist eine Frage der Kultur und der Werte – einerseits. Andererseits braucht es das, was wir spätestens 1993 – als der große Transformationsprozess bei der IBM ins Laufen kam – lernten und seither immer wieder üben und weitertreiben. Sie erinnern sich noch an das, was wir Ihnen dazu erzählt haben? Vom Hunger nach Veränderung? Dieser Hunger nach Veränderung als permanentes Gefühl verlangt nach neuen Einsichten. Es geht um neue Ziele und neue Einsichten. Intelligenz ist eine Führungsaufgabe.

Eine Vielzahl der Probleme, die uns seit Jahren und Jahrzehnten beschäftigen – und eine Unmenge an Energie und Geld verschlingen –, sind komplexe Sachverhalte, die man nicht einfach nach simplen Managementprinzipien lösen kann.

Alles, was wir entscheiden und was Führungskräfte in Politik, Gesellschaft und Unternehmen entscheiden, muss näher an die Gegenwart rücken. Weg von der Zufälligkeit. Bessere Grundlagen bedeuten bessere Entscheidungen. Management ist gut – aber es geht hier um Führung, um Leadership, um die Fähigkeit, mehr als organisatorisches Können anzuwenden, kurzum: Richtungen zu bestimmen. Dazu Hans-Hermann Junge, Leiter Smarter Cities Initiative, IBM Deutschland:

»Wie statte ich ein System mit Intelligenz aus, für das kein einzelnes Unternehmen und keine Behörde verantwortlich ist? Wie führe ich alle nötigen Elemente und Akteure zusammen? Wie begründe ich das nötige Budget? Wie bekomme ich eine komplexe Lösung durch meine Beschaffungsabteilung? Wie kann ich dafür sorgen, dass die Bürger mich unterstützen? Wo beginne ich am besten, wo fange ich an? Wir haben diese Fragen wieder und wieder gehört, während wir mit unseren Kunden gearbeitet haben. Wir haben sie von Städtelenkern in unseren Smarter-Cities-Foren gehört – im Juni 2009 in Berlin, im Oktober darauf in New York, in Schanghai im Mai 2010 – und in fast 100 anderen Städten. Wichtig ist dabei: Dies sind keine technologischen Fragen, sondern dabei geht es um Führungsaspekte.«

Führungsaspekte – Leadership also. Ihr kann man sich nicht entziehen. Aber wer führen will, braucht nicht nur Ausblicke, sondern zunächst einen Überblick über das, was ist. Smarter Planet würde bei der IBM in Deutschland nicht so hervorragend funktionieren, wenn wir nicht zuvor bei uns selbst für Ordnung, Überblick und Klarheit gesorgt hätten. War das nötig? Unbedingt. Aber wie haben wir das angepackt? Anders, als Sie es vielleicht erwarten würden.

8. Kapitel

Fallstudie. IBM Deutschland in Transformation

Nur wer sich aus eigenem Antrieb und aktiv verändert, kann seine
künftige Rolle gestalten und das Ergebnis der Transformation beeinflussen. Warum wir bei der IBM in Deutschland die Veränderung aus
eigener Kraft vorantreiben. Und mit welchen Mitteln wir das tun.

Dieses Kapitel ist ein wenig anders als die, die Sie bisher gelesen
haben. Natürlich ist aber auch hier von Transformation die Rede.
Und zwar ganz im Detail. Es ist die Transformation unserer IBM
in Deutschland in den Jahren 2006 bis heute. Wir haben sie aus
den Erinnerungen der Menschen, die diese Veränderung mitge-
staltet haben, für Sie aufgeschrieben. Wir erzählen Ihnen von
Dingen, die gut funktionieren, und von Dingen, die nicht so gut
funktionieren. Aus unserer ganz persönlichen Sicht. Natürlich
kann man in einem globalen Unternehmen die Frage stellen: War
denn die Transformation der IBM nicht auch die der deutschen
Landesgesellschaft? Ja, selbstverständlich. Aber die Geschichte, die
nun folgt, ist in einem ganz besonderen, sehr positiven Sinn »typisch deutsch«. Denn diese Transformation haben wir initiiert und
organisiert. Und wir treiben sie bis heute voran. Warum?

Der erste Impuls war Unzufriedenheit. Wir wissen, dass die
IBM in Deutschland in der globalen IBM die Rolle spielt, die sie
sich selbst verdient. Damit sind zunächst einmal Quartalsergeb-
nisse und andere Geschäftszahlen gemeint, die über die wirtschaftliche Lage Auskunft geben. Und die war Mitte des vergangenen
Jahrzehnts verbesserungswürdig. Wir blieben hinter unseren Möglichkeiten zurück und hatten über etliche Quartale hinweg unsere
Ziele nicht erreicht. Der Beitrag der deutschen IBM zum Gesamt-
ergebnis lag unter den Erwartungen – unseren und jenen der Corporation.

Die Transformation, von der wir hier berichten, begann deshalb mit einer Reihe von Fragen: Ist da nicht mehr für uns drin? Sind wir in der Lage, das Spiel zu ändern? Spielen wir nur mit – oder können wir selbst auch die Regeln so verbessern, dass daraus ein anderes Spiel wird? Dass das ganze, weltweite Spiel für alle mehr Nutzen stiftet? Und schaffen wir es, diesen Nutzen unseren Kunden besser zu vermitteln als bisher? Darum ging es uns ganz besonders: Den Kunden klarer zu verstehen, als das bisher der Fall war. Und für ihn in aller Schärfe erkennbar zu werden, einzigartig und besonders.

Wo fangen wir an? Vielleicht am 1. November 2006. Es ist der Tag, an dem Martin Jetter sein Amt als Vorsitzender der Geschäftsführung der IBM in Deutschland antritt. Es folgen einige Tage und Wochen des Zuhörens und der Analyse. Ganz wie man das von einem neuen Chef erwartet. Doch schon am 3. und 4. Dezember 2006 findet der erste Workshop mit dem Managementteam statt. Ein ordentliches Tempo.

In diesem Workshop diskutieren Martin Jetter und rund 50 Führungskräfte mögliche Hindernisse auf dem Weg zu mehr Erfolg. Fünf wesentliche Punkte kristallisieren sich dabei heraus, es bilden sich Gruppen, die diese Punkte eingehender beleuchten sollen. Diese Teams, das wird von Anfang an klargemacht, sollen heterogen sein, gut durchmischt, aus allen Themenfeldern, in denen die IBM in Deutschland tätig ist, soll da jemand dabei sein. Und: Es steht von Anfang an fest, dass die Diagnose nur ein Teil des Jobs ist. Sie ist nicht mehr als die Voraussetzung für Lösungen – nämlich die Hindernisse für mehr Wachstum der IBM in Deutschland aus dem Weg zu räumen. In den nächsten Tagen und Wochen entwickeln die Führungskräfte eine Vorstellung davon, was sich verändern soll. Jedem Themenfeld steht ein »Treiber« vor, einer aus dem Team, der die Sache nach vorne bringen soll. Das ist kein Projektleiter, wie das in der täglichen Arbeit üblich ist, sondern ein Verantwortlicher, der für die Dynamik des Prozesses sorgen soll. Und ganz gezielt werden nicht »die üblichen Verdächtigen« mit den verschiedenen Frage- und Aufgabenstellungen betraut – wie sonst soll man ausgetretene Pfade verlassen? Denn gerade darauf kommt es in dieser Anfangsphase an.

Natürlich ist ein Personalthema in der Personalabteilung zu Hause und ein Vertriebsthema im Vertrieb. Aber auch jemand aus dem Serviceteam, aus der Finanzabteilung oder der Beratung kann gute Ideen und Verbesserungsvorschläge einbringen – wenn es um integrierte, kreative und neue Lösungsansätze geht, ist es klug, interdisziplinär zu arbeiten.

Das der ganzen Belegschaft klar zu signalisieren, ist wichtig. Und deshalb wird symbolisch gehandelt. Der damalige Softwarechef übernimmt das Thema Leadership – und eben nicht der Personalchef. Der Forschungschef kümmert sich um die Imagethemen – und eben nicht der Marketing- oder Kommunikationschef. Der Aha-Effekt in der Mannschaft ist deutlich spürbar. Und der Flurfunk sendet ab jetzt vorzugsweise auf dem Machtspielekanal (Konzerndeutsch für informellen internen Dialog).

Es ist nicht ganz leicht, diese Methode der unüblichen Besetzung dauerhaft durchzuhalten. Man produziert eine zusätzliche Führungsstruktur, ein weiteres Managementsystem mit Beratungs- und Entscheidungsfunktionen. Und das provoziert Rollenkonflikte. Der Linienmanager muss aushalten, dass sich da plötzlich jemand mit Distanz zum Tagesgeschäft und einer Menge guter Ideen einmischt. Es kommt zu Abwehrreaktionen: »Das haben wir doch alles schon hundertmal in der Fachfunktion gemacht.« »Schöne Idee, aber dafür habe ich doch gar kein Budget.« »Danke vielmals, aber ich glaube nicht, dass das funktioniert.« Das sind die typischen Sätze von Veränderungsallergikern, die ihre Komfortzonen bedroht sehen.

Der positive Effekt, der sich bei vielen angesichts der Transformation zeigt – hoppla, hier ändert sich was –, verblasst mit der Zeit. Wenn mehr oder weniger die gesamte Organisation erkannt hat, was hinter einer Symbolhandlung wie der »unüblichen Besetzung« steckt, tauchen neue Fragen auf: Wie lange muss ich diese

Struktur eigentlich noch erhalten? Wann führe ich sie endlich wieder mit meiner alten Managementstruktur zusammen? Kann man Transformation nicht im Tagesgeschäft operationalisieren? Wie mache ich ein »business as usual« daraus? Mit diesen Fragen befassen wir uns bis heute immer wieder. Auch das gehört zur Normalität der Veränderung.

In der Anfangsphase der Transformation ist es jedenfalls ganz gleich, in welcher der fünf Initiativen die Führungskräfte tätig sind – sie verpflichten sich dazu, nicht nur eigene, sondern auch alle anderen Ebenen und Inhalte des Prozesses gleichermaßen zu unterstützen und alles dazu zu tun, damit notwendige Maßnahmen auch umgesetzt werden. Am Anfang steht die Verpflichtung zur Veränderung. Nicht einmal acht Wochen nach dem ersten Workshop, am 26. Januar 2007, findet die Kick-off-Veranstaltung mit 1 800 Führungskräften statt. Es gibt ein klares Ziel, einen klaren Ton. Wir verändern diese IBM. Wir machen es anders. Besser.

....

»Wir haben an diesem Tag die fünf Transformationsinitiativen ausführlich vorgestellt. Martin Jetter stand irgendwann auf und sagte: Jeder, der hier nicht mitmachen will – das ist eine freie Entscheidung –, soll sein Kapitänspatent zurückgeben. Er hielt dabei seinen IBM Ausweis in die Höhe. Wer das nicht mitträgt, ist keine Führungskraft der IBM. Am Abend haben uns die Taxifahrer, die uns ins Hotel gefahren haben, gefragt, ob wir unsere Firmenausweise schon abgegeben hätten. Draußen, bei den Taxifahrern, hatte sich diese kleine Anekdote wie ein Lauffeuer verbreitet. Keinen halben Tag hat das gedauert. Das fand ich sehr faszinierend. Es hat alle Führungskräfte sehr bewegt, dass man sie vor diese harte Wahl gestellt hatte.« Kurt von Poelnitz, damals Leiter der Rechtsabteilung der IBM Deutschland, heute Mitglied der europäischen Rechtsabteilung

Erinnern Sie sich daran, was wir im Kapitel »Leadership« gesagt haben? Veränderung, Transformation – das ist eine Führungsaufgabe. Sie beginnt damit, dass die Kapitäne zeigen müssen, ob sie bereit sind, umzusteuern – und den neuen Kurs zu halten.

Die fünf Transformationsinitiativen

Welche Punkte haben Martin Jetter und seine Führungskräfte in ihren ersten Treffen identifiziert? Was hinderte die IBM in Deutschland daran, ihre Ziele zu erreichen? Sie kennen sie bereits. Denn sie sind das inhaltliche Fundament für alles, was die Transformation der IBM in Deutschland ausmacht.

Die Rolle einer neuen *Leadership* zum Beispiel. Ende 2006 war man sich bei uns gerade in diesem Punkt sehr schnell einig. Um weiter in einem gesättigten Markt wie Deutschland wachsen zu können, mussten wir ein Klima schaffen, in dem Erfolg noch wichtiger wird als bisher – durch Motivation, Orientierung und eine klare Haltung. Diese Faktoren geben ein Ziel vor und beseitigen Bremskräfte, die auf die Entwicklung einwirken. Sie lassen uns schneller und präziser Ziele erreichen. Den Führungskräften wird ein neues Kapitänspatent mitgegeben: Neun Führungsprinzipien, an denen sie gemessen werden und in denen die erwünschte klare Haltung deutlich zum Ausdruck kommt.

Auch die Frage nach *Strategy & Image* haben wir Ihnen bereits im vierten Kapitel nähergebracht. Dabei geht es um die Entwicklung einer Strategiekultur, einen Drang und auch Methoden, um ehrgeizige Ziele und sinnvolle Strategien auszuarbeiten, in die Mannschaft zu tragen, umzusetzen und an immer neue Gegebenheiten anzupassen. Man könnte auch sagen: um Planen ohne Scheuklappen, ohne die Realitäten aus dem Auge zu verlieren. Auch Image spielt im Zusammenhang mit Strategie eine zentrale Rolle. Denn die Sicht der Kunden und Märkte auf die IBM bestimmt ihre Strategie – und umgekehrt. Und auch in der öffentlichen Wahrnehmung sollen die Größe, die ehrgeizigen Ziele und die Möglichkeiten der IBM noch mehr betont werden. Was dazu getan wurde und wird, haben Sie in unserem Kapitel »Besser machen, smarter sein« kennengelernt.

Den Begriff *Employability* kennen Sie aus unseren Ausführungen zum Thema Integration und Mitarbeiter. Employability ist die Fähigkeit, aus einem »ganz normalen Mitarbeiter« einen »IBMer« zu machen – und die Verantwortung des Mitarbeiters, sich so zu entwickeln. In Unternehmen, in denen es immer mehr um Wissen als Kernkompetenz geht, brauchen die Mitarbeiter Orientierung und Selbstbewusstsein über ihre eigenen Fähigkeiten und Möglichkeiten. Sie müssen wissen, was sie können und wozu das gut ist. Das klingt selbstverständlich, ist es aber nicht. Denn nur dann, wenn das Wissen über den aktuellen Kenntnisstand und die Entwicklung der Fertigkeiten bei jedem einzelnen Mitarbeiter klar und deutlich vorhanden ist, dann ist auch klar, wie er seine Aufgaben erledigt und voranbringt. Employability ist mehr wert als tausend gute Worte über Mitarbeitermotivation: Sie macht den einzelnen Mitarbeiter selbständig und eigenverantwortlich in einem umfassenden Sinn. Die Organisation hilft bei dieser Entwicklung und der Aneignung der Kenntnisse, wo immer das möglich ist. Der paradox klingende Idealfall: Die Konkurrenz will uns abwerben – aber wir bleiben, weil wir wissen, wer wir sind und was wir können, eben weil wir jederzeit wechseln könnten, aber es nicht müssen. Die »Beschäftigungsfähigkeit«, so eine mögliche Übersetzung von Employability ins Deutsche, macht aus Arbeitnehmern echte handlungsfähige Entscheider.

More & More Blue: Stammkunden, mit denen man große Umsätze generieren kann, sind für jedes Unternehmen wunderbar. Und gleichzeitig ein Problem. Wunderbar, weil man relativ zuverlässig mit Umsätzen aus Stammkundengeschäften kalkulieren kann und ein Problem, weil man andererseits genau deshalb als Geschäftspartner in unangenehme Abhängigkeiten gerät.

Gerade in den letzten Jahren hat sich gezeigt, dass bei wirtschaftlichen Schwierigkeiten, die ein Stammkunde hat, ein Dominoeffekt auch an sich gesunde Lieferanten und Partner gefährden kann. Die einzige Möglichkeit, um dieser Sogwirkung zu entgehen, liegt darin, die Anzahl der Kunden zu erhöhen. Die Marktdurchdringung verstärken und damit das Risiko breiter streuen. Wir wollen uns zum Ziel setzen, noch mehr Stammkunden für die IBM in Deutschland zu gewinnen. Und wir wollen alle unsere Kunden davon überzeugen, dass wir noch mehr für sie tun können als bisher. Als integrierter Anbieter mit einer breiten Palette haben wir dabei die Möglichkeiten noch lange nicht ausgeschöpft. Gleichzeitig arbeiten wir an einer ständigen Diversifizierung der Angebotspalette, um sie noch passgenauer auf die Kundenbedürfnisse hin abzustellen. More Blue, das steht für das breite Leistungsspektrum der IBM. Künftig soll der Fokus mehr auf bereichsübergreifenden Wachstumsfeldern liegen.

Client Value: Mehrwert für den Kunden zu schaffen, besitzt innerhalb der Transformation der IBM in Deutschland eine Doppelfunktion. Zunächst geht es darum, ein Verständnis für die globale Client-Value-Idee schaffen: Client first, IBM second, Business Unit third. Das ist eine Aufgabe, die jede Landesgesellschaft der globalen IBM auf ihre Weise zu meistern hat. Zum anderen wurde Deutschland aber auch als Pilotland für die Umsetzung einer neuen, kundenbezogenen Vertriebsstrategie ausgewählt und steht nun vor der Herausforderung, eine Struktur und Methoden zu schaffen, die dem Grundgedanken von Client Value Rechnung tragen und sich als Beispiel für andere Landesgesellschaften eignen.

Neue Vertriebsmodelle sind übrigens durchaus zweischneidig. Denn der Wechsel der Betreuungsstrukturen ist ein häufiger Kritikpunkt in der Kundenbeziehung. Damit kann man nicht dauernd herumexperimentieren. Das legt die Latte für die Veränderung hoch. Man muss gleich beim ersten Mal drüber – und dann muss es auch erst einmal gut sein. Denn Außenbeziehungen sind heikel, wenn es um Veränderung geht. Kunden kann man natürlich nicht dasselbe Hin und Her zumuten, das man sich auf der Suche nach dem Optimum im Inneren des Unternehmens abverlangt.

Leadership, Strategy & Image, Employability, More & More Blue und Client Value – diese fünf Transformationsinitiativen bilden die Richtung und Leitlinien unserer Veränderung. Sie fungieren als Wege, als Schienen, auf denen wir unsere Transformation bewegen. Aber klar: So wie Schienen Züge und Wagen brauchen, die Menschen und Güter befördern, brauchen diese unsere Transformationsstrecken auch ganz klare Inhalte und Ideen. Es sind diese Inhalte, die wir erarbeiten, weiterentwickeln und diskutieren müssen. Ende 2006 und vor allem ab 2007 war das einer der wichtigsten Jobs für uns – und die Fragen nach den besseren Ideen, die wir da auf den Weg bringen wollten, lassen sich so zusammenfassen: Wer sind wir? Was tun und was wollen wir? Wie müssen und wollen wir uns verändern?

Sie erinnern sich an den Satz: Es genügt nicht, sich verändern zu müssen. Man muss sich auch verändern wollen. Die Normalität der Veränderung also, die die Transformation mit Leichtigkeit gelingen lässt – ganz ohne die Aufgesetztheit, die Richtungsänderungen oft an sich haben. Dieses Wissen um das Wesen der Veränderung hat bei uns dazu geführt, dass wir die Transformation nicht in lautstarken Proklamationen und in Form einmaliger Events »abgefeiert« haben. Also kein Paukenschlag mit anschließender Taubheit. Im Gegenteil: Die Maßnahmen gehen allmählich, relativ leise und mit Kontinuität ins Tagesgeschäft über. Sie finden nicht unter dem Deckmantel der Geheimhaltung statt und die Schritte, die dazugehören, werden nicht mit einem Trommelwirbel angekündigt und zelebriert.

Können, Motivation und Koordination. Ausführung bedeutet Verantwortung

Fast jeder hat schon einmal in seinem Leben den »Seminareffekt« erlebt. Da werden, fundiert ausgearbeitet und theoretisch wohlbegründet, Gruppen gut ausgebildeter und intelligenter Mitarbeiter in einem Seminar – außerhalb des alltäglichen Arbeitsumfeldes also – zusammengebracht. Sie analysieren Probleme und diskutieren mögliche Lösungen. Der Abstand zum Alltagstrott bietet nützliche Perspektiven. Man findet den Durchblick, und man ist wild entschlossen, die Erkenntnisse umzusetzen. Bis zum nächsten Werktag. Dann dreht der Hamster wieder das Rad. Genau das ist natürlich eine der großen Fallen jedes Transformationsprozesses, im Kleinen wie im Großen: Die Routinefalle schnappt erbarmungslos zu, indem sie Formalitäten und eingeübte Muster und Rollen in den Vordergrund stellt. Nicht die Bereitschaft zur Veränderung steht dann auf der Agenda ganz oben, sondern das Abarbeiten von Plänen, Mustern und bekannten Modellen – all jenem, das in die mehr oder weniger missliche Lage geführt hat.

Ein zweites Problem ist der latente Erschöpfungszustand, der Transformationswillige befällt. Erinnern Sie sich an das, was wir zu Beginn bereits betont haben? Veränderung bedeutet doppelte, dreifache Arbeit? Sie engagieren sich »über das Tagesgeschäft hinaus«, gehen »die Extra-Meile« – und halten zugleich an eben jenem Tagesgeschäft fest. Denn man muss ja alle seine Ziele »trotzdem« erreichen. Man versucht quasi, das Hamsterrad abzuschrauben, während man darin läuft.

»Gerade im Transformationsteam war und ist es immer wieder eine Herausforderung, nein zu Projekten zu sagen oder ein Projekt für beendet zu erklären, zu beerdigen, obwohl man es eben noch mit hoher Priorität verfolgt hat. So etwas tut schließlich weh. Es wirft die Frage nach dem Sinn des Projekts auf, nicht nur bei den Akteuren im Projekt, sondern auch den Adressaten. Wenn man es einfach so beenden kann, warum hat man es dann überhaupt angefangen? Wir haben zwei Phänomene kennengelernt: Die ›Laundry List‹ und die ›Grüne Scorecard‹. Lange Projekt- und Teilprojektlisten signalisieren ein hohes Aktivitätsniveau. Am Engagement des Teams dahinter kann kein Zweifel bestehen. Effekt? Ergebnis? Leider trotzdem manchmal Fehlanzeige. Also muss ein Messinstrument her – Scorecards, also Laundry Lists mit roten, gelben und grünen Ampelsignalen hinter den Listenpunkten. Wir haben einige Erfahrung darin gesammelt, uns ›grün‹ zu rechnen und zu diskutieren. Alles im Lot, weil: Alles eine Frage der Messkriterien.« Klaus Lintelmann, Geschäftsführer Global Business Services, IBM Deutschland

Diesen Mechanismus muss man erst einmal erkennen. Und dann gilt es, Methoden und Übung darin zu entwickeln, um solche Phänomene zu bekämpfen, Projektbeendigungen nicht mehr als stigmatisierend für die Akteure zu sehen, sondern als Chance, sich nicht totzurennen. Aber Listenpunkte lassen sich nicht einfach so abschaffen. Manche nennen das ein »Rasenmäherproblem«. Man schneidet das Gras, es wächst nach und man muss wieder ran ...

Diese Gefahren begleiten jeden Transformationsprozess. Allerdings zeigte sich bei uns auch, wie entscheidend es ist, dass die Veränderung mit klaren Zielen und einer profunden Analyse beginnt. Methodisch also. Das ist deshalb wichtig, weil man die Wirkung des Andershandelns ungleich schneller bemerkt und sich positive Ergebnisse nicht erst lange – und unter fortwährendem Leidensdruck – entwickeln, sondern vergleichsweise schnell. Effekte, die nicht schnell verpuffen – aber dennoch in Tagen und Wochen spürbar werden. Einer der wesentlichsten Erfolgsfaktoren ist das persönliche Bekenntnis der Treiber der Initiative, an den Zielen festzuhalten. Ausführung bedeutet Verantwortung.

»Wenn man die Hindernisse für mehr Erfolg erst einmal identifiziert und angepackt hat, spürt man die Ergebnisse sehr schnell. Durch die Transformationsarbeit kamen die Führungskräfte verschiedener Bereiche regelmäßig zusammen. Nicht nur, dass sie sich trafen – sie arbeiteten miteinander an bereichsübergreifenden Problemen und deren Lösung – unabhängig von der Agenda ihrer jeweiligen Linie. Damit waren kurze Wege zur persönlichen Klärung gerade von Vertriebs- und Kundenthemen geschaffen.

Gleichzeitig gab es ein besseres Verständnis dafür, wo Wachstum erfolgt und wo die IBM hin will. Das erzeugte eine Klarheit und eine Ausrichtung, die die Mitarbeiter sofort reflektierten. Die Pipeline neuer Geschäftschancen wuchs und die sogenannte Win-Rate, also der Anteil an tatsächlichen Vertragsabschlüssen im Verhältnis zu den verschickten Angeboten, verbesserte sich deutlich.

Wir haben also sofort bemerkt, dass die Lage besser wurde. Erst bei den kleinen und mittleren Aufträgen, aber dann auch bei den Großpro-

jekten wurde die notwendige Klärungsarbeit deutlich einfacher. Damit konnten wir Störungen wesentlich klarer erkennen. All das hat sich trotz zusätzlicher Arbeitsbelastung innerhalb von sechs Wochen nach dem Start der Initiativen eingestellt. Die Produktivität hat sich in dieser kurzen Zeit deutlich erhöht – und die Fehlerrate sank stark ab. Es war so, als ob man plötzlich etwas klar und bewusst beobachtet, an dem man lange achtlos vorbeigegangen ist. Und die reine Beobachtung verändert diese Sache schon.

Wir haben ja keine Restrukturierung durchgeführt. Hier arbeiteten dieselben Menschen an denselben Projekten. Die Produkte waren gleich geblieben. Die Bezahlung war gleich geblieben. Die Marktlage war gleich geblieben – sie war unverändert angespannt. Was das Team geschafft hat, war, der ganzen Sache eine neue Ausrichtung zu geben. Eine echte Transformation, bei der die Strukturen und die guten Dinge, die man hat und kann, eben nicht einfach über Bord geworfen werden – keine totale Umwälzung.

Die Kommunikation hat Einsichten vermittelt. Die Darstellung der Zusammenhänge und der Erwartungen war so klar und überzeugend, dass viele Menschen mobilisiert wurden.

Erst später haben wir die Erfolgsrezepte dann auch organisatorisch umgesetzt. Wir haben zum Beispiel ein Deal-Team eingeführt, das ausschließlich die Aufgabe hat, die Angebotsentwicklung zu moderieren, zu unterstützen und zu beschleunigen. IBM Lösungen speisen sich aus verschiedenen Bereichen des Unternehmens, die alle ihre eigenen Umsatz- und Profitziele haben. Die Abstimmung der Umsatz- und Profitanteile in den verschiedenen Bereichen der IBM ist im Unternehmen deshalb immer eine Moderationsaufgabe, manchmal eine Konfliktlösung. Wenn man diese Abstimmungsaufgabe auch noch dem einzelnen Vertriebsmitarbeiter überträgt, hat der weniger Zeit für seinen eigentlichen Job, nämlich beim Kunden zu sein. Und er reibt sich in der Organisation auf. Heute nehmen ihm die Spezialisten im Deal-Team die Aufgabe ab. Sie entwickeln jede Menge Synergien und Best Practice, weil sie sich darauf konzentrieren und die Abläufe immer weiter verbessern.« Michael Woydich, Branch Vice President Retail, Consumer Products & Life Science, IBM Deutschland

Klare Konturen durch neue Strukturen

Die Ausarbeitungen der Transformationsinitiativen, zum Beispiel die Führungsprinzipien, Strategiedokumente, Vertriebsmethoden und so weiter, schufen Kommunikationsanlässe und in der Folge mehr Klarheit und Verständnis. Dennoch – das muss man kritisch festhalten: Nicht alle Kommunikation hat ihr Ziel erreicht. Die meistgestellte Frage aus der Belegschaft lautete: »Fein, prima Charts, alles klar. Aber was machen wir denn jetzt konkret anders?«

2008 kommt das Thema Veränderung so richtig in Fahrt. Nachdem die Diskussion um Inhalte auf einigermaßen fruchtbaren Boden gefallen ist, wird schnell klar, dass Veränderung sich nicht nur auf bestehende Strukturen in den Köpfen der Menschen konzentrieren darf. Auch die sichtbaren, formalen Strukturen müssen sich verändern. Eine Organisation darf nicht statisch sein, sie passt sich an die Erfordernisse der Märkte und der Unternehmen, die darin agieren, an. Jetzt geht es auch um Strukturen, die scheinbar unumstößlich sind: Die formale Aufbauorganisation der IBM in Deutschland wird auf den Prüfstand gestellt. Denn neue Wege kann man nicht gehen, wenn man sich innerhalb eines alten Systems mit all seinen Hindernissen und Abhängigkeiten bewegen muss.

Organisatorische Änderungen sind eigentlich die leichteste Aufgabe in einer Transformation. Nicht zufällig standen sie bei uns auch ziemlich bald auf dem Programm. Denn erstens betreffen sie die expliziten Strukturen, das Sichtbare und Anfassbare, die Organisationscharts, Berichtswege und hierarchischen Ebenen. Und zweitens machen Änderungen hieran nur so lange nervös, bis die neuen Strukturen irgendwo aufgeschrieben sind und jeder seine künftige Position, seinen Chef und die Entscheidungswege kennt. Der Rest ist ein Spaziergang.

Moment mal – ein »Spaziergang«? Ist nicht gerade die nachhaltige, die dauerhafte Veränderung einer Organisation so furchtbar schwierig? Nun, die liegt auf einer anderen Ebene, der der Meinungen und Einstellungen, der impliziten Haltungen. Über das Kulturebenenmodell von Edgar Schein und die Schwierigkeit, Basisannahmen zu verändern, haben wir bereits in unserem Kapitel 4 ausführlich berichtet. Post-Merger-Integration, über deren Herausforderungen und häufiges Scheitern schon viel geschrieben wurde, ist ein gutes Beispiel. Nach dem Organisationschart und dem Übergang des Geschäfts an die neue Organisation geht's tatsächlich erst richtig los. Das ist auch unsere Erfahrung – zum Beispiel mit der Integration der vielen von der IBM akquirierten Unternehmen. Aber das ist dann eben keine organisatorische Frage mehr, sondern eine der Kultur und der Werte, die zusammenwachsen müssen.

Das Management, insbesondere das in die Planungen früh involvierte, hat bei organisatorischen Veränderungen naturgemäß einen Vorsprung – es weiß, was kommt, und ist entspannter. Manchmal ist dieser Entspannungsvorsprung allerdings so groß, dass das Verständnis für die Sorgen an der Basis abhandenkommt. Die Anpassungsprobleme der Mannschaft werden unterschätzt, in der Kommunikation nicht angemessen berücksichtigt und das verschärft die Skepsis nur weiter. Dann mutiert die Veränderung von einer vergleichsweise leichten organisatorischen Übung zu einer schon schwierigeren, aber notwendigen Einstellungsänderung. Bei gleich zwei großen organisatorischen Veränderungen hatten wir im Jahr 2008 die Chance, es besser zu machen.

Die Konzeption der globalen Client-Value-Initiative mündet per 1. Januar 2008 im Aufbau einer neuen Vertriebsorganisation. Parallel dazu wird an einem grundlegenden Umbau der gesamten deutschen IBM gearbeitet. Ein halbes Jahr später heißt es: One IBM. Eine Marke, ein gemeinsames Bild nach außen. Klar erkennbar. Konturen, die scharf und deutlich sind.

Aber lassen wir uns ein wenig Zeit – nehmen wir nicht alles vorweg. Gehen wir noch einmal zurück ins Jahr 2006, noch bevor Martin Jetter die Geschäftsführung der IBM in Deutschland übernahm. Wir befinden uns in der IBM Zentrale in Armonk im US-Bundesstaat New York. Hier treffen sich im April 2006 30 hochrangige Führungskräfte verschiedener IBM Landesgesellschaften. Dabei sind auch Martin Jetter und Matthias Hartmann, damals Chef der Beratungssparte IBM Global Business Services in Deutschland, die dem »Integration & Values Team« angehören, einem Kreis von Führungskräften, der ganz grundlegend Ideen, technische Neuerungen, Möglichkeiten und die Wertentwicklung des Unternehmens diskutiert.

Die Topmanager haben ein gemeinsames Projekt anzustoßen. Wie kann die IBM mit mehr Mehrwert für den Kunden geführt werden? Wie erzeugt man einen höheren Client Value? Die Manager können sich durchaus auf eine gemeinsame Auffassung einigen, was mehr Mehrwert für den Kunden bedeuten kann. Aber das ist eine Sache – viel wichtiger ist, was der Kunde selbst dazu sagt. Im Mai 2006 beginnt eine Umfrage, bei der weltweit 54 CEOs verschiedener IBM Kunden ausführlich zum Thema interviewt werden. Es sind Unternehmen aller Größen und Branchen dabei. Mit denen sprechen die Manager aus dem Armonk-Meeting vom April 2006 selbst. Es ist ihr Job. Das gehört dazu. Und darüber hinaus wird eine neutrale Agentur angeheuert, die mit Kunden von Mitbewerbern spricht. Ein gehöriger Aufwand.

Ergebnisse, die heute, mit dem Abstand von fünf Jahren, fast wie Selbstverständlichkeiten klingen: Das Kaufverhalten der Kunden hat sich verändert. Kunden informieren sich im Internet und warten nicht, bis ihnen jemand eine möglicherweise perfekte Lösung präsentiert. Sie machen sich selbst Gedanken, bevor sie ein mögliches Geschäft anbahnen.

Der Kunde lässt sich nicht mehr einfach abholen. Er geht selber auf die Märkte. Für IBM ist das Grund genug, diese Märkte genauer zu beobachten: Was wollen unsere Kunden? Dann der Blick zurück nach innen, in die eigene Organisation: An welchen Stellen läuft es bei uns, auch in der Interaktion mit dem Kunden, nicht rund?

Für Matthias Hartmann, damals Geschäftsführer der IBM Deutschland GmbH und Chef der Beratungssparte Global Business Services, stellt sich die Frage: Wie pragmatisch, wie real sind die Erkenntnisse? Er befragt die Vertriebsteams: Könnt ihr damit etwas anfangen? In welche Richtung sollen wir uns entwickeln? Was müssen wir ändern? Und warum überhaupt? Nach einer Zeit verfehlter Ziele hat sich 2007 die Lage der IBM in Deutschland schließlich wieder stabilisiert. Nach alter Lesart kein Grund zur Sorge. Nach neuem Verständnis genau der richtige Zeitpunkt, um eine grundlegende Veränderung anzuschieben.

Client Value – Mehrwert für den Kunden. Darum soll es gehen. Diese Initiative will eine Veränderung der Sichtweise: Weg von einem Innen nach außen hin zu einem Außen nach innen. Oder anders: Es darf nicht allein darum gehen, was wir dem Kunden verkaufen wollen. Wichtig ist, was der Kunde will und braucht. Das sagt sich leicht – aber es bedeutet, dass praktisch jede Einstellung des Geschäftsalltags auf den Prüfstand muss.

The innovators' innovator oder: Was hat eigentlich der Kunde davon, wenn wir in Kästchen denken?

Die IBM in Deutschland arbeitet zu diesem Zeitpunkt sparten- und produktorientiert. Es gibt einen Vertrieb, der im Markt die gesamte Lösungspalette der IBM präsentiert, und einen Fachvertrieb, der die großen Sparten Hardware, Software und Services orchestriert. Der Fachvertrieb selbst ist nach Produktgruppen differenziert. Oberstes Prinzip der Gewinnermittlung ist der Gewinn innerhalb der Produktgruppe oder Sparte. Entscheidungen in Investitionen und die strategische Ausrichtung erfolgen vor allem in der Sparte. Auch 2007 ist dieses Modell noch erfolgreich. Ausgehend von einer globalen Arbeitsgruppe im Senior Management Team der IBM stellt man sich die Frage: Ist das noch zeitgemäß? Sind wir damit vorbereitet für das 21. Jahrhundert?

Die Märkte haben sich verändert. Und es gibt unterschiedliche Gründe, warum man etwas bei IBM kaufen möchte. Manchmal braucht man einfach nur einen weiteren Mainframe oder mehr Speicher oder zusätzliche Software oder weitere Wartungsservices. Immer öfter aber sucht man nach einer umfassenden Lösung für eine komplexe Herausforderung. Unternehmen denken zunehmend in Prozessen und nicht mehr in Sparten. Beschaffung läuft global. Die Kunden schließen sich innerhalb ihrer Wertschöpfungsketten immer wieder und immer schneller zu neuen Allianzen zusammen.

Um sich auf die anstehenden Veränderungen der Globalisierung vorzubereiten, genügt ein Vertriebsmodell, wie die IBM in Deutschland es hat, nicht mehr. Damit ist man nicht »The innovators' innovator«, also ein Unternehmen, das seinen Kunden erst die Grundlagen für Innovationen bereitstellt. In diesem Zustand spiegelt die IBM in Deutschland Vorteile des globalen und integrierten Unternehmens nicht ausreichend wider:

»Das Feedback der Kunden sah sinngemäß so aus: Aus Einkaufsgründen ist es zwar manchmal hilfreich, dass die IBM sparten- und produktorientiert auftritt. Aber unsere Erwartungen werden dabei nicht immer erfüllt. Wir profitieren so nicht von der IBM in der Breite ihres Angebots. Dabei sehen wir durchaus eure Expertise, wenn alle Funktionen gut zusammenarbeiten. Aber es dauert manchmal zu lange, bis wir wirklich alles haben, was wir brauchen – und wir müssen hierfür mit unterschiedlichen Ansprechpartnern sprechen.« Matthias Quaisser, Leiter IBM Inhouse Consulting, IBM Deutschland und damals Projektleiter der Client Value Initiative

Aus dem produktbezogenen Vertriebsmodell soll nun eines werden, das den Kunden ins Zentrum rückt. Per 1. Januar 2008 wird deshalb die Expertise nach Branchen und Regionen gebündelt: Medien und Unterhaltungsindustrie, Automobilindustrie, Konsumgüterhersteller, Touristik, Transport und Logistik, Fertigungsindustrie, Banken, Versicherungen, öffentliche Auftraggeber und so weiter – der Kunde muss sich nun nur noch in einer Branche wiederfinden, hat einen Ansprechpartner für alle Fragen. Früher war das anders. Da gab es zwar auch Branchenzuordnungen, doch diese waren wesentlich weiter gefasst. Versicherungen beispielsweise wurden mit anderen Finanzdienstleistern gebündelt betreut, heute haben sie ihren eigenen Bereich.

Jetzt zählt Branchenwissen mehr denn je, und durch die konkretere Aufteilung kann es besser vertieft werden als zuvor. Um dieses Know-how zu entwickeln, gehen wir den Weg der Partnerschaft und des Austauschs, zum Beispiel in gegenseitigen Hospitanzen und Mitarbeiteraustausch auf Zeit. In Förderkreisen treffen junge Mitarbeiter des Führungskräfteentwicklungsprogramms mit Nachwuchskräften von Kunden zusammen und lernen dabei die jeweils anderen Sichtweisen kennen.

»Wir haben also zum 1. Januar 2008 unsere Vertriebsstrukturen neu aufgestellt, aber auch die Zusammenarbeit zwischen Vertrieb und Delivery, also die Entwicklung und Übergabe der gewünschten Produkte, die Umsetzung der Projekte, haben wir verändert. Stellen Sie sich vor: Der Vertrieb verspricht viel, verkauft, freut sich über die Unterschrift des Kunden und den Bonus, den er dafür bekommen wird, und verschwindet. Dann kommt ein neues Team zum Kunden, nämlich das Delivery-Team und sagt: Was haben wir denn da verkauft? Das sollen wir umsetzen? In dieser kurzen Zeit? Unmöglich! So etwas darf nicht passieren. Für den Kunden muss alles aus einem Guss sein. Er erwartet zu Recht, dass die IBM zu ihren Leistungsversprechen steht. Wir haben im Zuge der Veränderung bewusst mehr Führungskräfte aus der Delivery in das Transformationsteam aufgenommen. Die Sensibilität für die Leistungserbringung ist spürbar gewachsen. Das kann man zum Beispiel daran sehen, was wir feiern und anerkennen. Für besondere Vertriebserfolge gab es schon immer ausdrückliche Anerkennung und Awards. Inzwischen haben wir die auch für besondere Erfolge in der Delivery und in den unterstützenden Funktionen, wie Finanzen, Personal, Marketing und Kommunikation und so weiter. Die jeweils besten Teams aus allen drei Kategorien – Vertrieb, Delivery und Support – laden wir jedes Quartal in unser Transformationsteammeeting ein und *zeigen so, dass uns das im gesamten Führungsteam außerordentlich wichtig ist.*« Thomas Franzl, Branch Director Process & Industrial Products und Leiter Client Value Initiative, IBM Deutschland

Eine solche Kundenorientierung ist jedoch nur nachhaltig, wenn auch das Unternehmen damit wachsen und profitabel arbeiten kann. In manchen Fällen entwickelt sich daraus auch ein Dilemma. Das Controlling der IBM zur Steuerung der Profitabilität verleitet leicht dazu, im eigenen Sinne, an den eigenen persönlichen Zielen ausgerichtet, optimal zu arbeiten. Auf der anderen Seite muss man aber seinen Bereich entsprechend den traditionellen Messpunkten, wie beispielsweise Quartale, erfolgreich führen – »seine Zahlen bringen«, die »Vorgaben erfüllen«. Es braucht hier neue Leitlinien, einen Wert, an dem man sich orientieren kann, damit dieser Widerspruch nicht dazu führt, dass die Entwicklung blockiert wird. Um einen Ausweg aus diesem Dilemma zu finden, wurde eine neue Leitlinie entwickelt und verankert:

Client first. IBM second. Business Unit third

Am wichtigsten sind der Kunde und der Nutzen, den er aus den Leistungen der IBM zieht. Dann zählt das Interesse der gesamten, globalen IBM. Und erst danach die Geschäftseinheit. Das ist klar und deutlich.

Die Führungskräfte müssen diese Haltung wirklich verinnerlicht haben, um ihren Job gut machen zu können. Einen Mehrwert für den Kunden schaffen: Was bedeutet das? Den Kunden an die erste Stelle setzen. Die eigene Aufgabe aus Sicht des Kunden definieren. Einen konkreten Beitrag zum Unternehmenserfolg des Kunden leisten – und zwar in dessen Kategorien. Das mag Return on Investment sein, Produktivität, Prozessverschlankung, Beschleunigung des Marktzutritts oder eine andere Kennzahl. Die Orientierung an diesen Erwartungen hat ein Ziel: Den

Mehrwert des Kunden messbar zu steigern. In der Praxis ist das ganz unmittelbar mit der Erkennbarkeit und Differenzierung verbunden, die die IBM darstellt und liefern muss, ihrer Kontur, ihrer Unverwechselbarkeit auf den Märkten.

Nur was der Kunde ohne Zweifel als das erkennt, was wir anzubieten haben, kann auch entwickelt und geliefert werden. Das ist in einer komplexen Welt leicht gesagt. Aber in unserer Transformation haben wir diese Voraussetzung für eine klarere Kontur geschaffen. One IBM. Im nächsten Abschnitt werden wir Ihnen darüber berichten, wie dieser entscheidende Teil unseres Transformationsprozesses entwickelt wurde. Und wie weitreichend die Konsequenzen aus One IBM für das Bild unseres Unternehmens und unseres unternehmerischen Alltags sind. Begonnen hat dieses Projekt nahezu basisdemokratisch, nämlich mit dem Transformations-Jam des Jahres 2007.

One IBM – ein Name, eine Marke, ein gemeinsamer Auftritt. Einheit, die die Vielfalt fördert

Jams, das kannten die IBM Mitarbeiter ja bereits aus dem großen internationalen Werte-Jam von Samuel J. Palmisano. Fast 7500 IBMer nutzten im Juli 2007 die Möglichkeit, ihre Ideen zur Veränderung der IBM in Deutschland während des dreitägigen Transformations-Jams einzubringen und untereinander zu diskutieren. Die Anzahl der Registrierungen noch vor dem offiziellen Start übertraf sämtliche Erwartungen, und bereits wenige Minuten nach der Öffnung wurden die ersten Vorschläge eingetragen. Allein im Forum »Unternehmenskultur« registrierten sich 5762 IBMer und präsentierten fast 900 Ideen, die in 4490 Kommentaren und Votings bewertet wurden. Bei den Foren »Globale Integration« und »Öffentlichkeit & Außenbeziehungen« waren jeweils rund 3500 IBMer aktiv und entwickelten etwa 350 Ideen.

Direkt nach Jam-Ende begann die Auswertung der Beiträge.

»Ich bin mir sicher, dass wir bei der jetzt laufenden Sichtung der Ideen wichtige Impulse für die Transformation der IBM in Deutschland herausarbeiten werden«, sagte Martin Jetter damals. Und in der Tat sollten viele der Vorschläge umgesetzt werden, beispielsweise die deutlichere Positionierung der IBM am Markt oder auch der Aufbau von Netzwerken und besseren Weiterbildungsmöglichkeiten. Die Ideen, die noch weiterentwickelt werden mussten, wurden in dem internen Forum »ThinkPlace« online gestellt und weiter diskutiert. Im Gegensatz zu anderen Vorschlagsprogrammen steht der Autor im ThinkPlace weiter für seine Idee verantwortlich ein und kann die Umsetzung aktiv vorantreiben, wenn er genügend Unterstützung dafür in der Community einwirbt. Umgesetzte Ideen, die dem Unternehmen Nutzen bringen, werden honoriert. Dabei wird nicht nur der Autor belohnt, sondern das gesamte Team. Doch dieses große gemeinsame Nachdenken über unsere Veränderung war erst der Anfang.

Der Wendepunkt oder: Wir melden uns aus der Zukunft

Dienstag, der 29. Januar 2008. Für 10.00 Uhr ist im SI-Centrum in Stuttgart das jährliche Management-kick-off-Meeting angesetzt. Eine Routineveranstaltung, die jedes Jahr 1 800 Führungskräfte der IBM in Deutschland versammelt. Als die Teilnehmer den Tagungssaal betreten, erhalten sie ein kleines blaues Büchlein. Auf dem steht in großen Buchstaben: »Hallo?« So etwas haben die IBM Manager noch nicht gesehen. Bei den Meetings wird Business Content verteilt. Nicht so etwas. In diesem Buch aber geht es um die Veränderung. Die eigene. Um die Transformation der IBM in Deutschland. Das ist das einzige Thema. Man schlägt das Buch auf und liest: Wir melden uns aus der Zukunft.

Zunächst stehen aber die üblichen Programmpunkte solcher Veranstaltungen auf der Agenda: Geschäftsentwicklung, Updates zu verschiedenen Initiativen – viel aktuelle Information und Kontext für das, was folgen wird. Denn die neue IBM in Deutschland soll künftig eine IBM sein, ein großes Ganzes. Kein Verbund kleiner Gesellschaften mit eigenen Marken wie »SerCon« oder »IT-Services and Solutions« mehr, bei denen so mancher Kunde seither überrascht gefragt hatte: »Ach, die gehören auch zu euch?« Am Nachmittag betritt Martin Jetter die Bühne und sagt:

»Meine Damen und Herren, Sie haben sich bestimmt während des Tages schon gewundert, was heute los ist. Wir sagen es Ihnen: Die IBM wird sich verändern. Und Sie als Führungskräfte brauche ich dafür, dass Sie sich auch verändern und vor allem auch mitgehen. Ich möchte Sie heute in die Transformation einführen, die mit sich bringt, dass wir uns wettbewerbsfähiger aufstellen werden als in der Vergangenheit.«

Und er erzählt, wie das gehen soll: Dass wir eine einzige und integrierte deutsche IBM haben wollen, nicht verschiedene kleine Gesellschaften. Dass dieses Zusammenziehen nicht Abbau bedeuten wird, aber dass wir unsere Kernkompetenzen nutzen müssen, um unsere Produktivitätsziele erreichen zu können. Brainpower, Kreativität. Das sind unsere Stärken. Da können wir global mithalten und auf diese Jobs wollen wir uns fokussieren. Innovationen sind wichtig. Das sind unsere Chance und unser Wettbewerbsvorteil in der globalen Integration. Das wollen wir wirklich.

Wir müssen uns auf unsere Fähigkeiten und Kompetenzen besinnen, diese gezielt ausarbeiten und genau hinschauen: Wo sind wir richtig? Wo in der Wertschöpfungskette ist unser Platz?

Es gibt Tätigkeiten, bestimmte Programmierarbeiten beispielsweise, die werden wir nicht wettbewerbsfähig anbieten können. Also lasst es jemand anderen machen! Wir müssen Business Content, einen Mehrwert für unsere Kunden schaffen. Das ist das Entscheidende. Und wir wollen damit dann auch Vorreiter sein: Mit unserem intellektuellen Kapital den Unterschied klarmachen. Alle zusammen. Made in Germany gibt es nicht mehr. Das ist aber auch kein Problem. Created in Germany soll ein Gütesiegel sein, damit sind wir die erste Wahl. Dann schaffen wir es auch, dass in uns investiert wird, in unsere Mitarbeiter und ihre Fähigkeiten und Kenntnisse. So schaffen wir es, dass multinationale Projekte bei uns lokal verankert werden.

So weit, so gut. All das klingt einleuchtend für die Manager. Doch eine große Frage steht immer noch unbeantwortet im Raum: Was wird aus mir? Man kann seinen Mitarbeitern ja viel erzählen, erst einmal wollen sie eine Sache wissen: Ist mein Job sicher? Das ist die erste Frage, die beantwortet werden muss. Jeder soll wissen, dass es seinen Organisationsbereich, zumindest aber seine Einheit weiterhin geben wird. In einem solchen Prozess geht es um Glaubwürdigkeit, darum, dass die Manager schnell erkennen, das ist kein Gerede, dahinter steckt etwas, was Hand und Fuß hat: Was gerade mit ihrer IBM passiert, hat niemand einfach nur aus dem Ärmel geschüttelt. Es gibt nicht einfach ein paar Menschen, die eben mal etwas Neues machen wollen und sich dafür irgendetwas ausgedacht haben. Das neue Konzept ist keine freie Erfindung. Die IBM ändert sich selbst so, wie sie es auch ihren Kunden rät. Die neue Organisationsstruktur entspricht einem der Beratungsprodukte der globalen IBM: Specialized Enterprise – das spezialisierte Unternehmen. Was bei IBM funktioniert, funktioniert auch bei den Kunden und umgekehrt.

Früher hat man versucht, die Geschäftsbereiche in Divisionen einzuteilen, mit jeweiliger Verantwortung für Gewinn und Verlust. Innerhalb dieser Divisionen versuchte man dann, die Prozesse zu optimieren. Dann kam die zweite Stufe: Die Personalabteilung, das Rechnungswesen und die Rechtsabteilung wurden zusammengefasst, oft in einer Holding, und arbeiteten für alle Geschäftsbereiche. An diesem Punkt sind die meisten deutschen Unternehmen stecken geblieben. Auch wir.

Der nächste Schritt sieht aber folgendermaßen aus: Wir schauen uns die verschiedenen Komponenten des Unternehmens an, welche Leistungsketten, welche Prozesse haben wir dort. Wenn wir diese Prozesse kennen, überlegen wir, ob es vielleicht jemanden gibt, der es besser kann. Das kann jemand im eigenen Unternehmen, vielleicht auch im Ausland sein, oder aber eine spezielle Firma. Es geht also darum, alle Potenziale zu erkennen und zu nutzen, um die Problemstellungen der Kunden zu lösen. Es gibt keine geschützten, geschlossenen Bereiche mehr. Keine kleinen einzelnen Gesellschaften, denen man als Außenstehender nicht einmal ansieht, dass sie zur großen IBM gehören. Zum Zug kommt, wer es besser kann – ganz gleich, wo in der globalen Organisation sein Standort ist – und wenn es die IBM selbst nicht kann, dann sucht sie den bestmöglichen Partner. Es zählt die optimale Lösung.

Spätestens jetzt fragt sich jeder im Saal: Und was wird dabei aus mir? Die Antwort darauf ist die neue Organisationsstruktur, die sich entlang der Wertschöpfungskette des Unternehmens erstreckt. Research & Development, Sales & Consulting, Solutions & Services, Management & Business Support. In diese vier großen Schwerpunkte wird das Unternehmen organisiert. Für über 8000 IBMer bedeutet das einen Wechsel in eine andere Gesellschaft. Zehn Firmen werden umbenannt, zwei Marken eingestellt, zwei Firmen neu gegründet, neue Geschäftsführer bestellt. Alle IT- und Wirtschaftsprozesse werden vereinheitlicht. Und der Zeitplan dafür ist ambitioniert. In nur fünf Monaten soll all das komplett umgesetzt sein. Die Manager verstehen, wohin die Reise gehen soll. Aber das ist nur ein Anfang, ein Teil des Veränderungsprozesses. Das Ganze kann nur funktionieren, wenn alle mitmachen. Wie werden die Mitarbeiter sehen, was das Führungsteam der IBM in Deutschland an diesem Tag präsentiert hat? Die Verhandlungen mit dem Konzernbetriebsrat stehen noch aus, denn die Veränderungen, die mit One IBM einhergehen werden, unterliegen der Mitbestimmungspflicht.

....

»Über jeden Schritt, jede Entscheidung wurde immer erst der Konzern-betriebsrat informiert, dann die Manager, dann die Mitarbeiter. In dieser Reihenfolge. Eine solche Vorgehensweise ermöglicht es, vertrauensvoll und konstruktiv mit dem Betriebsrat zusammenzuarbeiten. Sie birgt aber auch Risiken: Denn wenn es in die Verhandlungen geht, nach dem ersten großen Tusch, sackt das Informationslevel für die Mitarbeiter zunächst ab. Das bietet viel Raum für Spekulationen, Flurfunk, Gerüchte. Ein gutes Gegengewicht dazu ist ein mit der Mitbestimmung offen abgestimmter Kommunikationsplan, in dem man sich ebenso offen über die Kommunikationsinhalte verständigt. Das ist uns in der Folgezeit immer wieder gelungen und hat sehr zur Klarheit und Glaubwürdigkeit beigetragen.« Dr. Andreas Hasse, Partner für Transformation und Turnaround, Global Business Services, IBM Deutschland und damals Projekleiter One IBM

Zunächst ist die Informationslage aber noch sehr rudimentär. Am nächsten Tag, dem 30. Januar 2008, gibt es in den Büros, den Fluren, in der Kantine nur eine Frage: Was ist hier los? Am Morgen treffen sich noch einmal die Führungskräfte pro Bereich, um die Veränderung ihrer Geschäftseinheiten detaillierter zu diskutieren. Für den Nachmittag sind sogenannte Town-Meetings anberaumt. In den 25 größten Standorten stellt sich je eine ausgewählte Führungskraft zusammen mit einem Spezialisten aus dem Personalbereich und einem Mitglied des One IBM Teams der Diskussion. Die Führungskräfte schwärmen aus – sie wollen den Transformationsprozess direkt und unmittelbar kommunizieren. Persönlich.

....

»Der dezentrale, gleichzeitige und persönliche Kontakt und Dialog des Transformationsteams mit den Mitarbeitern in den 25 größten Standorten ist ein wichtiger Erfolgsfaktor in der gesamten Transformation. Die Reichweite in der Belegschaft liegt so bei über 90 Prozent. Früher war es üblich, dass man sich auf die Deutschlandzentrale konzentrierte und mit höchstens einer Handvoll Standorten mit jeweils über 1000 Mitarbeitern kommunizierte – und das auch noch asynchron. Das

machen wir heute anders. Übrigens ist auch das symbolisches Handeln. Es sendet eine wichtige Botschaft an alle Mitarbeiter: Jeder ist uns gleich wichtig.« Petra Laissle, Director of General Business, Geschäftskundenvertrieb Süd, IBM Deutschland

Ein zweiter Effekt dieses regelmäßigen Ausschwärmens – zwei- bis dreimal im Jahr gibt es diese Town-Meetings inzwischen, jeweils am selben Nachmittag – ist der Ausbau der kommunikativen Fähigkeiten der Führungsmannschaft. 25 Präsentatoren mit der gleichen Professionalität und inhaltlicher Stimmigkeit an 25 Standorten auftreten zu lassen, setzt eine koordinierte Vorbereitung voraus. Das Team übt miteinander, bevor es ausrückt. Das ist für Topmanager nicht unbedingt selbstverständlich. Schließlich hat jeder doch schon so oft auf der Bühne gestanden. Die Ernsthaftigkeit und Priorisierung der Vorbereitung zahlt sich jedoch ganz direkt aus. Wir lesen das aus unseren regelmäßigen Mitarbeiterbefragungen und der darin attestierten Klarheit der Kommunikation ab.

In der Folgezeit der ersten Ankündigung von One IBM gibt es kleine Events und immer neue Informationen, per Mail, im Intranet. Sie verhindern, dass sich die Mitarbeiter innerlich von den Plänen ihrer Führungskräfte distanzieren. Dabei wird auch klargemacht, dass es eben nicht nur eine große Ankündigung gibt, große Worte, sondern auch Taten folgen – Stück für Stück. Bewegung kommt ins Spiel. Sobald Einigkeit mit dem Konzernbetriebsrat herrscht, wird den Mitarbeitern erklärt: Das sind die Gesellschaften, das die Bereiche, das die Inhalte. So, dass jeder Mitarbeiter erkennen kann, wo er später organisatorisch aufgehoben sein soll. Die nächste Information war die: Das sind die neuen Geschäftsführer der Gesellschaften. Spätestens jetzt ist jedem Mitarbeiter klar, wo er künftig stehen wird.

Das ist eine wichtige Nachricht, eine entscheidende Sicherheit für die Mitarbeiter. Der Job ist sicher, gut. Aber was bedeutet das vertraglich? Behalte ich meinen Vertrag, muss ich einen neuen machen? Verliere ich dabei? Kann ich was gewinnen? Die Antwort darauf scheint für das One IBM Team ganz klar: Für die mehr als 8 000 Mitarbeiter, die in andere Gesellschaften wechseln sollen, steht ein Betriebsübergang nach § 613a BGB an. Ein Transfer der Mitarbeiter also, zu gleichen Konditionen für mindestens ein Jahr. Für Fachleute ist das klar. Aber was bedeutet das – fragen sich viele – wirklich? Und einige Mitarbeiter sagen prompt: Da müssen wir erst mal unsere Anwälte fragen.

....

»Wir haben einen wichtigen Faktor unterschätzt. Wir haben gesehen, dass der § 613a eben nicht so klar ist, wie wir dachten. Und das ist natürlich schwierig, wenn man die Akzeptanz der Mitarbeiter für sein Vorhaben braucht.« Kurt von Poelnitz

Das ist ein klassischer Expertenfehler, ein Fehler, der gerade in Zeiten der Veränderung sehr leicht passiert – und böse Folgen haben kann. Die Spezialisten der Transformation haben sich eben schon mit dem Thema beschäftigt, und für sie wird aus komplizierten Paragrafen etwas ganz Selbstverständliches. Nur: Die Menschen, die zum ersten Mal mit der für sie unbekannten Terminologie konfrontiert werden, reagieren irritiert und misstrauisch. Misstrauen ist meist nicht einfach das Produkt schlechter Erfahrungen, sondern entsteht vor allen Dingen dort, wo man in der Geschwindigkeit der Veränderung nicht sofort erkennt, was eigentlich passiert. Deshalb geht es bei Veränderungen immer wieder um eines: klare, verständliche, für alle in der Organisation nachvollziehbare Prozesse. Erst dann entsteht Transparenz und Vertrauen. Das Team reagiert – und kommuniziert:

Zunächst in Führungskräfte-Workshops, in denen die Fragen aus der Belegschaft beantwortet werden, damit die Manager die folgende zentrale Information begleiten und in ihren Teams verstärken können. Nicht direkt bis in die komplette Belegschaft durchzukommunizieren, sondern einen Informationsvorsprung zu gewähren – sei er noch so klein –, ist bei uns ein zentrales Grundprinzip, mit dem wir nicht brechen. Den Führungskräften signalisiert dies, dass sie in ihrer Rolle ernst genommen und geschätzt werden, dass sie Teil der Transformation sind. Damit nimmt man allerdings in Kauf, dass diejenigen, die die Veränderungen nicht mittragen, Hemmschuhe auf die Schiene legen. Der Versuchung, direkt mit allen zu kommunizieren, zu widerstehen, ist manchmal eine ziemliche Herausforderung.

Zurück zum Beispiel § 613a BGB und der Angst davor. In einem kurzfristig aufgenommenen Video erklärt der Chef der Rechtsabteilung für alle leicht verständlich, wie ein solcher Betriebsübergang funktioniert. Über 8 000 Mitarbeiter sind konkret betroffen. 5 000 schauen sich das Video an. Der Informationsbedarf war tatsächlich sehr groß. Viele suchten das Gespräch mit ihrem direkten Manager. Und als die Mitarbeiter verstanden hatten, was mit ihren Verträgen passieren sollte, waren sie zum größten Teil auch einverstanden. Auch die grundlegende Kommunikation über Motive und Zielsetzungen der Veränderung wird immer wieder belebt und verstärkt. Zum Beispiel in einer Broschüre, die eine einfache Frage stellt:

Was heißt hier Globalisierung?

Darin erklären wir, woher wir kommen und was wir bereits alles mitgemacht haben. Die Erinnerung an historische Wendepunkte und ihren Erfolg stiftet Zuversicht, dass es auch jetzt funktionieren wird. Wir hatten in den Urzeiten der IBM den richtigen Riecher mit der Lochkarte. Wir hatten den Schneid, in ein Thema zu investieren, an das sich andere nicht herangetraut hatten, und dann erhielten wir in den 1930er-Jahren riesige Aufträge von der US-Regierung. Wir sind in den 1950er-Jahren in das Computergeschäft eingestiegen, wir haben Weitblick gezeigt und Lotus und später auch die Beratungssparte von PricewaterhouseCoopers gekauft. Wir haben Risikobereitschaft gezeigt. Und Agilität.

Aber wir sind auch konsequent. Als es sich nicht mehr lohnte, haben wir das PC-Geschäft verkauft. Und heute geht es um Integration. Um die Bündelung von Kompetenzen und die ehrgeizige Verbesserung unserer Wettbewerbsfähigkeit. »Globalisierung heißt, dass Veränderung von überall ausgehen kann, auch von hier – auch von mir« – so schließt die Broschüre. Sie wird an die Privatadressen der deutschen IBM Mitarbeiter geschickt. Auch die Familien, die Partner sollen sehen, was mit der Veränderung gemeint ist. Und die Botschaft kennen: Schau mal, das sind wir und ihr könnt stolz darauf sein, in welchem Unternehmen ihr arbeitet. Die Geschichte der IBM war immer eine Geschichte der Veränderung. Was jetzt passiert, ist nicht das Ende und auch kein dramatischer Wendepunkt, der alles infrage stellt, was wir bisher getan haben. Es ist ein nötiger Prozess, der – wie viele vor ihm und viele nach ihm – das Große und Ganze sichert und weiterbringt. Es ist ein normales Stück Weg, der hier eingeschlagen wird. Nichts, vor dem man Angst haben muss, nichts, was nicht ganz normal wäre.

Soundcheck oder: Verstehen Sie Transformation? Und haben Sie Fragen?

Um diese Normalität zu erreichen, muss man vor allen Dingen eins: miteinander reden. Vorstellungen austauschen. Interpretationen hören, aber auch klarmachen, was wirklich mit einer Initiative gemeint ist. Für Klarheit sorgen – durch Kommunikation. Zu diesem Zweck finden bei der IBM regelmäßig sogenannte Sounding Boards statt, in denen die Bereichsleiter aus dem Dialog mit ihren Teams berichten. Sounding Board – das ist eigentlich der Teil eines Saiteninstruments, der für die Schallabgabe zuständig ist. In der Akustik wird auch der Schalldeckel, das Dach über einer Kanzel oder einer Bühne beispielsweise, so genannt. Das Sounding Board ermöglicht es, dass ein Redner im großen Kreis besser

verstanden werden kann. Sounding Boards sind Reflektoren. Sie
verstärken Inhalte. Sie reflektieren aber auch die einzelnen Sounds
der Leute, die gemeinsam den Ton machen – die Mitarbeiter.
Sounding Boards sind ein wichtiges Instrument, um die Stimmung im Unternehmen hörbar zu machen. Zuhören ist eine der
wichtigsten Tugenden im Transformationsprozess. Und es geht
auch um das richtige Stimmen des »Instruments«, darum, dass alle
den gleichen und richtigen Ton treffen.

Die Sounding Boards sind ein Beispiel für gut funktionierende
Instrumente. Sie arbeiten in drei Richtungen. »Nach oben«, indem Manager hören, was ihre Mitarbeiter bewegt, was ihre Fragen und Ängste sind; »nach unten«, indem sie einen weiteren
verstärkenden Kommunikationskanal top-down aufmachen; »seit-
wärts«, indem Führungskräfte untereinander Erfahrungen austauschen und feststellen, ob Probleme sich in verschiedenen Bereichen wiederholen. So können sie entscheiden, ob nach dem
Gießkannenprinzip überall gleich agiert werden kann, oder ob
ein bestimmter Bereich gezielte Maßnahmen braucht. Wichtigste
Voraussetzung ist die Unterstützung von »ganz oben«. In der gesamten Projektphase zwischen Ankündigung und Umsetzung hat
sich die Geschäftsführung für die Sounding Boards jede Woche
Zeit genommen.

Andere Kommunikationsmaßnahmen in unserer Transformation waren leider weniger erfolgreich. Zum Beispiel eine Online-
Community, die wir im Intranet eingerichtet haben. Dort können
Mitarbeiter Fragen an die Geschäftsführung richten. Das Besondere ist, dass jeder in der Community die gestellten Fragen bewerten kann. »Daumen hoch« für »diese Frage ist relevant, ich
möchte, dass sie beantwortet wird«. »Daumen runter« für »diese
Frage ist weniger relevant, Beantwortung nicht nötig«. So entsteht
ein Ranking der Fragen nach ihrer Relevanz in der Belegschaft.
Die Unternehmensleitung kann die Topfragen beantworten und
die übrigen mit dem Segen der Mehrheitsbewertung ignorieren.
Nach anfänglicher großer Begeisterung ist die Aktivität in der

Community allerdings deutlich abgeflaut. Das hat mit der Wiederkehr gleicher Themenkreise zu tun. Die Antworten werden mechanischer und die Kritik der Belegschaft an der Qualität der Antworten ist unüberhörbar. Der News-Wert, das Aufregerpotenzial – sie gehen irgendwann verloren. Und die latente »Tool-Überflutung« – schließlich sind wir ein Social-Media-Unternehmen, das auch hier alles an sich selbst ausprobiert, was es Kunden anbietet – tut da sicher ihr Übriges.

Kurz vor der finalen Unterzeichnung der neuen Gesellschaftsverträge am 1. Juli 2008 steigt noch einmal die Spannung im One IBM Team. Werden alle betroffenen Mitarbeiter dem Betriebsübergang nach § 613a BGB, also der Übertragung ihrer Verträge in die neu gegründeten Gesellschaften, zustimmen? Es gibt einen großen Unsicherheitsfaktor. Im Gesetz steht: »Der Arbeitnehmer kann dem Übergang des Arbeitsverhältnisses innerhalb eines Monats nach Zugang der Unterrichtung (…) schriftlich widersprechen.« Wie viele Mitarbeiter werden das tun? Und wird vielleicht wegen dieser Möglichkeit des Widerspruchs die ganze Veränderungsarbeit umsonst gewesen sein – und am Ende mehr Schaden anrichten, weil sich nichts ändern kann und darf, aber Unruhe und Misstrauen im Unternehmen entstanden sind? Genau hier liefern die Sounding Boards sehr nützliche Einsichten.

Ein neuralgischer Punkt war beispielsweise die Identifikation mit der Gesellschaft, bei der man bisher angestellt war. Wer in die große IBM Deutschland GmbH eingestiegen war, wollte vielleicht nicht in einer IBM Deutschland Management & Business Support GmbH landen – denn das klingt doch viel mehr nach Service-Tochter, gefühlt irgendwie unwichtiger. Und für die Mitarbeiter der SerCon könnte das Gefühl hängen bleiben: Nun schluckt die große IBM uns endgültig. So jedenfalls die Annahmen und Szenarien im Projektteam. Diese Bedenken konnten in den Sounding Boards ausgeräumt, andere identifiziert und gezielt bearbeitet werden. Aber immer noch basieren die Überlegungen auf Hochrechnungen, Stimmungsbildern und Annahmen.

Die neuen Gesellschaftsverträge sind inzwischen unterzeichnet. Die neue Struktur steht fest. Die vierwöchige Widerspruchsfrist beginnt. Im schlimmsten Fall hätte man also neue Gesellschaften, aber keine Mitarbeiter, die diese Gesellschaften tragen.

Am 1. Juli geht die neue deutsche IBM, One IBM, live auf Sendung. Und die Befürchtungen, dass viele oder jedenfalls eine kritische Masse an Mitarbeitern nicht mitzieht, lösen sich auf: 99,7 Prozent der betroffenen Mitarbeiter sind dabei – die anfänglichen Bedenken, in der Veränderung etwas zu verlieren, zumindest nichts zu gewinnen, konnten ganz offenbar ausgeräumt werden. Widerstand wich der Erkenntnis, dass in diesem Schritt mehr Chancen als Risiken liegen.

Das muss gefeiert werden. Sommerfeste werden veranstaltet, für die Mitarbeiter und ihre Familien. Das ist nach langer Zeit etwas Neues und kommt gut an. Und dann? Dann machen sich alle gemeinsam mit ihren Kollegen auf den Weg. Den neuen Weg, hin zu einem global integrierten Unternehmen. Die echte Veränderung kann beginnen, zum Alltag zu werden.

Wir haben uns verändert – und jetzt?

An dieser Stelle lohnt es sich, auf den weiteren Verlauf der Transformationsarbeit seit Mitte 2008 zu blicken. Wie gesagt: Nach der organisatorischen Veränderung kommt die eigentliche Arbeit. Für eine kurze Zeit erschlaffte die Betriebsamkeit. Die Sommerzeit war eine willkommene Phase des Abschaltens und der Erholung. Solche Phasen sind wichtig, um ein organisatorisches und individuelles Burn-out zu vermeiden. Aber schon bald wurden wieder Fragen laut: Und nun? Wie gehen wir weiter voran? Die einen meinten, es sei jetzt alles getan. Die Organisation steht doch. Praktisch alle haben mitgezogen. Wir haben niemanden abgehängt. Die anderen sagten das Gegenteil.

Es war und bleibt wichtig, sich und anderen immer wieder

klarzumachen, was nachhaltige Veränderung bedeutet. Man muss sie tief im Tagesgeschäft verankern, sie in diesem Sinne selbstverständlich und »normal« machen. Das gelingt aber eben nicht mehr auf der organisatorischen Ebene. Auf der sind alle Kästchen gemalt, die Formalitäten erledigt, die Berichts- und Entscheidungswege geklärt. Jetzt geht es um die Ebenen der Meinungen und Einstellungen und vor allem des täglichen Verhaltens. Die Versuchung ist groß, die Veränderung als erledigt zu betrachten und sich einfach wieder seinem »Tagesgeschäft« zu widmen. Dafür ist ja jetzt endlich wieder Zeit. Der Rückweg in die alten Strukturen ist – wenn auch informell – gerade in dieser Phase sehr kurz.

Jede Kleinigkeit, die »in der neuen Welt« nicht klappt, wird eben dieser neuen Welt angelastet, als Beweis dafür genommen, dass die Veränderung den erhofften Nutzen wohl doch nicht bringt. Wir haben deshalb viel Energie investiert, erwünschte Verhaltensweisen zu fördern und das Zurückfallen in altes Denken und Handeln zu bekämpfen.

»Gute Erfahrungen haben wir mit dem Instrument der Ereignisorientierung gemacht. Sie gibt dem erwünschten Verhalten einen Sinn und einen Rahmen. Zum Beispiel die CeBIT. One IBM hat – ebenso wie die Client-Value-Initiative und die Transformationsinitiative bis dato insgesamt – eine starke Integrationsbotschaft gesendet. Am erfolgreichsten sind wir, wenn wir das gesamte Leistungsspektrum der Firma integrieren und auf den Kundennutzen ausrichten. Lösungen statt Einzelprodukte. Diese Botschaft hat der Auftritt der IBM auf der CeBIT in der Vergangenheit eher als Nebenprodukt vermittelt. Jeder Produktbereich hat sich auf der Messe in einer eigenen Zone präsentiert. Die Puzzleteile zusammenzufügen war weitestgehend dem Betrachter überlassen. 2008 haben wir den gesamten Auftritt zusammengezogen und vor allem rund um die Herausforderungen und Themen der Kunden integriert. Die Vorbereitung und Umsetzung und vor allem die gesamte Kommunikation nach innen hatten diesen Tenor. Seither ist unser Messestand eine Leistungsschau der IBM und nicht mehr ihrer einzelnen Bereiche. Bereichsübergreifende Veranstaltungen, Pressegespräche, Kundentermine gehören genauso dazu wie eine gemeinsam entwickel-

*te Gesamt-Story, die sich in Standaufbau und Besucherführung wieder-
findet und sich durch die Berichterstattung von der Messe zieht. Smarter Planet (wir haben darüber im Kapitel 7 berichtet) hat diesen Trend
als übergreifendes Thema weiter verstärkt.«* Jörg Winkelmann, damals Vice President, IBM Marketing und Kommunikation, IBM
Deutschland

Ein ähnliches Beispiel ist die Smarter-Cities-Konferenz, die wir
im Sommer 2009 in Berlin veranstaltet haben. Die Vertriebsberei-
che haben sich dort produkt- und branchenübergreifend aus einem Guss präsentiert und eingebracht. Diese gemeinsame Zusammenarbeit ist aufwendig und anstrengend, aber das Ziel, etwas
wirklich Eindrucksvolles zu einem bestimmten Termin auf die
Beine zu stellen, ist ein starker Treiber für verändertes Verhalten.

Das gilt auch für die Managementkommunikation. Von den
jährlichen Management-kick-offs war bereits die Rede. Bis 2008
waren sie ausschließlich Plenarveranstaltungen, bei denen der Großteil der Teilnehmer eher konsumierte. Kann man so etwas grund-
sätzlich ändern und produktiv zusammenarbeiten, wirklich alle
dabei aktivieren? Vor Formatänderungen – zum Beispiel »Break-
out-Sessions«, also zwischenzeitlicher Aufteilung des Plenums in
kleinere, diskussionsfreudige Arbeitsgruppen – haben wir bisher
zurückgeschreckt. Klappt das mit fast 2000 Teilnehmern? Bringt
das etwas? 2009 haben wir es dann gewagt und eine Leadership
University veranstaltet. Nach einem ersten Tag im Plenum, das
eher der Informationsvermittlung gewidmet war, standen am zweiten Tag 20 parallele Workshops mit fünf Wiederholungen, insgesamt also 100 Einzelsessions auf dem Programm. Die wollten vorbereitet, moderiert und durchgeführt werden, wofür wiederum
das gesamte Transformationsteam und viele weitere Unterstützer
aktiviert wurden. Ein enormer Aufwand für die Führungskräfte-
entwicklung, der aber allen Teilnehmern und der gesamten Organisation vermittelte, dass hier gemeinsam ein großes Rad gedreht
wird. Integration eben. Wenn dieses Buch erscheint, stecken wir
gerade mitten in der Vorbereitung zur Leadership University 2010.

Ähnliche Integrationssignale senden auch Veränderungen im Managementsystem. In der Art, wie wir unser Geschäft im Rhythmus der Quartale treiben. Quartalsdenken ist eine Herausforderung für viele börsennotierte Unternehmen. Lösungsgeschäft ist entwicklungsbedürftig und längerfristiger angelegt als das schnelle Produktabsatzgeschäft. Man muss daher zusätzlich zur Orientierung auf das kommende Quartalsende regelmäßig gemeinsam den Kopf heben und etwas weiter vorwärts schauen, Geschäftschancen erkennen, anbahnen und entwickeln. Dafür haben wir in regelmäßigem Turnus wiederkehrende Meetings für Marketing, Vertrieb und Delivery eingeführt, in denen wir uns ausschließlich mit diesen Aufgaben auseinandersetzen.

Und dennoch gibt es immer wieder verpasste Geschäftschancen. Gut, das ist normal. Im Wettbewerb gewinnt man nicht immer. Wenn wir nicht gewinnen – das ist eine Erkenntnis unserer Transformation, die sich in den Meinungen und der Einstellung vieler IBMer inzwischen fest verankert hat –, dann weil wir nicht integriert genug an- und aufgetreten sind. Und das ist eine Frage des individuellen und des kollektiven Verhaltens. Damit sind wir endgültig auf der schwierigsten Ebene der Veränderung angelangt. Wie verändert man Verhalten?

Unsere Erfahrung lehrt uns: durch aktives Vorleben. Alles andere – Belohnungs- und Anreizsysteme, Benennung des erwünschten und des unerwünschten Verhaltens, Appelle und was einem sonst noch einfallen mag – sind unterstützende Maßnahmen, manchmal notwendige, aber niemals hinreichende Bedingungen für Verhaltensänderung. Auch dazu ein Beispiel. Viele Kommunikationswege in der Transformation verlaufen top-down, also von oben nach unten. Aus dem Transformationsteam durch die Führungspyramide bis in jedes Team und zu jedem Mitarbeiter. Viele dieser Ketten laufen reibungslos und schnell ab. Weil es an der Spitze vorgelebt und vorgemacht wird. Bei manchen funktioniert es nicht. Und das liegt nicht am Widerstand der Empfänger, sondern daran, dass die Kette ziemlich weit oben in der

Organisation schon reißt. Dann läuft nichts mehr bis unten durch. Gerade das viel beschäftigte Topmanagement muss diese Vermittlungsaufgabe besonders ernst nehmen. Dann zieht der Rest der Organisation mit. Wir erzeugen deshalb regelmäßig Nachfragedruck aus der Belegschaft. Wenn wir zum Beispiel von der Leadership University berichten, fordern wir die Mitarbeiter auf, ihre Manager danach zu fragen. Und den Managern sagen wir vorher nicht nur, dass sie eine Vermittlungsaufgabe haben, sondern auch, dass wir ihre Mitarbeiter zur Nachfrage ermuntern. Befragungen in der Belegschaft zeigen seither, dass sie wesentlich öfter und umfassender informiert werden als früher.

Wie macht man Verhalten in einer Organisation mit all ihren kulturellen Prägungen und erprobten Ritualen besprechbar? Vor dieser Frage standen wir nach den organisatorischen Veränderungen des Jahres 2008. Und wir erlebten dabei einen grandiosen Fehlschlag: Im menschlichen Verhalten stoßen wir immer wieder auf Ähnlichkeiten und Muster. Die kann man durchaus in Worte fassen und charakterisieren. Man kann sie zueinander in Beziehung setzen und gegensätzliche Extrempositionen beschreiben. All das haben wir gemacht – und waren doch noch nicht zufrieden. Denn man kann das nicht einfach so vermitteln, ohne potenziell verletzend zu wirken.

Bilder sagen mehr als tausend Worte. Und Komik – kritische Distanz mit befreiendem Lachen, also das nicht zwingend verletzende Durchbrechen von Erwartungshaltungen – ist ein erprobtes Vehikel. Bild und Komik: Das ergibt Karikatur. Und so haben wir eine Künstlerin beauftragt, die Archetypen und ihre Verhaltensweisen, die wir gefunden hatten, karikierend ins Bild zu setzen. Vielleicht war die Überzeichnung noch zu gering, vielleicht die Begegnung mit einem ernsten Thema auf humoristischem Terrain dann doch unangemessen und eine Überforderung unserer Kultur. Jedenfalls hat es überhaupt nicht funktioniert. Wer damit konfrontiert wurde, hat sich in der Regel sofort mit einer Extremposition identifiziert oder sich davon abgegrenzt – und dann umgehend in den Kategorien von Gut und Böse gedacht und diskutiert.

Bilder und Geschichten sind wichtig, um Botschaften zu transportieren. Wir haben viel ausprobiert und dabei zwei Dinge gelernt: Man bleibe einfach und konsequent. Und man erzähle authentische Geschichten. Alles andere geht zwangsläufig über Bord. Gerade in der persönlichen, von Präsentationen unterstützten Kommunikation haben wir immer wieder Bilder und Grafiken eingesetzt. Spreu und Weizen haben sich hier inzwischen getrennt. Einfache, eingängige, notfalls auf dem Flipchart mit wenigen Strichen reproduzierbare Bilder sind erfolgreich. Solche, die wir im Laufe der Zeit ergänzt und komplexer gemacht haben, sind es nicht. Sie dringen einfach nicht durch ins kollektive Bewusstsein.

Gleiches gilt für die Geschichten. Storytelling ist eine erprobte und vielfach eingesetzte Methode. Auch wir IBMer gehören zu ihren Anhängern. Aber es gehört viel Übung dazu, sie auf natürliche Weise einzusetzen. Und Authentizität, die sich aus persönlichem Erleben – zumindest aber aus möglichst wenigen Stille-Post-Stationen – speist. Ein schönes Beispiel ist die Geschichte mit den Taxifahrern und Firmenausweisen, die wir etwas weiter oben erzählt haben. Wer im Januar 2007 dabei war und sie direkt erlebt oder unmittelbar gehört hat, den prägt sie bis heute. Bist du dabei oder bist du nicht dabei in der Transformation? Für die Führungskräfte und Mitarbeiter der IBM in Deutschland mündet diese Frage in dieser Story. Ob man sie nun als Bedrohung, als Gewissensprüfung oder als Aufmunterung verstehen will, das ist einfach nur eine ganz menschliche Frage der persönlichen Perspektive.

Es ist normal geworden, anders zu denken und zu arbeiten. Wissen Sie noch, wie wir uns im ersten Kapitel mit der Frage der Veränderung an sich beschäftigt haben? Welche Widersprüche sich auftun, wenn wir an die Transformation denken? Und dann wird das Neue »normal«, zu etwas, was unseren Alltag begleitet, als hätte es nie etwas anderes gegeben. Das ist vielleicht eine der wichtigsten Lehren aus allen Veränderungsprozessen überhaupt. Was uns heute als unglaubliche, unüberwindliche Herausforderung erscheint, ist morgen schon Normalität, mit der wir leicht umgehen. Wir sehen zu, wie die Veränderung wächst – wie Kinder, die heranwachsen. Auch dabei gibt es ja genügend Herausforderungen. Und gute Eltern stellen sich die Frage: Wie geht's weiter? Was kommt noch? Und wie gehen wir damit um?

Ausblicke

Die Veränderung als Konstante oder: Das Ende dieses Buches ist der Anfang der Veränderung

Bei Büchern ist die Sache ganz einfach. Die Frage »Wie geht es weiter?« erledigt sich irgendwann von selbst. Sie bemerken, dass Sie noch ein paar Seiten vom Ende des Buches trennen. Dann ist Schluss. Aber nur mit diesem Buch. Die Veränderung ist anders. Sie endet nie. Wenn es um Veränderung geht, schlagen wir immer wieder neue Seiten auf.

Wie soll man da einen Schlusspunkt setzen? Am besten gar nicht. Es gibt keine letzte Seite für die Veränderung. So wenig, wie es eine fürs Leben gibt und die Zukunft. Nichts ist fertig, nie. Wir hoffen aber, dass Sie nach diesem Buch mit dieser Feststellung positiv umgehen, optimistisch. Denn die gute Nachricht bei all dem, was nie fertig wird, ist doch: Wir können gestalten. Wir können es besser machen. Immer wieder. Warum sollten wir uns davor fürchten? Wenn Sie so denken, dann hätten wir jetzt unser wichtigstes Ziel erreicht: Klarzumachen, dass Veränderung kein Schicksal ist und wir sehr wohl eine aktive Rolle im Wandel spielen können. Menschen gestalten die Welt, und sie haben es in der Hand, wie die Dinge sich entwickeln.

Erinnern wir uns an die Frage zu Beginn des achten Kapitels: Warum brauchte es ab 2006 eine Transformation in Deutschland, wenn doch die weltweite Veränderung seit 1993 unterwegs war? Das ist kein Entweder-oder, sondern ein Sowohl-als-auch, das zu einem neuen Verständnis zusammenwächst. Als Landesgesellschaft waren wir gemeinsam mit allen IBM Kollegen Teil der weltweiten Veränderungen unseres Unternehmens. Zusätzlich haben wir auf aktive Gestaltung aus eigenem Antrieb umgeschaltet. So wie Veränderung in einem Bereich einer Spartenorganisation immer im Kontext des gesamten Unternehmens stattfindet. Wir glauben daher, dass unsere Erfahrungen übertragbar sind, mindestens inspirierend wirken können. Waren wir erfolgreich? Sind wir es noch? Werden wir es weiterhin sein? Die Frage aller Fragen bei Veränderungsprozessen lautet: Was hat es denn nun gebracht? Schauen wir auf die angesprochenen Ebenen der Veränderung:

Organisatorisch sind wir besser aufgestellt – effizienter in den Abläufen und ausgerichtet auf die Wertschöpfung für unsere Kunden. Und sicher: Es gibt gelegentliche Rückfalltendenzen, die wir aber schnell erkennen. Die Gesamtleistung der integrierten IBM spricht für sich. Deutlich wird das an der Fähigkeit, die Vision eines smarteren Planeten tatsächlich umzusetzen. Ganz ehrlich – das wäre in unserer alten, fragmentierten Aufstellung niemals geglückt. Über unser gesamtes Unternehmen hinweg schaffen wir es, allen Stakeholdern eine gemeinsame Geschichte mit gemeinsamer Stimme und Sprache zu erzählen – und das Versprechen dieser Story mit unseren Leistungen immer besser einzulösen.

Die große Mehrzahl der IBMer hat diese Geschichte zu ihrer eigenen gemacht und arbeitet tatkräftig daran mit. Smarter Planet ist mehr als eine Marketing- und Kommunikationskampagne – auch wenn wir für sie gerade den Goldenen Effie 2010 für die beste globale Kampagne gewonnen haben. Smarter Planet ist unsere Geschäftsstrategie, die Agenda für unsere Arbeit in dieser Dekade. Die Welt besser funktionieren zu lassen, intelligenter und effizienter mit unseren Ressourcen umzugehen, vertretbarem und verträglichem Wohlstand auf dem Planeten zuzuarbeiten, das ist ein Wertversprechen, mit dem wir uns sehr gut identifizieren können. Es setzt systemisches Denken, die Lust am Neuen, am Fortschritt, an der Veränderung voraus: »Hurra – ein Problem!« Denn das heißt immer auch: Wir können etwas besser machen. Für diese Einstellung ist eine Änderung tradierter Auffassungen nötig. Was kriegt man dafür? Nicht nur ein besseres Klima in der Organisation, mehr Spaß, an diesem großen Rad mitzudrehen. Sondern vor allem mehr Klarheit und Leistung auf allen Ebenen.

Das funktioniert im Team, in der kleinen Arbeitsgruppe, im Bereich – na klar, werden Skeptiker sagen, aber das ging auch schon vorher. Gut, aber neu ist, dass die Transformation in der IBM in Deutschland und in der IBM weltweit funktioniert. Und weit darüber hinaus, weil wir mit Tausenden Geschäftspartnern, mit Kunden, mit Wissenschaftlern und vielen anderen kooperieren. Offene Zusammenarbeit, offene Systeme und offene Standards sind eine grundlegende Voraussetzung für einen smarteren Planeten. Dieser Grundsatz lenkt unsere technologischen Entwicklungen. Im Wortsinne inklusiv zu arbeiten, Wissen mit anderen zu teilen, das fördert und fordert unsere Transformation. Sie propagiert entsprechendes Verhalten und verändert damit die Art, wie wir leben und arbeiten – wir meinen: zum Besseren.

Und deshalb haben wir allen Grund zum Optimismus. Natürlich sind die Herausforderungen nicht klein. Und die Wege, die wir in der Transformation eingeschlagen haben, bringen uns gelegentlich an unsere Grenzen. Aber auch das ist kein Grund, zu verzagen, im Gegenteil. Wer etwas verbessern will, muss seine Route unterwegs finden. In einer Welt, in der es bewegliche Ziele gibt, brauchen wir vor allen Dingen den Mut, das Vorhandene, das Bekannte und die Routine zu hinterfragen. So kamen in der Geschichte der Menschheit die großen Entdeckungen zustande. So wurden, zuvor, neue Fragen gestellt. Wer am Althergebrachten zweifelt, sorgt dafür, dass etwas Neues entsteht – das ist das Gegenteil von Verzweiflung, Resignation und Zukunftsangst. Übrigens sind das genau die Kräfte, die die Entwicklung heute lähmen – wir stehen uns zumeist selbst im Weg. Wer aber die Zukunft ständig schwarzmalt, darf sich nicht wundern, wenn er am Horizont nichts mehr erkennt.

Unsere 100-jährige Geschichte macht uns stolz auf das Erreichte. Menschen sind ja so: Sie erinnern sich viel lieber an das Gute als an das Schlechte. Das ist wie beim Wetter: Wenn wir jemanden fragen, wie der Sommer seiner Jugend war, dann antwortet der stets: Immer schön, warm, herrlich. Aber heute? Regen, Schmuddelwetter, und dann wieder diese Hitze! Unser Gedächtnis allein ist kein sehr zuverlässiger Verbündeter, wenn es darum geht, aus der Vergangenheit Lehren zu ziehen. Deshalb ist es auch so wichtig, bei Erfolgen – bei Sonnenschein also – daran zu denken, dass auch mal wieder eine Schlechtwetterfront aufziehen kann. Das wird mit Sicherheit auch der Fall sein – ewige Erfolge gibt es nicht.

Die Transformation wirkt dabei wie gute Kleidung mit Regenschirm, die das Schlimmste von uns abhält. Das Leben ist Veränderung – und es liegt an uns, wie wir uns den unterschiedlichen Bedingungen stellen. Wer sich allerdings auf den Lorbeeren von früher ausruht, wer seine Erfolge überschätzt – wie wir früher einmal –, der wird richtig nass. Und lernt dabei, wenn er die Chance dazu bekommt, Unterschiede zu schätzen.

Es gibt, wir hoffen, dass wir das klarmachen konnten, genug zu tun. Die Art und Weise, wie wir miteinander arbeiten, kann sich ändern, wenn wir das wollen. An die Stelle von Ellbogen und Einzelinteressen kann eine vertrauensvolle Zusammenarbeit der Gutwilligen, der Veränderungswilligen treten. Menschen, die miteinander ihr Wissen austauschen, weil sie verstanden haben, dass dabei mehr rauskommt als durch das eifersüchtige Hüten von Erkenntnissen. So wie Schriftsteller nicht für die Schublade schreiben, denken wir nicht für uns allein. Eine solche Kultur braucht Vertrauen. Das ist das Fundament jeder positiven Veränderung, die sich sehr bald für alle auszahlt.

Was noch? Veränderung braucht Wissen, und zwar Wissen, das sich teilen lässt. Strategie, Methode und Übereinkunft darüber, welche Ziele man sich steckt und wie diese Ziele zu erreichen sind. In einem global integrierten Unternehmen, das sich in mehr als 170 Ländern engagiert, gilt das besonders. Aber auch in weitaus kleineren Organisationen und Unternehmen ist es heute von entscheidender Bedeutung, dass die Unterschiede, die Vielfalt bei Weitem besser genutzt werden als in der Vergangenheit, um für die Kunden Lösungen zu erzielen, die genau passen, die exakter auf die Bedürfnisse des Marktes abgestimmt sind. Mit Nivellierung lässt sich das nicht erreichen. Wohl aber braucht es eine gemeinsame Kultur, Regeln und Normen, die Orientierung und Halt geben, während sich die Welt ein wenig schneller dreht – und in dieser Welt mehr Bedürfnisse und Interessen sichtbar werden als je zuvor. Veränderung braucht also Integration, die nicht darauf baut, dass sie die wichtigen Unterschiede klein macht.

Und sie braucht Leadership, die über das herkömmliche Management weit hinausgeht. Die Transformation verlangt nach Persönlichkeiten, die neben einem tiefen Verständnis für die Entwicklung ihrer Märkte und einer exzellenten Lösungskompetenz für die Bedürfnisse der Kunden vor allen Dingen eines haben: Mut. Dieses Wort ist ein wenig aus der Mode gekommen, aber keine Veränderung lässt sich ohne Mut und Risikobereitschaft machen. Das Wort bedeutet für uns vor allem die Konsequenz, Dinge anzugehen, wenn man sie als richtig erkannt hat. Es bedeutet auch, den eigenen Widerstand gegen Veränderung – der ganz menschlich ist – zu überwinden.

Mut ist die Initialzündung für die Transformation. Fängt man an, kommen die Dinge ins Laufen, dann ist das Wichtigste schon geschafft. Mut ist die Kraft, die uns hilft, nicht stehen zu bleiben. Und es ist zu fragen: Wofür bewegen wir uns? Bei der Beantwortung dieser Frage soll man sich ruhig große Ziele setzen – denn man übertrifft nur selten seine eigenen Erwartungen. Können wir als Unternehmen dazu beitragen, diese Welt ein wenig besser zu machen? Natürlich – es gibt eine Unzahl an Dingen, die besser laufen könnten, als sie es heute tun. Es gibt eine ganze Menge an ungelösten Problemen, die einer dringlichen Bearbeitung harren. Diese Welt ist nicht perfekt – wäre sie es, wir hätten alle nichts mehr zu tun. Diese perfekte Welt wäre eine, in der es keine Veränderung mehr bräuchte. Aber sie wäre, ganz ehrlich, sterbenslangweilig. Alles bliebe so, wie es ist.

Deshalb bleiben wir lieber in Bewegung. Am Leben sozusagen. Mindestens noch mal 100 Jahre. Wir sehen uns – in der Zukunft.